高等学校应用型本科经济管理类专业"十三五"规划教材

管理信息系统

主　编　辛　晖　李淑珍

副主编　欧阳奕　陈　娟　饶　颂

西安电子科技大学出版社

内容简介

　　本书从管理的角度出发，按照一般性的理念和思路，全面、系统地介绍了管理信息系统整个生命周期中的各个环节。全书共分八章，包括管理信息系统概述、信息技术基础、管理信息系统的战略规划、管理信息系统的分析、管理信息系统的设计、管理信息系统的实施、信息系统的管理、企业信息化与电子商务。

　　本书可作为高等院校工商管理、企业管理、信息管理与信息系统、物流管理以及其他经济管理类相关专业的教材，也可作为相关领域从业人员的参考书。

图书在版编目(CIP)数据

管理信息系统 / 辛晖，李淑珍主编. —西安：西安电子科技大学出版社，2019.6
ISBN 978-7-5606-5339-6

Ⅰ. ①管… Ⅱ. ①辛… ②李… Ⅲ. ①管理信息系统 Ⅳ. ①C931.6

中国版本图书馆 CIP 数据核字(2019)第 096422 号

策划编辑　　刘小莉
责任编辑　　权列秀　阎　彬
出版发行　　西安电子科技大学出版社(西安市太白南路 2 号)
电　　话　　(029)88242885　88201467　　　　邮　　编　710071
网　　址　　www.xduph.com　　　　　　　　　　电子邮箱　xdupfxb001@163.com
经　　销　　新华书店
印刷单位　　咸阳华盛印务有限责任公司
版　　次　　2019 年 6 月第 1 版　　2019 年 6 月第 1 次印刷
开　　本　　787 毫米×1092 毫米　1/16　印　张　12
字　　数　　256 千字
印　　数　　1～3000 册
定　　价　　32.00 元

ISBN 978-7-5606-5339-6 / C

XDUP 5641001-1

如有印装问题可调换

前　言

随着信息技术的快速发展，信息系统已经深入到企业和组织的方方面面，成为企业管理的一个重要部分，这就要求相关从业者应该具有以下三方面的素质：具备一定的信息技术知识；具备较高的信息意识；有能力使用信息技术去协助企业提高效率与效益。特别是全球经济、信息经济的出现，Internet 和全球通信网络的飞速发展，使得信息系统在企业经营和管理活动中扮演着越来越重要的角色。如何利用信息技术/系统帮助企业赢得竞争优势是当前管理人员所面临的重要问题。因此，作为一名管理相关专业的学生，对"管理信息系统"应有较全面和深入的认识。掌握好管理信息系统，是市场经济和 WTO 的需求，也是增强企业的生命力、国际市场的竞争力、适应市场环境的要求。

一、为什么要学习本书内容

"管理信息系统"是管理类专业的必修课，课程涉及管理学、计算机科学、决策理论等多学科知识。随着市场经济的发展，企业和部门对信息管理平台的支撑力度在不断加强，利用信息系统及其潜能解决企业管理问题已是大势所趋。本书的宗旨是帮助学生尽快掌握管理信息系统的分析、设计、实施和评价的方法及能力；懂得人、社会和技术等因素在实现和发展管理信息系统中的重要作用；通过实践教学，提高学生理论与实践相结合的能力，增强学生分析和解决问题的能力，培养学生的探索精神和创新意识。

本书是作者近年来对经管类学生进行管理信息系统课程教学改革所取得的一项成果。在编写过程中，作者结合多年来的教学实践经验和教育理念，注意到当前管理信息系统教改的动向和高校教学情况的变化，借鉴了国内外教材改革的成果，博采众长，力求使本书更加实用、更具人性化，不仅使教师便于讲授，还有助于学生的自学和阅读。

二、本书特色

在教学要求上，本书围绕"全面推进素质教育和培养学生实践、创新能力"的主题，通过对互联网企业信息化管理的实地调研，在新型的信息载体不断涌现的情况下，提出全方位、多层次、多领域的教学要求，因此本书适用于多个相关专业的宽口径实验教学体系。

在写作风格上，本书有别于传统教材。本书语言朴实流畅，通俗易懂。特别是在各章节里都会先引入一些管理的真实事例作为引子，然后逐渐过渡到具体的知识内容。这样可以激发读者的学习兴趣和好奇心，吸引读者以强烈的求知欲去阅读各章节的具体内容。

本书将课堂知识与现代管理案例及生活实际相结合，汲取了许多国外教材有益的经验。知识点与实际的结合不仅体现在正文中，也较多地出现在例题和习题中。

对读者而言，学会科学思维和方法比获取管理学知识本身更为重要。因此，在本书的编写过程中我们十分注重选材，重点发掘那些对学生的科学思维和方法有启迪的典型内容。

三、教学与学习资料

为了便于教师和学生使用，本书配有丰富的教学和学习辅助资源，具体包括：

(1) 提供教师所用的精美、适用的电子教案，其内容覆盖本书的全部知识点。教师可以按自己的授课特点，对电子教案进行修改和充实。

(2) 提供教学用相关资源，配合电子教案使用。在教学相关资源中，教师可以选择合适的教学案例和其他一些教学资料，包括一定量的例题、习题和测验题。我们不求素材资源的数量，但求素材资源的精练和实用性。

(3) 各章的复习思考题答案。

以上资源，读者均可登录西安电子科技大学出版社网站免费获取。

四、教学基本思路

本门课程的教学思路梳理如下图所示：

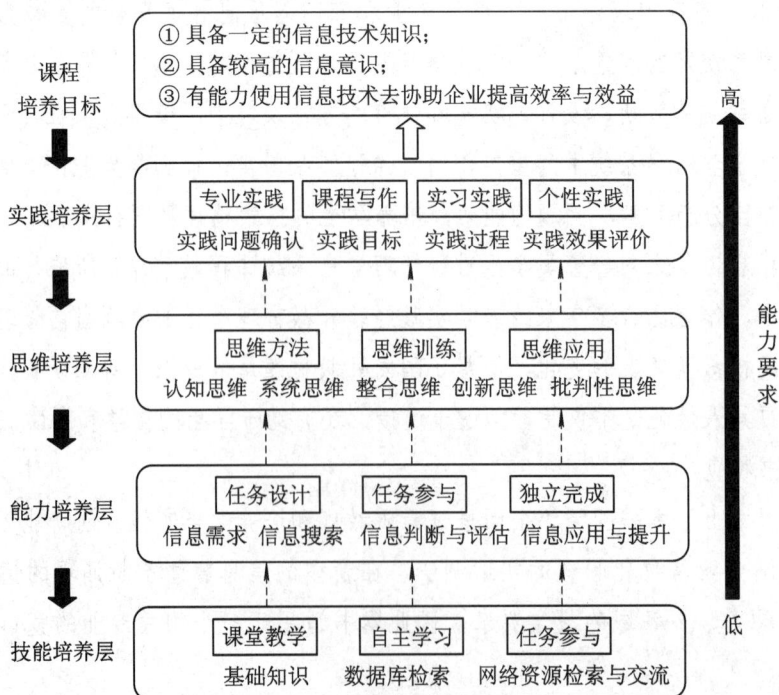

五、各章节建议学时

本门课程建议学时为 48 学时，具体各章学时分配如下表所示：

课 程 内 容	授课学时
第 1 章　管理信息系统概述	4
第 2 章　信息技术基础	4
第 3 章　管理信息系统的战略规划	6
第 4 章　管理信息系统的分析	10
第 5 章　管理信息系统的设计	10
第 6 章　管理信息系统的实施	6
第 7 章　信息系统的管理	4
第 8 章　企业信息化与电子商务	4
总　　计	48

六、本书写作分工

本书是省级教改课题"创新能力导向下管理信息系统课程的学生信息素养提升路径研究"(项目编号：JXJG-17-24-4)的主要成果之一，也是精品课程"管理信息系统"的主讲教材。项目组成员从满足企业需求、学校人才培养、精品课程建设等多方面考虑，制定了课程教学大纲。参加本书编写的都是课程建设中的主要成员及主讲教师。辛晖负责撰写第1章、第4章、第5章和第8章，李淑珍负责撰写第2章，陈娟负责撰写第3章，欧阳奕负责撰写第6章，饶颂负责撰写第7章。

七、感谢

在本书撰写过程中，企业界的朋友们给予了热情的支持，向我们提供了翔实的资料，我们还引用、参考了大量中外文献，包括书籍和网络资料，在此谨向所有企业、被引用文献的著者、给予作者指导和帮助的专家学者表示诚挚的谢意。

由于编者水平有限，书中难免存在缺陷和疏漏，恳请专家、读者批评指正。

编　者

2019 年 3 月

◆◆◆ 目　　录 ◆◆◆

第1章

管理信息系统概述

内容提要 ✍

1. 掌握数据、信息、管理信息系统、决策的基本概念;
2. 掌握管理信息系统的特征、功能和结构;
3. 掌握决策和决策问题的类型，了解决策过程;
4. 理解信息的价值;
5. 理解信息技术可以为企业创造竞争优势。

本章关键词 📖

数据(Data)

信息(Information)

管理信息系统(Management Information System)

决策支持(Decision Support)

信息价值(Information Value)

竞争优势(Competitive Advantage)

进入 21 世纪的一个显著标志，是信息已经被我们的管理者视为组织的重要资产。管理过程在过去并没有被看作是一种长远的和全局的协调过程，而只是被看作一种制约、控制及沟通的艺术。今天，人们已经普遍地认识到了解信息系统对管理者的必要性，因为绝大多数组织的生存、发展和成功都离不开信息系统，而信息系统又是建立在"信息"与"信息技术"基础上的，所以还必须掌握一定的信息技术。

1.1 信 息

随着人类社会从工业时代快步迈向信息时代，信息对社会生产和人们生活的影响越来越明显，并以其不断扩展的内涵和外延，渗透到社会生活、经济发展和科学研究的众多领域。传统产业利用信息技术进行改造及对信息资源的开发和利用越来越被人们所重视。信息的增长速度和开发利用，已成为现代社会文明和科技进步的重要标志。

信息普遍存在于自然界、人类社会和思维领域中。关于信息的含义，众说纷纭，没有统一和确切的定义。作为科学术语，"信息"最早出现在哈特莱(R. V. Hartley)1928年指导工作写的《信息传输》一文中。此后许多研究者从各自不同的学科出发，给出了不同的定义。现将具有代表性的定义罗列如下：

(1) 信息论的创始人香农(Claude Elwood Shannon)认为，"信息是使信宿对信源发出何种消息的不确定性减少或消除的东西"。

(2) 控制论的创始人诺伯特·维纳(Norbert Wiener)认为，"信息这个名称的内容就是我们对外界进行调节并使我们的调节为外界所了解，时而与外界交换来的东西"。

(3) 英国情报学家布鲁克斯(B. C. Brookes)认为，"信息是使人原有的知识结构发生变化的那部分知识，是决策所需的知识。"

通常在管理信息系统中，我们认为信息是对客观世界中各种事物的运动状态和变化的反映，是客观事物之间相互联系和相互作用的表征，接收到的信息经过加工处理后，形成按一定规则组织在一起的数据的集合，对接收者的决策或行为有现实或潜在的价值。

在现实生活中，人们处于一个信息化社会里，不断地接收信息和利用信息。现代管理者的管理方式也在发生巨大的变化，他们很少同"具体的事情"打交道，而更多的是同"事情的信息"打交道。管理系统规模越大，结构越复杂，对信息的渴求就越强烈。实际上，任何一个组织要形成统一的意志、统一的步调，各要素之间必须能够准确快速地相互传递信息。管理者对组织的有效控制都必须依靠来自组织内外的各种信息。信息，如同人才、原料和能源一样，被视为组织生存发展的重要资源，是管理活动得以展开的前提，一切管理活动都离不开信息，一切有效的管理都离不开信息的管理。

1.1.1　数据和信息

数据(Data)和信息(Information)是信息系统中两个最基本的术语，但二者的含义并不相同。数据是反映客观事物的性质、形态、结构和特性的，它不仅包括数值数据，而且也包括非数值数据，如文字、声音、图形、图像、视频等。根据不同的用途和使用者，数据与信息的角色关系又是相对的。从广义上说，数据本身无特定含义，只是载荷信息的物理符号，是对客观事实的记载，是中性概念；信息是对事物运动状态和特征的描述，是在人们头脑中的反映。

信息和数据是既有联系又有一定区别的概念：一方面，并非任何数据都能够转化为信息，信息只是认识了的数据；另一方面，信息是更本质地反映事物的概念，而数据则是信息的具体表现，所以信息不随载体的性质而改变，而数据的具体形式却取决于载体的性质。信息是从记录客观事物的运动状态和运动方式的数据中提取出来的，对人们的决策提供帮助的一种特定形式的数据。数据在不同的场合所表达的意义是不同的。例如：数值28，若释义为气温，当人们以体感作为参照标准时，可以说这个温度非常舒适；若释义为年龄，相对于 60 岁以上的老人来说，此年龄的人对应的是年青人。

　　在企业经营与管理过程中，常将管理信息定义为：企业生产经营活动中产生的数据，经过加工处理后转化成的对管理决策有帮助的信息。管理中涉及的数据是一种广义的数据，它不仅包括数值数据，而且也包括非数值数据。生产经营数据经过加工处理后可以转换为管理信息，如图 1-1 所示。

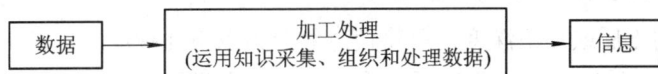

图 1-1　将数据转换为信息的过程

　　就一个企业而言，数据加工处理的结果是为某种特定需要服务的，企业的数据加工后主要强调其内容含义，故称处理的结果为企业管理信息；而对于处理过程所需要的企业数据，由于采集时无法明确为某一特定的需要服务，故要注意企业数据的形式。例如生产企业中的采购单、入库单、员工打卡记录等原始凭证，是用以记录采购原材料的数量、入库情况和员工的考勤情况等的原始数据；互联网企业的产品上架和活动周期、客户在某产品网页停留的时长、流量来源等即时数据，是产品和网站运营数据的原始记载。这些数据经过整理分析后就成了对企业管理活动有用的信息，例如：生产企业将这些原始数据与计划和定额标准进行对比分析，得出产品生产计划完成的百分比、各种废品的数量和比率，并据此分析造成废品的各种原因、废品损失对产品成本影响的程度等；对员工打卡的情况进行分析，得出打卡率(出勤、缺勤、迟到等)，并据此分析员工打卡产生异常数据的原因；互联网企业以产品的营销、网站的运营数据为依据为新产品的研发提供帮助。因此，企业信息是指为了企业的某种特定需要，对企业数据加工处理后为企业管理决策提供依据的数据(信息)。

　　在数据管理的过程中，数据和信息之间的关系是相对的，一个系统或一次处理所输出的信息，可能是另一个系统或另一次处理的原始数据；低层决策所用的信息又可以成为加工处理高一层决策所需信息的数据，这就是信息间的递归定义，如图 1-2 所示。因此，在计算机系统中常将信息与数据不加区分地使用。例如，信息处理与信息管理，也可以称为数据处理与数据管理。

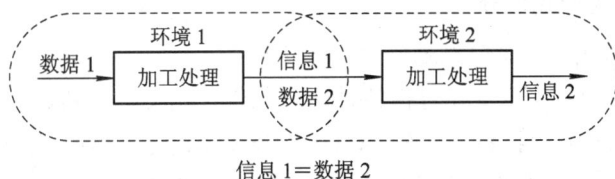

信息 1＝数据 2

图 1-2　信息间的递归定义示意图

　　企业管理中涉及的信息十分广泛，它既包括企业内部信息，也包括企业外部信息。例如原材料的采购、生产进程、成本、利润、设备及人力资源等情况、生产技术资料、各种规章制度、市场需求、销售数据、客户关系管理、促销活动设计等，都是企业管理决策所必需的信息。

1.1.2　信息的类型

信息的外延特征就是信息的各种类型，是对信息概念的进一步形象化认识。按不同的分类标准，信息可以划分为不同的级次和表现形式。不同级次的信息有不同的价值，不同表现形式的信息有不同的管理开发方式，同时它们又是相互联系、相辅相成的。

1. 按信息产生的先后或加工深度划分

按信息产生的先后或加工深度，可将信息划分为以下几种：

(1) 一次信息。一次信息又称为原始信息，它是人类社会实践活动中直接产生或得到的各种数据、概念，即现实中所发生事件的原始记录。它可能来自于政府的调查与评论、新闻报道与广播、公共机构的内部信息源、营利性公司的市场调查等。一次信息可能是口头的、图片的、图解的或数字的，也可由表格、清单、公式等组成。原始信息是大量的、零星的、分散的、无规则的，在存储、检索、传递和应用方面存在困难，依据人们的能力和需求，其质量与价值有多重表现。为了更有效地利用信息，需要对一次信息进行加工处理，形成二次信息、三次信息。

(2) 二次信息。对一次信息加工后得到的信息就成了二次信息。典型的二次信息是文摘期刊、文报、索引期刊和简报等，这种信息呈现出有序的、有规则的特征。文摘或摘要提供一个清晰的主题，它简要地把事实压缩成关键概念的信息，并清除或减少无关概念。索引是将一类相关的主题以标题或关键字的形式提供给使用者，以便人们可以方便地检索到所需要的内容。经过加工后的二次信息易于存储、检索、传递和使用，有较高的使用价值。比如《管理科学文摘》《经济参考文摘》等提供了大量的二次信息。

随着计算机技术与互联网技术的应用，网上信息成为信息管理与信息开发者的重要信息来源，如新浪、搜狐等门户网站都提供了丰富的经过加工处理的信息及其索引服务，其中大量的信息均是经过多次处理与加工的结果，属二次以上级次的信息。

(3) 三次信息。三次信息是系统地组织、压缩和分析一次和二次信息的结果，是通过二次信息提供的线索对某一范围的一次信息、二次信息进行分析、综合研究、核算加工所生成的信息，是人们深入研究的结晶。三次信息包括综述、专题报告、词典、年鉴等。

2. 按信息的表现形式划分

按信息的表现形式，可将信息划分为以下几种：

(1) 文献型。文献型信息主要包括各种研究报告、论文、资料、刊物、书籍等，以及它们的二次文献(如索引、目录)、三次文献(如综合评述、评论等)。文献型信息的特点是以文字为主，有明确的专业或学术领域，可以通过编目、分类等进行整序，处理生成二次文献，还可按照具体的研究需要进行二次加工，形成专题研究报告等三次文献。

(2) 档案型。档案型信息与文献型信息有很多相同之处，如以文字为主、内容结构比较清晰。与文献型信息的不同之处是，档案型信息主要反映历史的事实和演变过程，是"事后"的，是经过整理、筛选的文献。它的生命周期相对来说较长、较稳定，按时间序列贯穿始终。档案型信息包括行政、技术、财务、人事等方面的内容。

(3) 统计型。统计型信息是信息管理工作者接触到的最重要的一类信息，是数字型信息的集合，是反映大量现象的特征和规律的数字资料，包括以数据为基础的情况分析、趋势分析等内容。以数据、图表为主要表现形式是统计型信息区别于其他类型信息的主要特点。

(4) 图像型。图像处理技术是当今信息技术的重要领域。数字化信息技术的发展，使图像型信息成为信息管理的一种重要类型。照片、电影、遥测遥感图像、电视、录像等图像型信息所传递的信息量远大于文字所传递的信息量，是一种十分有效的记录信息的方式，其管理方式需要适应图像型信息的特点。

(5) 动态型。动态型信息主要是行情、商情、战况等瞬息万变情况的反映，它的特点是生命周期很短，强调时效性，需要进行积累加工才能产生有价值的信息。动态型信息的收集、加工、存储和传递都与其他类型的信息不同，对接收主体的要求很高。人们需要丰富的知识和分析能力，才能利用和处理动态型信息，得到正确的结论。

1.2　管理信息系统

1.2.1　管理信息系统的概念

管理信息系统是 20 世纪 80 年代逐渐形成的一门新学科。管理信息系统的概念目前尚未形成统一的定义，理论基础也不完善，但从国内外的管理信息系统发展来看，人们对管理信息系统的认识在逐步加深，有关管理信息系统的定义也在逐渐发展和成熟。

1. 信息管理

随着人类社会信息化的进程不断发展，人们能够收集到的信息越来越多，于是信息管理学逐渐进入了人们的视野。信息管理学是一门研究人类信息管理活动的规律及应用的学科，它以数学、管理科学、信息科学与技术为基础，是一门涉及多学科、多领域的综合性交叉学科。它研究的是人类社会信息管理的基本规律、基本原理和通用方法。

信息管理是指在整个管理过程中，人们收集、加工和输入、输出信息的总称。信息管理的过程包括信息收集、信息传输、信息加工和信息存储。信息收集就是对原始信息的获取。信息传输是信息在时间和空间上的转移，因为信息只有及时准确地送到需要者的手中才能发挥作用。信息加工包括信息形式的变换和信息内容的处理。信息形式的变换是指在信息传输过程中，通过变换载体，使信息准确地传输给接收者。信息内容的处理是指对原始信息进行加工整理，深入揭示信息的内容。经过对信息内容的处理，输入的信息才能变成所需要的信息，才能被适时有效地利用。信息送到使用者手中，并非使用完后就无用了，还需留做事后的参考和保留，这就是信息存储。通过信息存储可以揭示出规律性的东西，也可以重复使用。

2. 管理信息系统

管理信息系统作为信息系统的一个发展与研究领域，研究者们从各自的角度出发对其给出了不同的定义：

(1) 管理信息系统是一个能够提供过去、现在和将来预期信息的一种有条理的方法，这些信息涉及内部业务和外部情报。它按适当的时间间隔供给格式相同的信息，支持一个组织的计划、控制和操作功能，以便辅助决策过程。

(2) 管理信息系统是一个利用计算机硬件和软件代替手工作业，进行分析、计划、控制和决策的人机系统。它能提供信息支持企业或组织的运行、管理和决策。

(3) 管理信息系统是一个具有高度复杂性、多元性和综合性的人机系统，它全面使用现代计算机技术、网络通信技术、数据库技术和管理科学、运筹学、统计学、模型论及各种最优化技术，为经营管理和决策服务。

(4) 管理信息系统是一个由人、计算机等组成的能进行信息的收集、传递、存储、加工、维护和使用的系统。它能实测企业的各种运行情况，利用过去的数据预测未来，从企业全局出发辅助企业进行决策，利用信息控制企业的行为，帮助企业实现其规划目标。

(5) 管理信息系统是一个以人为主导，利用计算机硬件、软件、网络通信设备以及其他办公设备，进行高层决策、传递、加工、存储、更新和维护，以提升企业战略竞争优势，提高效益和效率为目的，支持高层决策、中层控制、基层运作的集成化的人机系统。

以上从不同角度给管理信息系统下了定义，把这些定义结合起来，将会使我们对管理信息系统有一个较全面的认识。管理信息系统不仅是一个技术系统，而且是把人包括在内的人机系统，它不仅是静态的对象，还是管理的动态过程，因而是一个管理系统和社会技术系统，是信息系统在社会管理领域的具体应用。应用于政府管理时即为政府管理信息系统，应用于高校管理时即为高校管理信息系统，应用于军队管理时即为军队管理信息系统，应用于企业管理时即为企业管理信息系统。由于不同机构、行业的特点各异，管理重点和管理方式不同，所以不同机构、行业的管理信息系统有非常大的差异。

1.2.2 管理信息系统的特征

管理信息系统是在数据处理系统的基础上发展起来的，其特征是面向管理的一个集成系统，它覆盖了整个管理系统，对管理信息进行收集、传递、存储和处理，是多用户共享的系统，直接为基层和各级管理部门服务。管理信息系统不仅具有系统一般的特征，而且还有其特定的特征。管理信息系统具有以下特征：

(1) 管理信息系统是人机系统。在管理信息系统中，需要充分发挥人和计算机系统的长处，一些工作由计算机系统处理，而一些工作要由人进行处理，使人和计算机系统和谐工作。从技术角度看，管理信息系统已是比较完善的系统，但管理信息系统应用到管理实际工作中后，有许多失败的案例，究其原因，是系统中人的作用没有解决好。

(2) 管理信息系统是一个综合系统，它是人和信息技术的综合体，也是计算机硬件与软件的综合体。它包括了管理人员、系统人员、系统设计人员、程序员和工作人员，还包括了计算机、通信工具、网络设备等各种硬件设备；它不仅包括了各种系统软件、应用软件，还包括了组织的规章制度和岗位职责等不被人们所重视的软件。

(3) 管理信息系统是一个动态系统，它具有其他产品所具有的生命周期的特点。随着组织外部环境和内部条件的变化，我们可以通过对系统不断维护，尽可能地延长其生命周期，但管理信息系统的生命周期仍将会终结，需要在新的条件下开发新的管理信息系统，如此周而复始。

(4) 管理信息系统是一个社会系统。管理信息系统和所有系统工程一样，由人类通过组织、管理、协作而建立形成并不断发展。因参与建立和发展管理信息系统而联系起来的人群，在组织管理下形成了一个社会系统。建立、发展管理信息系统是这个社会系统的目标，也是其产出。对这个社会系统运行控制的效果是影响管理信息系统优劣的决定因素。因为社会系统的介入，管理信息系统才成了一个有机结合、可持续发展的整体系统工程。否则，它将只是一堆机器的拼凑组合。

1.2.3　管理信息系统的功能

管理信息系统首先是一个信息处理系统，其次它是一个为管理者实现管理职能提供支持的系统。为了满足管理者对信息的需求，信息系统除了完成大量的数据或信息处理工作，还包括预测功能、计划功能、控制功能和辅助决策功能。在实际运行的信息系统中，发挥功能的机制不相同，设计时考虑的优先次序也不同。但是每个信息系统都必须配置必要的设备来发挥这些功能。任何一个环节上的错漏都可能使整个信息系统失调或无法运作。

(1) 信息处理。信息处理是对各种类型的数据进行收集、输入、传输、存储、加工处理、输出和管理等，这是管理信息系统的首要任务和基本功能。例如考勤管理系统，实现考勤处理、自动扣款统计、加班自动统计、异常事项处理、自动判断上下班等。

(2) 预测功能。预测功能是运用数学方法、管理方法和预测模型，利用历史数据对未来可能发生的结果进行预测工作，这是管理计划和管理决策的前提。例如，智慧景区旅游大数据的应用，以实现客流预测、接待能力预测、天气预测、车流预测、旅游经济收益预测、游客消费预测等。

(3) 计划功能。计划功能是对各种具体工作合理地计划和安排，并按照不同的管理层提供相应的计划报告。例如市场开发计划、生产作业计划、销售计划等。通过制订计划，监督企业经营活动中的各项工作按时完成，这是指导各个管理层高效工作的前提。

(4) 控制功能。控制功能是通过对计划的执行情况进行监测、检查，比较执行与计划的差异，并分析其原因，辅助管理人员及时采取各种方法加以控制。例如库存管理，包括入库管理、出库管理、调拨管理、库存预警、库存统计等，其中库存预警包括产品库存上限报警、产品安全库存报警、产品保质期报警等。

(5) 辅助决策功能。辅助决策功能是运用数学模型，为合理地配置企业的各项资源，及时推导出有关问题的最优解，辅助各级管理人员决策。

1.2.4 管理信息系统的结构

管理信息系统的结构是指管理信息系统各个组成部分所构成的框架结构，从不同角度看它，可以得出不同的结构形式，我们也可以从不同的角度来观察管理信息系统的结构形式。管理信息系统主要有：概念结构、层次结构、功能结构、综合结构和物理结构。

1. 概念结构

管理信息系统从概念上看是由四大部件组成，即信息源、信息处理器、信息用户和信息管理者，它们之间的关系如图 1-3 所示。

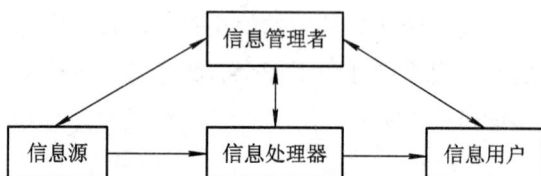

图 1-3 管理信息系统概念结构

其中，信息源是信息的来源；信息处理器是进行信息的传输、加工、保存等任务的设备；信息用户是信息的使用者，它应用信息进行决策；信息管理者负责信息系统的设计实现，并负责信息系统的运行和协调。

2. 层次结构

管理信息系统是为管理决策服务的，我们知道管理是分层次的，纵向可以分为基层、中层和高层三个管理层次。因此，管理信息系统也可以从纵向分解为操作层、战术层和战略层三层子系统。依此思路，管理信息系统层次与职能呈现一个二维结构。如果以一个生产制造性组织为例，它由生产管理、营销管理、物资管理、财务管理、人力资源管理等，构成管理信息系统的横向结构，可以用图 1-4 所示二维结构来表示。图中纵向概括了基于管理层次的系统结构，横向概括了基于管理职能的系统结构。

图 1-4 管理信息系统的结构矩阵

战略层主要考虑的是组织的长远计划，处理中、长期事务，如地区发展、市场战略等，战术层属于中期计划范围，包括资源的获取与组织、人员的招聘与训练、资金监控等方面；运行控制涉及作业的控制，如作业计划和调试等。操作层是组织的最基本活动，它记录了组织的每一项日常经营和管理活动。

从管理决策问题的性质来看，在操作层上的决策大多数是属于结构化的问题，而在战略层，大多数决策属于非结构化问题，战术层所作决策问题的性质，介于结构化和非结构化之间。

从信息处理的工作量来看，信息处理所需资源的数量随管理任务的层次而变化。整个业务过程处理信息的工作量较大，形成一个金字塔形系统结构，层次越高，处理的信息量越小。另外对应于管理信息系统的结构矩阵，管理又可按职能分开进行，因而在每个层次上又可横向地分为生产管理子系统、营销管理子系统、物资管理子系统、财务管理子系统和人力资源管理子系统等，如图 1-5 所示。

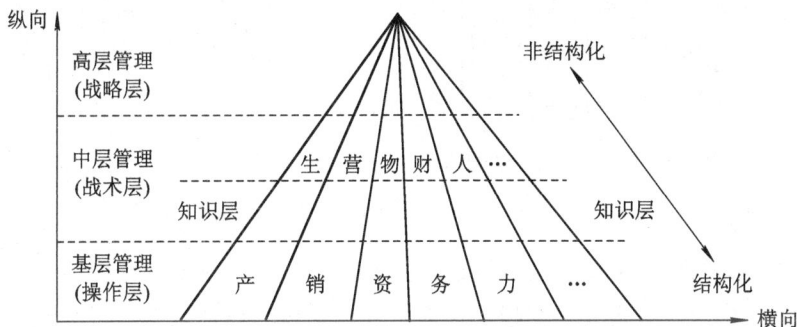

图 1-5　管理信息系统的层次结构

操作层的信息系统是供低层管理人员使用的系统，它支持日常的业务处理。系统通过计算机输入原始数据信息，如采购单信息、客户信息、客户订单信息、职工考勤信息等，存储在存储器中，并对数据以批处理或实时的方式进行累加和分析，提供反映组织的业务现状的信息。

战术层的信息系统是中层管理人员使用的系统。本层系统主要对业务信息进行概括、集中、比较和分析，为中层管理人员监督业务活动、有效地分配资源提供所需的信息，包括资源的获得与组织、人员的招聘、资金的监控等，它是建立在操作层的信息系统基础上的。战术级的信息系统产生一系列报表报告，一般有定期报告、总结性报告、比较报告、例外报告等。

战略层的信息系统提供辅助高层管理人员制定企业长期策略的信息，主要有随机性、预测性、概要性、数据来源外部性、非结构化等特点。

根据美国信息系统专家 Kenneth C. Laudon 的观点，对组织的信息系统做一个整体性的勾画，在战术层和操作层之间增加了知识层，即战略层、战术层、知识层和操作层四个层次。知识层支持组织中的知识和信息工作人员。知识层的目的是帮助组织把新知识集成起来，帮助组织控制文档工作。

3．功能结构

从信息技术的角度看，管理信息系统具有信息的输入、处理和输出等功能。因此，管理信息系统的功能结构从技术上看可以表示为图1-6所示形式。

从业务角度来看，管理信息系统应该支持整个组织在不同层次上的各种功能。各种功能之间又有各种信息联系，组成一个有机的整体及系统的业务功能结构。图1-7是一个企业的内部管理信息系统，该系统划分为七个职能子系统。

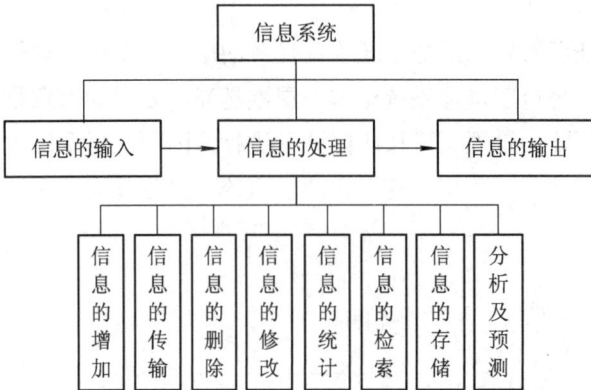

图 1-6　从技术角度看信息系统功能结构　　　　图 1-7　从业务角度看信息系统功能结构

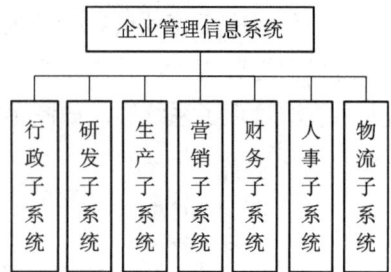

4．综合结构

管理信息系统的综合结构是基于组织职能的各个职能子系统的联合体，而且每个子系统又分为三个层次，即战略管理、战术管理、操作管理的信息系统。每个职能子系统都有自己的专用数据库、模型库和专用的应用程序，此外，还有各个职能子系统使用的公用数据库、模型库和应用程序，如图1-8所示。

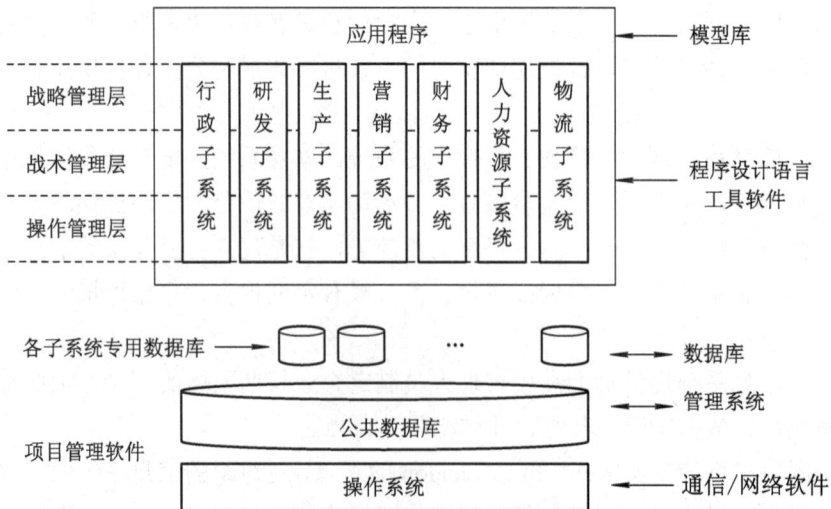

图 1-8　管理信息系统综合结构

1.2.5 常用的信息系统举例

一个组织中有不同的机构、专业和层次，所以有各类不同的系统。没有任何一个系统可以独自提供一个组织需要的所有信息。各层次的系统为各主要功能领域提供专业服务，因此组织中典型的系统设计是用于服务处于各层次的工作人员和管理人员，如图 1-9 所示。

ESS 战略层	5年销售 趋势预测	5年 运作计划	5年 预算预测	利润 计划	人事 计划

DSS 战术层	销售管理	库存控制	年度预算	资本投入分析
	销售区域分析	生产排期	成本分析	定价/获利性分析

KWS OAS 知识层	设计工作站	图形工作站	管理工作站
	文字处理	文件图像	电子日历

TPS 操作层	订单管理	财务管理	生产管理	人力资源管理
	订单跟踪	应收账目	设备管理	培训和发展
	订单处理	应付账目	物流管理	员工记录保持

图 1-9 组织常用的五种主要系统

图中，TPS 表示事务处理系统，OAS 表示办公自动化系统，KWS 表示知识工作系统，DSS 表示决策支持系统，ESS 表示领导支持系统。

1. 位于操作层的事务处理系统

事务处理系统(Transaction Processing Systems，TPS)是面向组织底层的管理活动，即对组织日常运作必需的常规事务所发生的信息进行处理。TPS 是信息系统的最初级形式，也是伴随着计算机的诞生而出现得最早的信息系统，其特点是所处理的问题高度结构化，即能完全按照事先制定好的规则或程序进行处理，而且功能单一，设计范围小，提供的是组织运行的实时信息。

TPS 运行的目的在于大大提高操作层管理人员的工作效率，是处理和记录组织管理所必需的日常事务的计算机系统。例如客户信息登记、销售订单录入、旅店预定系统、工资册、文件收发和送货系统等。在操作层上，任务、资源和目标都是预先设定好的，是高度结构化的。

2. 位于知识层的知识工作系统和办公自动化系统

知识工作系统(Knowledge Work System，KWS)和办公自动化系统(Office Automatic System，OAS)用于满足组织知识层次对信息的需求。

知识工作系统是辅助组织的专业人员，如工程师、律师、投资分析师等为组织开发新产品(包括信息和服务)所使用的专业化信息系统。例如三维设计的 CAD 工作站，可帮助工程师进行新型汽车设计，从而节省大量的时间和设计费用。因此，KWS 是一种能利用专业领域的知识对来自组织内外部信息进行高效处理的信息系统。

办公自动化系统是由先进的科学技术和现代办公设备构成的，能快速、有效地加工、管理和传递办公信息，是协助行政管理人员协调和管理部门之间、组织和环境之间的关系，保障信息畅通的有力工具。随着工业化经济向信息化经济转换，组织的生产能力及整体经济实力越来越依赖于知识层的系统。OAS 是信息技术的实际应用，通过支持办公室的协调和交流活动来提高行政管理人员的工作效率。OAS 对各信息工作人员、各部门、各功能领域进行协调；系统与顾客、系统与其他组织相联系，成为信息和知识流的交换中心。

3．位于战术层的决策支持系统

决策支持系统(Decision Support System，DSS)为组织的管理层服务，帮助管理人员制定能适应环境快速变化的、难以预先全面掌握信息的决策。如电子商务网站，根据用户的兴趣特点和购买行为，向用户推荐其感兴趣的信息和商品。在设计上，决策支持系统比其他系统具有更强大的分析功能，包括一系列用来分析数据的模型，或者把大量的数据汇集到一张表格提供给决策制定者分析。DSS 的这种设计可以和使用者进行友好互动，使用者可以改变假设，询问新问题，添加新数据等。

4．位于战略层的领导支持系统

领导支持系统(Executive Support System，ESS)与决策支持系统(DSS)不同，它是专门为组织的最高决策者设计的，具有通用的计算能力和通信能力，主要是帮助高层领导从宏观上、战略上管理组织，解决一些不断变化的非结构化问题，如某座城市要不要新建设一个经济开发区，某企业是否要开拓某地区的市场，某个工厂是否要投产一条新的生产线等。因此，ESS 应能很方便地为高层领导提供来自组织内、外部包括竞争对手的信息，但这些信息不是简单的原始数据的堆砌，而是经过上述几种类型的系统，特别是 MIS 和 DSS 加工处理过的综合信息，尽可能以图形、影像及声音的形式出现，充分利用屏幕显示和通信设备达到人机的高度交互。

1.3　信息系统与决策支持

1.3.1　决策与决策过程

管理离不开决策，现代管理的核心是决策，特别是对于高层管理者来说，重大决策失误造成的后果往往不堪设想。决策是管理人员所面临的富有挑战性的任务。信息系统设计人员一直努力想利用信息技术更好地支持决策。这里将从决策的含义和决策过程两方面来分析信息系统与决策之间的关系。

1．决策的含义

决策就是为了解决现实中出现的问题，实现某个特定的目标，在充分搜集并详细分析了相关信息后，提出解决问题和实现目标的各种可行方案，并依据评定准则，选定方案并实施，是解决问题、达到目标的一种方法和途径。

决策的含义实际上包含了以下内容：决策需要有问题和目标；决策需要有可行的方案；决策是一个方案的取舍过程；决策必须有效；有合理的决策评价标准；有决策的成本和经济性分析。

2．决策过程

决策过程实际上是一个提出问题、分析问题、解决问题的过程，是在一定的人力、设备、材料、技术、资金和时间因素的制约下，人们为了实现特定目标，从多种可选择的策略中作出决断，以求得最优或较好效果的过程。决策科学先驱西蒙(Simon)教授在著名的决策过程模型论著中指出：以决策者为主体的管理决策过程经历情报收集阶段、设计方案阶段、选择方案阶段和执行阶段。这四个阶段并不是相互分离的，而是一个循环往复的过程。决策过程的流程图如图 1-10 所示。

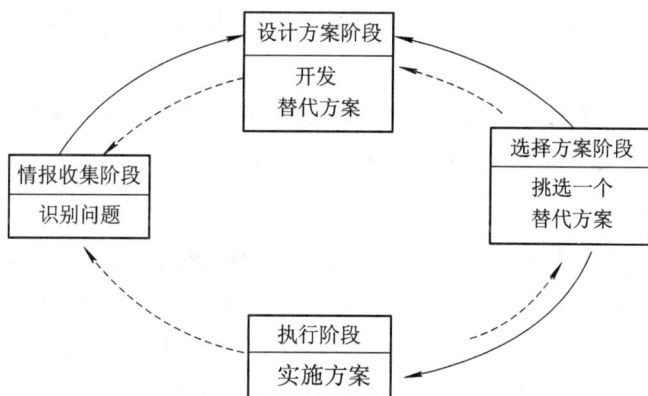

图 1-10　决策过程的流程图

(1) 情报收集阶段。情报收集是指进行"情报(数据)"的收集和处理，研究决策环境，分析和研究影响决策的因素或条件的一系列活动。情报收集阶段就是决策者确定要解决的问题，包括诊断和解释，表明问题存在的现象。决策的问题可能是企业所面临的困难、难题以及企业的需求或者企业发展的新机遇。在任何情况下，现存状况和期望状况之间的差异都是决策问题存在的必要条件。

(2) 设计方案阶段。设计方案是指发现、制订和分析各种可能的行动方案。在一般情况下，实现目标的方案不应是一个，而是应有两个或更多的可供选择的方案。为了探索可供选择的方案，有时需要研究与实现目标有关的限制性因素。在制订方案的过程中，寻求和辩论限制性因素是没有终结的。对于复杂的决策问题，有时需要依靠有关业务部门或决策机构汇集各方面的专家一起制订方案。

(3) 选择方案阶段。选择方案是指从可行方案中选择一个特定的方案并进行方案评价与审核。这个阶段包括方案论证和决策形成两个步骤。方案论证是对备选方案进行定量和定性的分析、比较和择优研究，为决策者最后选择进行初选，并将经过优化选择的可行方案提供给决策者。决策形成是决策者对经过论证的方案进行最后的抉择。在决策的时候，要注意不要一味地追求最佳方案。由于环境的不断变化和决策者预测能力的局限性，以及备选方案的数量和质量受到不充分信息的影响，决策者做出的只能是一个相对令人满意的决策。

(4) 执行阶段。选定方案后，即可付诸实施。在实施过程中还要收集实施过程中的情报，根据这些情报来进一步做出继续执行、停止实施或后续实施的决定。决策的实施要有广大组织的积极参与。为了有效地组织决策实施，决策者应通过各种渠道将决策方案向组织成员通报，争取成员的认同，对成员给予支持和具体的指导，调动成员的积极性。

1.3.2　决策问题的类型

决策根据它所要决策的问题的性质和内容，可以分成许多不同的类型。管理者在决策前，首先要了解所要解决问题的特征，以便按不同的决策类型采取不同的决策方法。决策问题的范围很广，如计划、制度、政策、法规、发展战略、体制结构、系统目标等都属于决策范畴，但它们的结构化程度不同。

由于组织活动非常复杂，因而管理者的决策也多种多样。按决策问题的结构化程度可以分为结构化决策、半结构化决策和非结构化决策。

1. 结构化决策

结构化决策问题相对比较简单，它的目标明确，很容易理解，其决策过程和决策方法有固定的规律可以遵循，能用明确的语言和模型加以描述，并可以依据一定的通用模型和决策规则实现其决策过程的基本自动化。解决这类问题通常采用数据管理方式，它着眼于提高信息处理的效率和质量，如企业生产计划、客户订单的定价、账务处理、安全库存等。

2. 非结构化决策

非结构化决策问题的决策过程复杂，它的目标不明确或不同目标相互冲突，其决策过程和决策方法没有固定的规律可以遵循，没有固定的决策规则和通用模型可依，强调决策者的主观意志，如学识、经验、直觉、判断力、洞察力、个人偏好和决策风格等。非结构化决策一般具有综合性，一部分信息来自企业内部，而大部分信息来自系统的外部环境，最终的决策取决于领域的专家的知识水平，如仓库选址、销售对象的选择等。

3. 半结构化决策

半结构化决策问题介于上述两者之间，其决策过程和决策方法有一定规律可以遵循，但又不能完全确定，即有所了解但不全面，有所分析但不确切，有所估计但不确定。这样的决策问题一般采取在结构化决策过程所提供的信息的基础上应用专用模型来解决问题，用来改善管理决策的有效性，扩大决策者处理问题的能力和范围，但难以确定最优方案，如资金分配方案、市场预测等。

不同类型问题决策对信息的要求也不同，表 1-1 对上述三类决策问题分别进行了举例说明，表中越向右边的决策问题，其结构化程度越低，也越难以实现决策的程序化。

表 1-1　不同结构化程度的决策问题

问题类型	结构化 → 非结构化		
战略性决策问题	销售计划	资金分配计划	业务创新
战术性决策问题	作业计划	员工表现评价	广告部署
操作性决策问题	库存控制	奖金分配	销售对象选择

决策结构化问题所需要的信息往往是统计性的，大部分来自组织内部，且有较高精度；而决策非结构化问题一般是预测性的数据，而且大部分来自外界，不具有确定的内容和高度的结构化程度。

1.3.3　信息的价值

目前，信息已经成为一种非常重要的商品。信息社会通常被定义为信息生产和消费的集中。信息集中度取决于人对信息的需求以及此需求被满足的程度。因此，判断信息社会是否形成的方法是评价信息的交换强度及信息内部流动的持久性。那么,什么是信息价值？它的价值如何确定？这些问题已成为当今信息社会所面临的最基本问题之一。信息转化的目的是要实现其价值。一般来说，衡量信息的价值有两种方法：一种是按其所花费的社会必要劳动量来衡量，是信息的内在价值，可用于对信息商品进行定价；另一种是按其使用效果来衡量，是信息的外延价值，在信息系统的分析中应使用外延价值。

1. 信息的内在价值

信息的内在价值是指按其所花费的社会必要劳动量来衡量的信息产品的价值，与计算其他一般产品价值的方法是一样的，即

$$V = C + P$$

式中，V——信息产品的价值；

C——生产该信息所花费的成本；

P——利润。

例如，通过电子商务平台提供的信息产品就可以这样计算，把信息产品的设计费、人工费、宣传费及使用电子商务平台的租赁费等算出，得到成本，再根据合理的利润率算出利润，就得到该信息产品的价值。提供信息服务的各种培训班也可以这样定价，把培训班所用的教材、请教师、做实验、租赁教室及其他服务所需费用算出，加上合理的收益，就得到了办培训班服务的价值。由此，可以算出学生应交的培训费用。

2．信息的外延价值

按使用效果的方法来衡量信息的价值时，认为信息的价值是在决策过程中用该信息所增加的收益减去获取信息所花费用。这里所说的收益是指在设计选择方案时，用信息进行方案选择，在多个方案中选出一个最优的，比不用信息随便选一个方案要好，然后将其他方案与最优方案所获经济效益作比较。可以用公式(1)来表示：

$$P = P_{\max} - P_i \tag{1}$$

式中，$P_{\max}$——最优方案的收益；

$\quad P_i$——任选第 i 个方案的收益。

比较合理的是用几种方案的期望收益代替 P_i，则公式(1)可以变为公式(2)：

$$P = \max[P_1, P_2, \cdots, P_n] - \sum_{i=1}^{n} \frac{1}{n} P_i \tag{2}$$

如果不是在多个方案中选一个，而是直接利用信息和模型选得最优方案，则公式(2)可以转化为公式(3)：

$$P = P_{\mathrm{opt}} - \sum_{i=1}^{n} \frac{1}{n} P_i \tag{3}$$

式中，P_{opt}——利用信息和模型所得最优方案的收益。

值不值得收集信息，或值不值得使用新的信息系统，要用全情报价值来衡量。所谓全情报价值，是指获得全部情报，对客观环境完全了解，得到的最优决策与不收集情报所得最好收益之差。

对生产信息商品的企业，应用内在价值确定信息的定价，对使用信息的企业，应用信息的外延价值衡量信息或信息系统是否适用，在信息系统的分析中应当用外延价值。

3．全情报价值应用

情况一：某信息服务公司，专门为企业提供市场信息服务。该信息服务公司的运营成本为每月 5 万元，利润率为 10%，每月提供的信息数为 1 条。

情况二：某小型厂商最近两年承接的订单工作量超过产能，现在提出 A、B、C 三种生产设备扩大替代方案，来应付未来可能发生的三种需求状况(#1、#2、#3)，估计每一种替代方案与需求状况的利润如表 1-2 所示，预期未来三种需求状况发生的概率分别为 P(#1)=0.3、P(#2)=0.4、P(#3)=0.3。试求该市场信息的全情报价值。

表 1-2　利　润　表　　　　　　单位：万元

生产替代方案	未来需求状况		
	#1(0.3)	#2(0.4)	#3(0.3)
A	40	50	75
B	50	50	50
C	30	40	80

第一步，计算市场信息的内在价值：

$$V = C + P = 5 + 5 \times 10\% = 5.5 \,(万元)$$

第二步，计算市场信息的外延价值，见表 1-3。

表 1-3　市场信息的外延价值

方案	未来需求状况			期望收益(EMW)
	#1(0.3)	#2(0.4)	#3(0.3)	
A	40	50	75	$0.3 \times 40 + 0.4 \times 50 + 0.3 \times 75 = 54.5$
B	50	50	50	$0.3 \times 50 + 0.4 \times 50 + 0.3 \times 50 = 50$
C	30	40	80	$0.3 \times 30 + 0.4 \times 40 + 0.3 \times 80 = 49$

由表 1-3 可以看出，方案 A 的 EMW 最大，是最好的收益方案。

第三步，求全情报价值。

获得全部情报的最大收益为

$$P_{max} = 0.3 \times 50 + 0.4 \times 50 + 0.3 \times 80 = 59 \,(万元)$$

则全情报价值(外延价值)为

$$P = 59 - 54.5 = 4.5 \,(万元)$$

由于全情报价值(外延价值)4.5＜内在价值 5.5，因此企业不值得购买该信息。

全情报价值给出了一个界限，如果企业购买市场情报的花费超过了这个值，则购买情报得不到附加的好处。上例说明在市场条件下，信息的确可以转化为价值。一般情况下，生产信息商品的企业用内在价值确定信息的定价，而使用信息的企业用信息的外延价值衡量信息或者信息系统是否适用。但是随着电子商务的兴起，生产信息产品的企业越来越多，由于信息产品的研发成本高，而复制成本低，按成本定价已经失去意义，而在市场经营策略上出现的以顾客期望定价的方法使定价策略变得更为复杂。

1.3.4　决策支持在商业中的应用

1. 市场营销信息系统

市场营销信息系统(Marketing Information System，MIS)，是指一个由人员、机器和程序所构成的相互作用的复合体。企业借助市场营销信息系统收集、挑选、分析、评估和分配适当的、及时的和准确的信息，为市场营销管理人员改进市场营销计划、执行和控制工作提供依据。市场营销信息系统由企业内部报告系统、营销情报系统、营销调研系统和营销分析系统构成。市场营销信息系统的组成如图 1-11 所示。

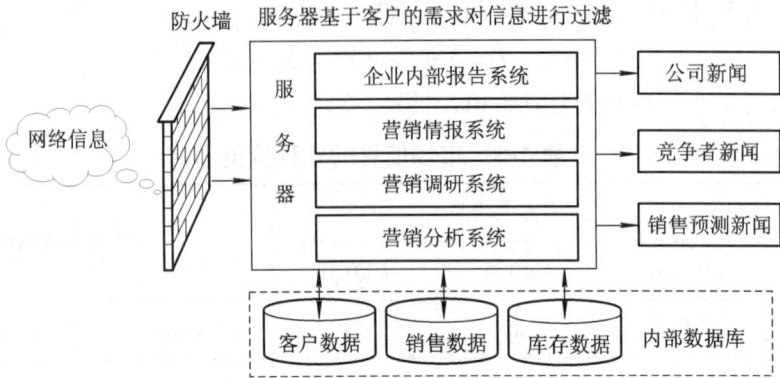

图 1-11　市场营销信息系统的组成

2. 企业信息门户和决策支持

企业信息门户(Enterprise Information Portal，EIP)是指在 Internet 的环境下，把各种应用系统、数据资源和互联网资源统一集中到企业信息门户之下，根据每个用户使用特点和角色的不同，形成个性化的应用界面，并通过对事件和消息的处理、传输把用户有机地联系在一起。企业信息门户的商业价值包括为业务人员提供更加具体的选择性的信息，为公司内联网资源提供简单的接入口，发布行业和业务新闻，为某些客户、供应商或业务伙伴提供更好的公司数据访问。企业信息门户也能帮助公司员工免于过量访问互联网，使他们更方便地接收或查找需要的信息和服务，进而提高工作效率。图 1-12 说明了公司如何开发企业信息门户，使其为主管、经理、员工、供应商、客户和其他业务伙伴提供网络化信息、知识和决策支持。企业信息门户是定制的、个性化的公司内联网的网络化界面，使用户更容易获得多种内部和外部企业应用、数据库和服务。企业信息门户的对象是所有可能登录系统的用户，基本行为有查看公司新闻、客户电子邮件、客户反馈信息以及客户订单处理等。

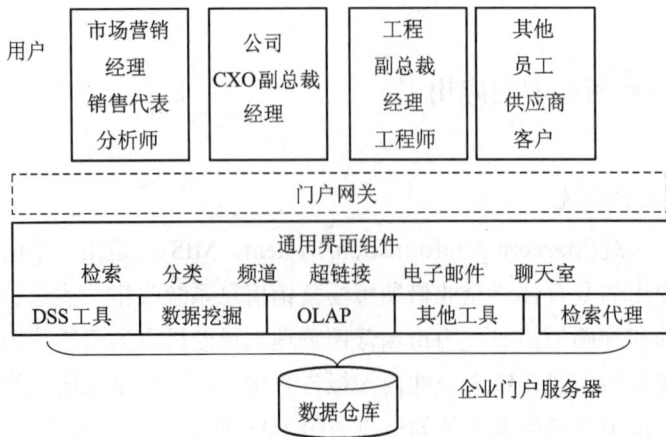

图 1-12　企业信息门户架构

3. 知识管理系统

知识管理系统(Knowledge Management System，KMS)是收集、处理、分享一个组织的全部知识的信息系统，是利用软件系统或其他工具对组织中大量的有价值的方案、策划、成果、经验等知识进行分类存储和管理，积累知识资产避免流失，促进知识的学习、共享、培训、再利用和创新，有效降低组织运营成本，强化其核心竞争力的管理方法。对很多公司来说，企业信息门户是访问作为知识管理系统的公司内联网的入口。在管理者和业务人员制定决策时，企业知识门户(Enterprise Knowledge Portals)将内联网作为知识管理系统分享和传播知识，起到了关键的作用。企业中知识管理系统应用举例如图 1-13 所示。

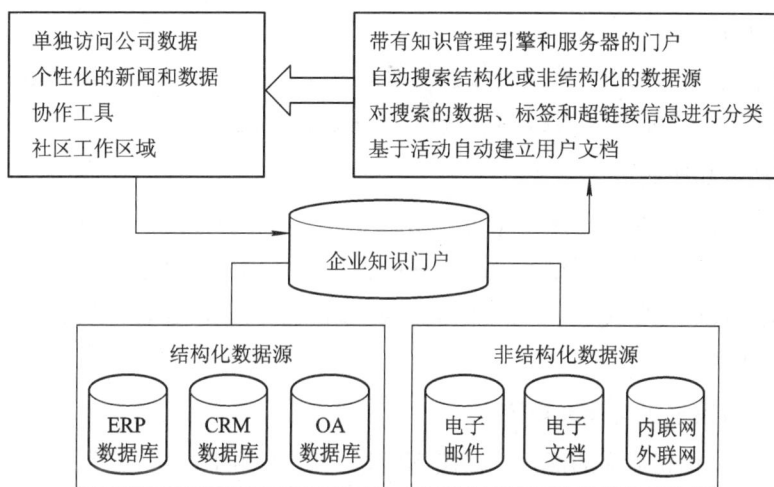

图 1-13　应用 Web 化知识管理系统的企业知识门户

1.4　信息技术可创造的竞争优势

信息技术，是对人类开发和利用信息资源的所有技术的总称。信息技术包括两个方面，即信息的提取(信息的产生、收集、表示、检测、处理和存储等方面)和信息的使用(信息的传递变换、显示、识别、提取、控制和利用等方面的技术)。信息的传递从远古依靠手势和结绳进行，到古代依靠烽火台和驿站进行，再到现代依靠电话、电报、电视、传真、微波和通信卫星进行，传递方式发生了巨大的变化。

1.4.1　信息化建设的内容

信息化是指加快信息高科技发展及其产业化，提高信息技术在经济和社会各领域的推广应用水平并推动经济和社会发展前进的过程。信息化建设水平以信息产业在国民经济中的比重、信息技术在传统产业中的应用程度和国家信息基础设施建设水平为主要标志。

1．信息技术应用

信息技术应用泛指在社会经济各种活动中的应用。例如，在政府、企业、组织的决策管理与公众的日常生活中，信息和信息处理的作用大大提高，从而使社会的工作效率与管理水平达到更高的层次。

2．信息资源管理

为了提供满足各种需求的信息资源、信息产品和信息服务，各种不同规模、不同类型的信息处理系统得以建设，并进入稳定、正常的运行，成为社会生活中不可缺少的、基本的组成部分。

3．信息网络

为支持信息系统的工作，遍及全社会的通信及其基础设施(如计算机网络、数据交换中心、个人计算机等)得到全面发展，并且投入正常运行阶段。

4．信息技术和产业

为支持信息系统和基础设施，相关的信息技术得到充分发展，相应的设备制造产业也得到充分发展，为信息处理系统和通信系统的正常运行提供了设备和技术保证。同时，信息技术本身也发展成为国民经济中一个庞大的、新兴的产业，并且在从业人数和产值份额上均占相当的比例。

5．信息化政策法规与标准规范

与经济生活变化相适应的法规、制度等经过一定时期的探索，已经逐步健全并且走向完善。例如，关于信息产权的有关规则、关于通信安全与保密的有关规则等，特别是在政府与企业的各级管理中形成了有关信息的各种管理体制与管理办法。

6．信息化人才

构成中国信息化体系的六要素之一就是信息化人才。其他五要素，即信息技术应用、信息资源建设、信息网络、信息技术和产业、信息化政策法规与标准规范，都是由信息化人才来设计、规划、论证、实施和维护升级的。因此，信息化人才是国家信息化建设的成功之本。

7．企业信息化建设

所谓企业信息化是指将企业的生产过程如物料移动、事务处理、现金、客户交互等业务过程数字化，通过各种信息系统加工生成信息资源，提供给各层次的人们掌握，以做出有利于生产要素组合优化的决策，使企业资源合理配置，以便企业能适应瞬息万变的市场经济竞争环境，求得最大的经济效益。

1.4.2　信息技术创造的竞争优势

在当前激烈的市场竞争环境下，企业的生存有赖于竞争优势的建立，从而赢得市场、赢得客户的信任。赢得客户的前提条件是能够为客户提供有价值的产品或服务。如果客户对一个企业产品或服务的评价相对高于其他竞争对手，该企业就拥有了相对的竞争优势。企业的竞争优势就体现为能否为客户创造价值，以及能够创造多大的价值。

在信息经济时代，信息已经成为企业的重要资源，对信息资源的利用和控制已成为供应链之间资源竞争的一部分。信息成为新的生产力，信息技术及其工具成为人们的劳动工具，信息资源成为劳动对象。而数字化、网络化成为信息生产力的基础，能够为企业带来竞争优势、为社会创造价值。信息技术能够从以下方面为企业创造竞争优势。

1．产品与服务

目前，企业的发展趋势是企业不再作为一个单纯的产品销售型企业，而是转变为能够为客户特定业务流程提供综合服务的解决方案提供商。企业利用信息技术，能够及时了解客户的需求和问题，并在任何时间、任何地点提供领先的全球化服务，从而形成竞争优势。

2．客户接触

企业能否在全球范围内寻找自己的目标客户，决定了企业销售机会的大小。当前，在信息技术的帮助下，企业的客户接触范围已超越了传统的地域和行业限制，能够为企业建立起竞争优势。例如，网上书店利用互联网能够面向全球范围内的潜在消费者推荐各类新书和相关产品，其竞争优势就要显著高于只服务于店内购书者的书店。

3．客户保留

如同企业的产品有生命周期一样，客户同样也是有生命周期的。客户的保持周期越长久，企业的相对投资回报就越高，从而给企业带来的利润就会越大。由此可见，留住客户是非常重要的。利用信息技术，企业不但可以有效地积累客户的相关信息，而且可以降低客户使用服务的成本，培养客户的使用习惯和依赖性，从而强化企业同客户的关系。例如，在银行的网上业务中，客户可以从低交易成本、便捷性、良好的客户关怀等方面获益，从而提高对现有银行的忠诚度。当客户更换银行时，就会面临改变操作习惯、重新培养良好的沟通关系等方面的挑战，产生客户不愿接受的更换成本。

4．情感

客户愿意和一家企业打交道，是因为这家企业能够为其提供特定的品牌价值、可靠性和便利性等。当客户在拥有和享用这些产品和服务时如果可带来美好的体验或感受，则会增大产品或服务的品牌价值和客户忠诚度。企业可以通过信息技术，让客户更方便地体验其产品与服务。同时，企业也可极大地提高其产品与服务的便捷性，从而形成竞争优势。

5．成本

企业倾向于通过大批量生产和销售来降低成本，在个性化需求日益凸显的市场环境下，通过紧密协同的供应链体系帮助企业将设计、生产、销售等运作环节分散到全球资源与成本最优化的地区，实现成本的最低化，进而建立竞争优势。

6. 价格

信息技术带来的较低的操作成本、迅速的响应速度、便捷的支付方式等，直接体现为产品和服务价格的降低，使客户从中受惠。

7. 速度

企业识别市场变化并做出相应创新商业概念的速度，甚至是快速地转型，都直接关系到市场竞争力的培养和客户价值的创造，而信息技术无疑为企业提供了相应的技术支持。

信息技术能为企业创造的上述七个领域的竞争优势可以归并为一点，即信息技术推动了企业的商业模式创新。企业商业模式决定了目标客户、业务流程、产品与服务、分销渠道、服务提供方式、物流管理等一系列关键环节。

1.4.3 管理信息系统创造的竞争优势

为了生存和发展，企业必须创造竞争优势。但竞争优势往往是相对的、动态的和暂时的，需要企业采取创新的思维、商业模式或产品与服务，以及相应的技术手段，不断地维持和巩固竞争优势。

在知识经济时代，仅靠自己企业的资源已不足以在市场竞争中取得优势地位，还必须把经营过程中的有关各方如供应商、制造工厂、分销网络、客户等纳入一个紧密的供应链中，只有这样，才能更有效地安排企业的产、供销活动，满足企业利用全社会一切市场资源快速、高效地进行生产经营的需求，从而进一步提高生产效率和企业在市场上的竞争优势，这已经成为一种新的商业模式。换句话说，在这种商业模式下，现代企业竞争不是单一企业与单一企业间的竞争，而是一个企业供应链与另一个企业供应链之间的竞争。

ERP、SCM 等系统实现了对整个企业供应链的管理，为这种商业模式的产生和推广应用提供了条件。

以 ERP、SCM、CRM 等为例，现代管理信息系统通常具有以下特点：

(1) 以更快、更低的成本，更可靠、更详细的记录数据，实现业务的高度集成和商业智能。

(2) 能够存储任何所需要时段内的海量数据，并将相关数据传输到所需要的地点，实现数据的及时获得与共享。

(3) 使业务操作(如订单处理等)更及时、更准确和更高效，显著提高了工作效率。

(4) 具有强大的数据处理能力，可以对数据进行深入的分析与挖掘，实现基于数据挖掘的知识的获取、商业智能，以及决策支持等。

(5) 不再依赖特定的个人，业务及管理流程标准化、规范化。

具体来讲，管理信息系统能够为企业创造的竞争优势表现在以下两个方面。

1. 实现企业内部资源的整合，获得竞争优势

资源整合是系统论的思维方式，就是要通过组织和协调，把企业内部彼此相关但却彼此分离的职能以及企业外部既参与共同的使命又拥有独立经济利益的合作伙伴整合成一个

为客户服务的系统，取得 1+1 大于 2 的效果。资源整合是企业战略调整的手段，也是企业经营管理的日常工作。整合就是要优化资源配置，就是要有进有退、有取有舍，就是要获得整体的最优。总的来说资源整合是指企业对不同来源、不同层次、不同结构、不同内容的资源进行识别与选择、汲取与配置、激活和有机融合，使其具有较强的柔性、条理性、系统性和价值性，并创造出新的资源的一个复杂的动态过程。在介绍资源整合内涵的基础上，提出了企业资源整合过程模型，分析了企业资源整合能力，旨在为企业提供如何提升资源整合能力，进而增强企业竞争优势提供建设性建议。

企业管理信息系统的管理对象便是上述各种资源及生产要素，通过信息系统的使用，能够使企业的生产过程及时、高质量地响应客户的需求，最大限度地发挥这些资源的整合作用，能够为企业带来竞争优势。

2. 实现企业外部资源的整合，获得竞争优势

企业发展的重要标志便是合理调整和运用企业内外部的资源。在没有 ERP(企业资源计划)软件、CRM(客户关系管理)软件、电子商务、SCM(供应链管理)系统等这样的现代化管理工具时，企业资源状况及调整方向不清楚，要做调整安排是相当困难的，更不要说对外部资源的调整与利用。企业的组织结构也只能是金字塔形的，部门间的协作交流相对较弱，对客户的响应不灵敏、不及时。信息技术的发展为企业实现外部资源的协调与集成提供了技术基础、扩大了企业边界，实现了产业链上下游企业间的协同与资源共享，为更好、更高效地运用各类资源创造了条件。例如，利用网络技术实现的虚拟组织突破了地域、时间、人员、企业边界等方面的限制，可以由众多各具优势的参与方来共同完成一个项目或任务。这种跨企业边界的外部资源间的整合与协同，既可实现各企业间的优势互补，又可节约成本和时间，从而能够获得竞争优势。

◆◆◆ 本 章 小 结 ◆◆◆

本章全面介绍了管理信息系统的基本知识：信息、管理信息系统、决策支持。信息是从记录客观事物的运动状态和运动方式的数据中提取出来的，对人们的决策提供帮助的一种特定形式的数据。管理信息系统不仅仅是一个技术系统，而且是把人包括在内的人机系统，它不仅是静态的对象，还是管理的动态过程，因而是一个管理系统和社会技术系统，是信息系统在社会管理领域的具体应用。决策就是为了解决现实中出现的问题，实现某个特定的目标，在充分搜集并详细分析了相关信息后，提出解决问题和实现目标的各种可行方案，并依据评定准则，选定方案并实施，是解决问题、达到目标的一种方法和途径。管理信息系统是运用系统管理的理论和方法，以计算机技术、网络通信技术和信息处理技术为工具和手段，具有对信息进行加工处理、存储和传递等功能，同时具有预测、控制、组织和决策等功能的人机系统。信息技术能够从产品与服务、客户接触、客户保留、情感、成本、价格以及速度等方面为企业创造竞争优势。

❖❖❖ 复 习 思 考 题 ❖❖❖

一、选择题

1. 信息(   )。
    A. 是形成知识的基础   B. 是数据的基础
    C. 是经过加工后的数据   D. 具有完全性

2. 信息(   )。
    A. 不是商品   B. 就是数据
    C. 是一种资源   D. 是消息

3. 数据(   )。
    A. 就是信息   B. 经过解释成为信息
    C. 必须经过加工才成为信息   D. 不经过加工也可以称作信息

4. 管理信息是(   )。
    A. 加工后反映和控制管理活动的数据   B. 客观世界的实际记录
    C. 数据处理的基础   D. 管理者的指令

5. 关于客观事实的信息(   )。
    A. 必须全部得到才能做决策   B. 有可能全部得到
    C. 不可能全部得到   D. 是不分主次的

6. 工业企业中的完工单、检验单等原始凭证是(   )。
    A. 信息   B. 记录
    C. 数据   D. 符号

7. 关于物流和信息流的描述，不正确的是(   )。
    A. 生产活动中流动的是物流   B. 管理活动中流动的是信息流
    C. 物流是生产经营活动中的主体流动   D. 管理人员通过物流了解信息流动态

8. 以下不属于管理信息的特点的是(   )。
    A. 原始数据来源的分散性   B. 信息处理的多样性
    C. 信息量大   D. 信息资源的消耗性

9. 商业企业管理信息系统中，人事信息子系统的主要功能，除用人政策及人事安排、薪金报酬与保险福利、人事需求预测之外，还应有(   )。
    A. 考察   B. 教育培训
    C. 监督   D. 奖励与处分

10. 数据资料中含信息量的大小，是由(   )。
    A. 数据资料中数据的多少来确定的   B. 数据资料的多少来确定的
    C. 消除不确定程度来确定的   D. 数据资料的可靠程度来确定的

11. 消息中含信息量的大小，是由（　　）。

　　A．消息中数据的多少来确定的　　　　B．消息的多少来确定的

　　C．消除不确定程度来确定的　　　　　D．消息的可靠程度来确定的

12. 从信息处理的工作量来看，信息处理所需资源的数量随管理任务的层次而变化，层次越高，所需信息量（　　）。

　　A．越大　　　　　　　　　　　　　　B．越小

　　C．不大不小　　　　　　　　　　　　D．不一定

13. 对于校园物管中心值班人员来讲，以下哪项不是信息（　　）。

　　A．课表　　　　　　　　　　　　　　B．天气预报

　　C．来访者姓名　　　　　　　　　　　D．值班制度

14. 构成管理信息系统的基本要素是（　　）。

　　A．人、信息、信息技术　　　　　　　B．人、计算机、系统

　　C．计算机、信息、网络　　　　　　　D．系统、计算机、信息

15. 一个管理信息系统的好坏主要是看它（　　）。

　　A．硬件先进、软件齐全　　　　　　　B．是否适合组织的目标

　　C．是否投资力量最省　　　　　　　　D．是否使用计算机网络

二、应用题

设某厂进行生产能力决策。根据市场预测可能有好、中、坏三种自然状态，市场形势好，年销售量可达 10 万件，市场形势中等时，年销售量可达 8 万件，市场形势差时，年销售量只有 5 万件，其概率分别为 0.3，0.5，0.2，与之相对应，生产能力可有年产 10 万，8 万，5 万件三种方案。年产 10 万件时，单件成本为 6 元，但如果卖不出去，则未卖出的产品就积压报废，其成本由已销产品承担。年产 8 万件时，单件成本为 7 元，年产 5 万件时，因规模更小，成本增大，每件为 8 元，单价预计为 10 元。求全情报价值。

三、思考题

在充斥过剩的信息世界里，我们可以即时获得大量的信息。但那些信息真的对你都是有用的吗？你是否发现你花费了大量时间在茫茫的信息海洋里搜寻你想要的那条信息？搜索引擎真的能很快速地帮助你准确定位你所需要的信息吗？

在商业世界环境中有一些非常重要的问题。时间就是金钱，花费大量时间寻找所需要信息是一种浪费，也是一种成本的增加，最终会导致利润减少。一份对营业收入超过 5 亿美元的 1009 个美国或英国企业的经理的调查得出以下结论：

(1) IT 经理平均投入 30% 的时间查找与他们工作相关的信息；

(2) 42% 的被调研者说他们的工作充斥着太多的信息；

(3) 44% 的被调研者抱怨其他部门不共享信息；

(4) 39% 的被调研者不能分辨出哪些信息是即时的；

(5) 38% 的被调研者经常重复收到相关信息；

(6) 21%的被调研者承认当他们收到信息时不能立即理解这些信息的价值;

(7) 84%的被调研者承认他们用硬盘或电子邮箱存储信息而不与其他人员共享信息;

(8) 仅仅16%的被调研者说他们为共享信息采用了一些协作工具和必要工具。

对于任何组织,信息都是一个关键的有价值的资源,不像其他资源能很容易地在许多人之间共享。知己知彼的信息,方能在市场竞争中创造出竞争优势。

问题:

(1) 思考本案例中讨论的信息爆炸的相关数据,这和精通信息知识的工作者有什么矛盾之处吗?

(2) 你是否认为在组织中那些掌握着信息却不愿意共享的员工不道德?在什么样的情况下可以接受不与其他员工共享信息?组织应该采取什么措施鼓励员工间共享信息?

(3) 你在学校的生活怎样?是否很容易在学校网站上发现下列信息:

① 正在选修的课程信息;

② 完成学位你需要选修的课程清单;

③ 图书的借阅信息;

④ 申请毕业,你需要经过哪些流程。

(4) 你认为整体上学校网站提供个人所需信息方面的能力如何?有何改进建议?

第 2 章

信息技术基础

内容提要 ✎

1．了解数据管理的发展历程及各发展阶段的特点；

2．掌握数据库系统的特点；

3．掌握数据库设计的设计内容；

4．掌握计算机网络的概念和网络体系结构；

5．理解数据仓库与数据挖掘技术在管理信息系统中的应用。

本章关键词 📖

数据管理(Data Management)

数据库(DataBase，DB)

数据库管理系统(DataBase Management System，DBMS)

概念模型(Conceptual Model)

关系模型(Relational Model)

数据仓库(Data Warehouse，DW)

数据挖掘(Data Mining，DM)

计算机网络(Computer Network)

云计算(Cloud Computing)

大数据(Big Data)

管理信息系统是以信息技术为技术基础的，随着信息技术的迅猛发展，信息系统也得到了飞速的发展和更广泛的应用。同时，随着信息系统在各个领域的广泛应用，也促进了信息技术的迅速发展。技术每天都在革新，但与单纯地保持技术革新相比，更重要的是我们需要认真思考这些革新将会如何影响我们的生活，甚至这些技术变革产生的影响会远远超出我们的想象。因此，信息系统与信息技术之间存在着一种相互促进的关系，信息技术是一个外延宽广的概念。一般来说，信息技术是计算机技术、数据库技术、数据通信技术和计算机网络技术的总称。

2.1 数据通信与计算机网络

计算机网络技术自 20 世纪 60 年代以来就一直被广泛地应用于各种各样的信息系统中。但是，传统的网络由于技术上的局限，在网络互联和资源共享方面一直存在着许多问题，直到 20 世纪 90 年代 Internet 的兴起才打破了这种局面。其主要的技术特征就是：网络互联、资源高度共享、时空观念的转变及物理距离的消失等。这些技术给企业经营管理信息系统和各类商务活动带来了巨大的影响。

2.1.1 计算机网络

计算机网络是指将地理位置不同的具有独立功能的网络设备，通过通信线路连接起来，在网络操作系统、网络管理软件及网络通信协议的管理和协调下，实现资源共享和信息传递的计算机系统。

1. 计算机网络的应用

随着时代的发展，计算机网络的应用越来越广泛，深刻地影响着社会发展的进程。特别是对于分散的信息需要进行集中、实时处理，比如航空订票系统、工业控制系统、连锁店销售系统等众多的系统，离开了计算机网络，将无法进行。

(1) 共享资源。实现对各类资源的共享，包括信息资源、硬件资源、软件资源。网络是计算机网络的高级形态，将使资源共享变得更加方便、透明。

(2) 电子化办公与服务。借助计算机网络，得以实现电子政务、电子商务、电子银行、电子海关等一系列借助计算机网络实现的现代化办公、商务应用。当今社会，就连商场购物、餐馆吃饭这样的日常事务都离不开计算机网络。利用计算机网络进行网上购物，更加方便、廉价。

(3) 通信。电子邮件、即时通信系统等众多的通信功能，极大地方便了人与人之间的信息交往，既快速又廉价。

(4) 远程教育。利用网络可以提供远程教育平台，借助丰富的知识管理系统，学生可以更加方便地自学，提高了学习效率。

(5) 娱乐。娱乐是人的天性，对于大多数人来说，工作之余都需要娱乐活动来丰富自己的生活。利用网络提供各种各样的娱乐内容，既满足了社会的需要，同时也具有巨大的经济效益。

2. 计算机网络的功能

(1) 资源共享。计算机网络实现了资源共享，使得处于不同地理位置的网络用户可以使用分布在网络中任何位置的软件、硬件资源，共享数据信息。一般而言，用户所在站点的计算机系统，无论硬件还是软件，性能总是有限的。资源共享后，用户可以像使用自己的个人计算机一样，使用网上的资源(包括高速打印机、软件、数据库、主机容量等)。用户可以使用网上的磁盘存储器(如百度云盘、腾讯微云等)存放采集、加工的信息，用以解决相关问题。

(2) 数据通信。网络的通信功能使得不同地理位置间的用户可以及时、快速、高质量、低成本地交流信息。网络中不仅能传输文字，而且可传送多媒体信息。例如，电子邮件(E-mail)可以使远隔重洋的地球两端用户快速准确地相互通信，电子数据交换(EDI)可以实现在政府(如商检、海关等)、金融(发卡银行，收单银行等)或公司(买方、卖方等)之间进行订单、发票、转账等单据的安全准确的交换，文件传输服务(FTP)可以实现文件的实时传递，为用户复制和查找文件提供了有力的工具。

计算机网络的功能还有：提高系统的可靠性、易于扩充、分布式处理和提高性能价格比等。其中，资源共享和数据通信是计算机网络诸多功能中最主要的，也是最基本的功能，是重中之重。随着计算机应用的不断发展，计算机网络的功能和提供的服务将不断地增加。

3．计算机网络的类型

计算机网络的类型可以从不同的角度进行分类，通常按照网络覆盖的范围来划分，可分为三类：局域网、城域网和广域网。

(1) 局域网(Local Area Network，LAN)。局域网的地理分布范围在几千米以内，一般局域网建立在某个机构所属的一个建筑群内，或大学的校园内。通过路由器和广域网或城域网相连接实现信息的远程访问和通信。局域网数据传输率高(10b/s～1000Mb/s)，信息传输的过程中延迟小、差错率低；易于安装、便于维护。一个组织中可构建一个或多个局域网，一个局域网也可以包含多个子网，将组织内的计算机和共享设备连接在一起实现组织内的资源共享，各用户之间还可以彼此通信，互相交换信息。

(2) 城域网(Metropolitan Area Network，MAN)。城域网采用类似于局域网技术，但规模比局域网大，地理分布范围在 10～100 km，覆盖范围介于 LAN 和 WAN 之间，一般覆盖一个城市或地区，为多个组织的局域网提供高速的连接途径，实现数据、语音图像、视频等多媒体信息的传输，也可以作为公共设施来运作。在一个大型城市，一个城域网通常连接着多个局域网。如一个城域网连接政府机构的 LAN、医院的 LAN、电信的 LAN、公司企业的 LAN 等。

(3) 广域网 Wide Area Network，WAN)。广域网也称远程网，覆盖范围比城域网更广，可以是一个国家或一个洲际网络，规模庞大而复杂。在我国广域网通信的线路和设备是由电信部门提供的，它可以把多个局域网和城域网连接起来，也可以把世界各地的广域网连接起来，实现远距离资源共享和低价的数据通信。广域网将局域网的灵活性、易用性以及广域网的分布性、开放性有机地融合在一起，使得现有的网络速度更快。广域网要使用公共的通信系统，如长途电话、卫星传输和海底电缆等。

2.1.2　网络体系结构

随着企业经营管理活动范围的不断扩大和数据通信技术的迅猛发展，计算机网络成为管理信息系统重要的技术基础。管理信息系统的基本物理结构是计算机体系结构，它经历了文件服务器/工作站、客户机/服务器结构和浏览器/服务器体系结构的发展过程。

1. 文件服务器/工作站

20 世纪 80 年代计算机微型化的发展产生了微机局域网络。使用微机作为工作站，以高性能微机或小型机作为服务器。数据库管理系统安装在文件服务器上，而数据处理和应用程序分布在工作站上，文件服务器仅提供对数据的共享访问和文件管理，没有协同处理能力。文件服务器管理着网络文件系统，提供网络共享打印服务，处理工作站之间的各种通信，响应工作站上的网络请求。工作站上运行网络应用程序时，先将文件服务器上的程序和数据调入本机内存之中，运行后在本机上输出或在打印机上输出。这种方式可充分发挥工作站的处理能力，但网络负担较重，严重时会造成"传输瓶颈"。

2. 客户机/服务器

客户机/服务器(Client/Server，C/S)是 20 世纪 80 年代末产生的崭新应用模式。在客户机/服务器结构中，网络系统上的计算机系统分成客户机与服务器两类，其中服务器可能包括文件服务器、数据库服务器、打印服务器、专用服务器等，网络系统结点上的其他计算机系统称为客户机。用户通过客户机在网络系统上向服务器提出服务请求，服务器根据请求向有关方面提供经过加工的信息。对数据的处理分前台和后台，客户机运行应用程序，完成屏幕交互和输入、输出等前台任务，而服务器则运行 DBMS，完成大量的数据处理及存储管理等后台任务。这种处理方式使后台处理的数据不需要与前台频繁传输，从而有效解决了文件服务器/工作站模式下的"传输瓶颈"问题。网络上的用户不仅共享打印机、硬盘和数据文件，而且共享数据处理，这是在信息系统思维方法上的一个突破。

3. 浏览器/服务器

Internet 技术的迅速发展，为企业信息系统提供了基于开放技术的新型网络环境。在此环境下产生了浏览器/服务器(Browser/Server，B/S)系统多层结构。这种结构实质上是客户机 / 服务器结构在新的技术条件下的延伸。在客户机/服务器结构中，大量的应用程序都在客户端进行，每个客户都必须安装应用程序和工具，系统的灵活性、可扩展性都受到很大影响。而浏览器/服务器结构 Web Server 既是浏览服务器，又是应用服务器，以"页面"形式给浏览器提供信息，应用系统开发时要进行这些页面的设计，对 Web 服务器与数据库系统的接口软件进行选择或自行开发，以实现两者的信息交换。

2.1.3 通信网络的商业价值

遍布全世界的大大小小、各种各样的网络组成了一个松散结构的全球网络，并且越来越多的商业和其他类型机构以及各种上网设备连接到全球化网络中，共同构成了全球化的信息高速公路。Internet 提供了极其丰富的信息资源和先进的信息交流手段，大大缩短了人和人交流的空间距离。

1. 互联网的商业应用

互联网的商业应用是已经从电子信息交换扩展成为一个广阔的战略性商业应用平台。值得注意的是商业伙伴之间的合作、提供客户和厂商的支持以及电子商务等如何成为互联网的主要商业用途。企业正在把互联网技术应用于营销、销售和客户关系管理，以及跨功能的业务处理及工程、制造、人力资源和会计等方面，各类商业应用举例如表 2-1 所示。

表 2-1　企业的互联网商业应用

活动主体	通信网络的商业应用
公司总部	互联网站点使交互市场、电子商务以及与客户、潜在客户和商业伙伴之间的合作成为可能
远程办公	支持用户全方位的日常办公需求，包括获取公司内部邮件、访问局域网中的文件服务器、内部数据库、CRM、ERP 等，而不仅仅是远程控制
商业伙伴	共享资源、协同工作
供应商	用于电子商务的外联网使供应商能够评估库存、补充存货，通过安全网络连接经由 EDI 发送文档
客户	在交互式服务支持下，客户可以通过电子商务网站购买商品和服务

2. 互联网的商业价值

互联网是计算机技术和通信能力的集成，利用互联网、内联网、外联网以及其他通信网络能够大幅削减成本，缩短业务的提前期和响应时间，支持电子商务，改进工作团队的合作，开发在线操作流程，共享资源，锁定客户和供应商，开发新产品和服务等。这些通信应用对需要在国内和国际市场上快速反应的企业至关重要，因而具有战略意义。

表 2-2 阐述了基于通信的商务应用可以怎样帮助公司克服地理、时间、成本和结构方面的障碍来实现商业成功。表中强调了若干电子商务应用如何帮助公司以较低的成本迅速获取信息并提供给远程终端用户，以支持公司的组织战略目标。

表 2-2　通信网络商业应用价值的实例

战 略 能 力	电子商务实例	商 业 价 值
克服地理障碍： 远程获取商业交易信息	出差的销售人员利用互联网和外联网向公司数据中心传送客户订单，用来进行订单处理和库存控制	通过减少完成订单的延时来提供更好的顾客服务，通过加快用户订单处理速度来改善资金流
克服时间障碍： 在接到请求后迅速远程提供信息	在销售点使用 POS 网络进行信用授权	在几秒钟内完成信用查询和回复
克服成本障碍： 减少传统通信方式的成本	企业及其商业伙伴通过互联网、内联网、外联网举行桌面视频会议	减少高昂的商务差旅费用；通过允许客户、供应商和员工合作的方式提高决策质量
克服结构障碍： 支持竞争优势的综合利用	供应商和客户通过互联网和外联网建立 B2B 电子商务网站	快速方便的服务可以锁定客户和供应商

其他商业价值主要来源于以创新的市场和产品吸引新顾客，通过改善客户服务留住现有顾客。当然，通过电子商务产生收入是商业价值的主要来源。总之，大多数企业构建电子商务网站主要是为了实现以下六种商业价值：

(1) 通过在线销售产生新的收入。

(2) 通过在线销售和客户服务降低交易成本。

(3) 通过网上市场开发、广告和在线销售吸引新客户。

(4) 通过改善网上客服提高现有客户的忠诚度。

(5) 为现有产品开发基于 Web 的营销和分销渠道。

(6) 开发意欲通过 Web 获得基于信息的新型产品。

3. 内联网的商业价值

内联网在企业内部提供类似互联网的环境，实现信息共享、通信、协作和对业务的支持。内联网通过密码、加密技术和防火墙等安全措施得到保护，所以只有经过授权的用户才能对内联网进行访问。与外联网相连接后，企业的内联网也能够被客户、供应商和其他商业合作者的内联网访问。图 2-1 展示了内联网如何通过企业信息门户支持企业内部的沟通与合作、Web 发布、商业运营和管理以及内联网门户管理。

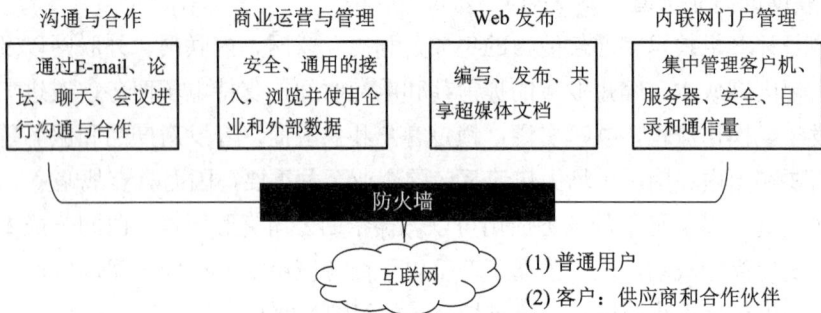

图 2-1　内联网的商业价值

2.2　数据管理技术基础

数据是一种重要的资源，数据管理是信息管理的一部分，如果没有数据及处理数据的能力，组织就无法成功地完成大部分的业务活动，所以数据管理技术对管理信息系统的发展是极其重要的。

2.2.1　数据管理的发展

数据管理是指对数据的组织、存储、检索和维护，是数据处理的中心环节。数据管理主要围绕提高数据独立性、降低数据的冗余度、提高数据共享性、提高数据的安全性和完整性等方面来进行改进，使用户能够有效地管理和使用数据资源。

计算机技术用于数据管理，是指利用计算机的软件、硬件对数据进行存储、检查、维护并实现对数据的各种运算和操作。利用计算机进行数据管理主要分为三个阶段：人工管理阶段、文件管理阶段和数据库系统管理阶段。

1. 人工管理阶段

20 世纪 50 年代中期以前，计算机主要用于科学计算，没有大容量的存储设备。人们把程序和要计算的数据通过打孔的纸带送入计算机中，计算的结果由用户自己手工保存。处理方式只能是批处理，数据不共享，不同程序不能交换数据。应用程序中用到的数据都要由程序员规定好数据的存储结构和存取方式等。这一阶段数据管理的主要特征是：

(1) 不能长期保存数据。在 20 世纪 50 年代中期之前，计算机一般在关于信息的研究机构里才能拥有，当时由于存储设备(纸带、磁带)的容量空间有限，都是在做实验的时候暂存实验数据，做完实验就把数据结果打在纸带上或者磁带上带走，所以一般不需要将数据长期保存。

(2) 数据并不是由专门的应用软件来管理，而是由使用数据的应用程序自己来管理。作为程序员，在编写软件时既要设计程序逻辑结构，又要设计物理结构以及数据的存取方式。

(3) 数据不能共享。在人工管理阶段，可以说数据是面向应用程序的，由于每一个应用程序都是独立的，一组数据只能对应一个程序，即使要使用的数据已经在其他程序中存在，但是程序间的数据是不能共享的，因此程序与程序之间有大量的数据冗余。

(4) 数据不具有独立性。应用程序中只要发生改变，数据的逻辑结构或物理结构就相应地发生变化，因而程序员要修改程序就必须都要做出相应的修改，给程序员的工作带来了很多负担。

2. 文件管理阶段

到了 20 世纪 60 年代，计算机硬件的发展出现了磁带、磁鼓等直接存取设备。软件的发展是操作系统提供了文件管理系统。数据的处理方式不仅有批处理，也能够进行联机实时处理。文件系统管理数据具有如下特点：

(1) 一个应用程序对应一组文件，不同的应用系统之间可以经过转化程序共享数据，多个应用程序可以设计成共享一组文件，但多个应用程序不能同时访问共享文件组。

(2) 大量的应用数据以记录为单位可以长期保留在数据文件中，可以对文件中的数据进行反复地查询、增加、删除和修改等操作。这些操作是通过操作系统提供的文件存取接口来实现的。

(3) 数据的独立性差。由于文件的逻辑结构和物理结构是由操作系统的文件管理软件实现的，应用程序和数据之间由文件系统提供的存取方法进行数据交换，所以，应用程序和数据之间有一定的独立性。但是，因为文件仍然是面向特定应用程序，一旦文件的逻辑结构改变，应用程序也要改变。同理，当应用程序改变时，也会引起文件结构的改变。

(4) 数据的共享性差，冗余大。由于文件之间是孤立的，无联系的，每个文件又是面向特定应用的，应用程序之间的不同数据仍要各自建立自己的文件，无法实现数据的共享，就会造成数据的冗余。

3. 数据库系统管理阶段

20 世纪 60 年代后期以来，计算机管理的对象规模越来越大，应用范围越来越广泛，数据量急剧增长，同时多种应用、多种语言互相覆盖地共享数据集合的要求越来越强烈，数据库技术便应运而生，出现了统一管理数据的专门软件系统——数据库管理系统。

(1) 数据库具有面向各种应用的数据组织和结构。文件系统中，每个文件面向一个应用程序。而现实生活中，一个事物或实体，含有多方面的应用数据。例如，一个学生的全部信息，包括学生的人事信息，学生的学籍和成绩信息，还有学生健康方面的信息。这些不同的数据对应人事部门的应用，教务部门的应用和健康部门的应用。

对学生的全部信息，如果采用文件系统，至少要建立三个独立的文件，都要存储学生的姓名、学号、年龄、性别等学生的基本信息。如果采用数据库系统管理，在数据库设计的时候，就要考虑学生的各种应用信息，设计面向各种应用的数据结构，如学生的人事数据、学生的学籍数据、学生的健康数据等。这使整个实体的多方应用的数据具有整体的结构化描述，也为数据针对不同应用的存取方式提供各种灵活性。

(2) 具有高度的数据独立性。数据结构可分为数据的物理存储结构和数据的逻辑结构。数据的物理存储结构，是指数据在计算机物理存储设备(硬盘)上的存储结构。在数据库中，数据在磁盘上的存储结构是由 DBMS 来管理和实现的，用户或应用程序不必关心。应用程序直接与数据的逻辑结构相关。数据的逻辑结构又分为局部逻辑结构和全局逻辑结构。而且不同的应用程序只与自己局部数据的逻辑结构相关。例如，学校就业部门只关心学生的就业信息，健康部门只关心学生的健康数据，教务部门只关心学生的学习成绩和选课数据。

数据库中数据的高度独立性，是指物理数据的独立性和逻辑数据的独立性两个方面。应用程序与数据的逻辑结构和物理存储结构之间的映射关系由 DBMS 完成。

① 物理数据的独立性。全局逻辑数据结构独立于物理数据结构，即用户的应用程序与数据在数据库中的物理存储结构相互独立。当数据的物理存储结构改时，只要数据的逻辑结构不改变，用户的应用程序就不用改变。反之，如果应用程序改变了，数据的逻辑结构不变，数据的物理存储结构也不用改变。

② 逻辑结构的独立性。数据的全局逻辑结构独立于局部逻辑结构，即用户的应用程序与数据的全局逻辑结构的相互独立性。当数据的全局逻辑结构改变时，某些部分的应用程序可以不改变。例如，学生的人事档案信息中增加学生照片数据项，人事部门的应用程序和它的局部逻辑结构要改变，而教务部门和健康部门的应用程序不关心这一项，就可以不改变。

数据管理经历了人工管理、文件管理、数据库管理三个阶段，主要是利用计算机硬件和软件技术对数据进行有效的收集、存储、处理和应用的过程。对各阶段数据管理技术的特点进行简单比较，如表 2-3 所示。

表 2-3 三个阶段数据管理技术的特点

	人工管理	文件管理	数据库管理
数据的管理者	用户(程序员)	文件系统	数据库系统
数据的针对者	特定应用程序	面向某一应用	面向整体应用
数据的共享性	无共享	共享差，冗余大	共享好，冗余小
数据的独立性	无独立性	独立性差	独立性好
数据的结构化	无结构	记录有结构，整体无结构	整体结构好

2.2.2 数据库系统

1. 数据库系统的构成

数据库系统是指以计算机系统为基础，以数据库方式管理大量共享数据的综合系统。它一般由数据库、数据库管理系统和有关人员组成。

(1) 数据库。数据库(DataBase，DB)是以一定的方式将相关数据组织在一起并存储在外存储器上所形成的、能为多个用户共享的、与应用程序彼此独立的一组相互关联的数据集合。数据库不是根据某个用户的需要，而是按照信息的自然联系来构造数据，能以最佳的方式、最小的冗余，为多个用户或多个应用共享服务。

(2) 数据库管理系统。数据库管理系统(DataBase Management System，DBMS)是指帮助用户建立、使用和管理数据库的软件系统，是数据系统的核心。

(3) 人员。数据库系统的相关人员包括数据库管理员、系统程序员和用户。为了保证数据库的完整性和完全性，需要有数据库管理员负责建立和维护模式，提供数据的保护措施和编写数据库文件。系统程序员是设计数据库管理系统的人员，把控硬件特性和存储设备的物理细节，实现数据组织与存取的各种功能，实现逻辑结构到物理结构的映射等。用户又包括应用程序员、专门用户和参数用户。应用程序员负责编制和维护应用程序，如库存控制系统、工资核算系统等，专门用户是指通过交互方式进行信息检索和补充信息的用户，参数用户指那些与数据库进行交互的人，如售货员、订票员等。

2. 数据库系统的特点

数据库系统和其他数据管理系统相比，有以下一些基本特点：

(1) 数据结构化。文件系统中，独立文件内部的数据一般是有结构的，但文件之间不存在联系，因此从数据的整体来说是没有结构的。数据库系统虽然也常常分成许多单独的数据文件，并且文件内部也具有完整的数据结构，但是它更注意同一数据库中各数据文件之间的相互联系，特别适应大量数据管理的客观需要。

(2) 数据共享。共享是数据库系统的目的，也是它的重要特点。一个数据库中的数据，不仅可以为同一企业或组织的内部各部门共享，还可以为不同组织、地区甚至不同国家的用户所共享。而在文件系统中，数据总是由特定用户专用的。

(3) 数据独立性。在文件系统中，数据结构和应用程序是相互依赖的，任何一方的改变总是要影响另一方。在数据库系统中，这种相互依赖是很小的，数据和程序具有相对的独立性。

(4) 可控冗余度。在文件系统中，由于每个应用都拥有并使用自己的数据，各数据文件中难免有许多数据相互重复，这就是冗余。数据库系统是为了整个系统的数据共享而建立的，各应用的数据集中存储、共同使用，尽可能地避免了数据的重复存储，减少了数据的冗余。为了建立各数据文件之间的联系，不可能消除所有的数据冗余，但是冗余度可以由设计者主动控制。

(5) 统一的管理和控制。数据库通过数据库管理系统软件包来统一管理数据。由于多用户共享数据，数据库还具有安全性、完整性、并发性控制和数据恢复功能等。

2.2.3　数据描述

信息是人们对客观世界各种事物特征的反映，而数据则是表示信息的一种符号。从客观事物到信息，再到数据，是人们对现实世界的认识和描述过程，需要进行数据描述。

(1) 现实世界。现实世界是指客观存在的世界中的事实及其联系，它是人类社会存在和发展的环境，包含客观事物及其相互联系，如：学生、课程、教师等。

(2) 信息世界。信息世界是现实世界中客观事物在人们头脑中的反映，是一种抽象化、概念化了的世界。客观事物在信息世界里称为实体，为了反映实体和实体的联系，可以采用实体联系模型进行描述。

(3) 数据世界。数据世界也称计算机世界，它是现实世界中的事物及其联系经过信息世界的抽象后，转换到计算机中的表示形式。

从现实世界、信息世界到数据世界是一个认识的过程，也是抽象和映射的过程，现实世界、信息世界和数据世界三个世界的关系如下图 2-2 所示。

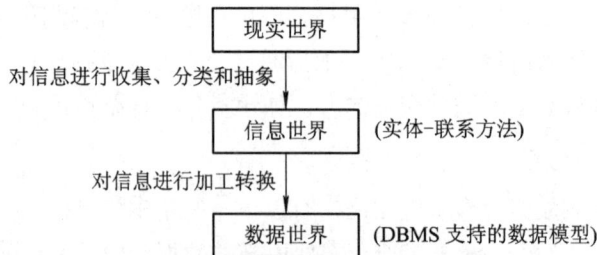

图 2-2　数据描述的三个阶段

2.3　云计算和大数据

云计算(Cloud Computing)是 IT 领域继 PC、互联网之后的第一次革新浪潮。自 2006 年

Google 首次提出"云计算"的概念至今短短数年间，云计算给信息技术(IT)领域带来了巨大的变革。作为一种基于网络、客户能够按需获取计算资源服务的新的计算模式，云计算在国民经济、国家安全、科学研究、社会民生、文化等领域的不断深化应用，正促使人们的社会生活模式、工作模式和商业模式发生着重大的改变。

大数据(Big Data)是 IT 领域在数据处理和信息处理方面又一次的技术变革，它为人类生活创造了前所未有的可量化的维度。

云计算应用的核心技术是数据处理技术，大数据为提升云计算的应用价值提供了新的重要的技术与手段。同时，云计算为大数据提供弹性可扩展的基础设施支持环境以及数据服务的高效模式。云计算与大数据的高度融合及其深度应用将会得到前所未有的大发展。

2.3.1　云计算概述

近年来，大多数公司已经建立了自己的计算基础设施。公司购买或租用硬件，安装在本地，并用来支持企业范围内的电子邮件、网站、电子商务网站和内部应用程序。不过，从 2010 年以后，公司开始将其计算基础设施迁移到云，基于"云计算"的应用软件和系统也层出不穷。那么，到底什么是云？为什么云是公司未来的趋势呢？

1.　云计算

云(Cloud)是指通过互联网协议，可以灵活租用的计算机资源池。使用"云"这个词是因为其他基于互联网的系统使用云的形象代表互联网，而且公司开始将他们的基础设施看作在"云的某处"。

现阶段被大家广为接受的是美国国家标准与技术研究院(NIST)的定义：云计算是一种按使用量付费的模式，进入可配置的计算机资源共享池(资源包括网络、服务器、存储、应用软件、服务)，通过网络方便地、按需获取模型，以最少的管理代价或最少的服务商参与，快速地部署与发布。

总体看来，对云计算概念的理解主要分为两个不同层面：一种是纯业务模式，与技术无关；另一种则是纯技术层面的。

首先，对企业家来讲，他们理解的云计算是纯业务层面的内容，目前在业界已经达到了共识，那就是"以集中的资源提供分散的服务"。在云计算中有三个公认的服务层次，分别是基础设施级服务(Infrastructure as a Service，IaaS)、平台级服务(Platform as a Service，PaaS)和软件级服务(Software as a Service，SaaS)，这三个层次分别对应云中的基础设施、平台资源和应用资源，都是指一个企业以前基于产品销售的业务模式，在云计算时代则转变为通过互联网模式提供各种不同服务的业务模式。例如原来销售 ERP 软件的厂商，现在可以在其 SaaS 云平台上直接申请使用其云化后的服务；原来销售数据库的厂商，现在可以在其 PaaS 云平台上直接使用其数据库云服务；原来销售服务器的厂商，现在可以在其 IaaS 云平台上租用设备……这些业务模式的创新或者转变需要技术上的支持，无论采用什么样的技术实现，只要能达到商业目的即可。

其次，对技术人员来讲，他们所理解的云计算却可以分为几种完全不同的技术方法。一种是分布式计算与存储的技术，是为"分"，这大多以 Hadoop 的 MapReduce 为代表。第二种是将集中的资源分割后分散使用的技术，即实现资源集约与分配的技术，是为"合"，这与上述业务模式层面对"云"的理解是相通的，但站在技术的角度，本质有所不同。实现资源集约与分配的云技术主要有两类，一种是虚拟化技术，包括对计算资源、网络资源、存储资源等的虚拟化，它可分为偏物理的与偏软件的；另一种则是各种资源的精细化管理，是纯软件层面的技术。

2．云计算的分类

云计算的核心特点是计算的虚拟化。根据服务器虚拟结构的不同，云计算可被分为集中云与分散云。

(1) 集中云。集中云的技术基础是计算机的"多虚一"，即通过大量低性能的服务器或运算单元虚拟为一台具有极强运算能力的超级计算机来完成复杂的计算任务。例如最早期的应用实例是 Google 应用于搜索引擎的云计算实现，当用户在网页上对关键词进行搜索时，其搜索的结果由网页内容的处理后台几百上千台服务器进行统一计算而产生。集中云主要应用于大型互联网服务提供商和大型研究机构所构建的云服务和数据中心。由于在集中云的计算中，服务器之间要进行大量的交互访问，因此云数据中心的网络内部流量巨大，对带宽和延迟都有着较高的要求。

(2) 分散云。分散云的技术基础是"一虚多"，即在一台服务器上定义多台虚拟机，将计算任务分配给多台虚拟机共同完成，已成为当前云服务的关键底层技术。"一虚多"最主要目的是为了提高服务器的运算效率，通过在同一台服务器上安装多台虚拟机实现对 CPU 运算能力最大限度的使用，并充分利用所有的内存和带宽资源。

分散云在服务器的内部实现了虚拟机之间的通信，然而由于其对服务器硬件能力的极端榨取，造成了网络中任一服务器的流量压力都大幅增加，因此，与集中云一样也存在着带宽扩展的强烈要求。分散云技术的实现，使云计算更加平民化，除了大型数据中心外，中小企业用户和个人用户也可以通过在 PC 和服务器上安装虚拟机来实现以云计算的方法运行应用程序。

2.3.2　大数据概述

著名管理总裁麦肯锡认为，数据已经渗透到当今每一个行业和业务职能领域，成为重要的生产因素。2012 年美国就宣布，投资 2 亿美元启动大数据研究和发展计划，对数据的占有和控制将成为国家间和企业间新的争夺焦点。在维克托·迈尔-舍恩伯格及肯尼斯·库克耶编写的《大数据时代》一书中，大数据被解释为摒弃了抽样调查而采用所有数据进行分析处理的方法。

1．大数据

和云计算类似，作为新生事物的"大数据"并没有一个明确的定义。被广泛接受的"大数据"通常认为大数据又称巨量数据，对这些数据进行存储、处理、分析的技术，以及通过分析这些数据获得实用意义和观点的组织或系统，是需要新处理模式才能具有更强的决策力、洞察力和流程优化能力的海量、高增长率和多样化的信息资产。

2. 大数据的特征

(1) Volume：数据量大。移动互联网的核心网络节点是人，不再是网页，人人都成为数据制造者，短信、微博、照片、录像等都是其数据产品；数据来自无数自动化传感器、自动记录设施、生产监测、环境监测、交通监测等；来自自动流程记录，刷卡机、收款机、电子停车收费系统互联网点击、电话拨号等设施以及各种办事流程登记等。从现状来看，基本上是指几十 TB 到几 PB 这样的数量级。随着数据处理技术的进步，这个数值也在不断变化。不同的应用领域，大数据的数据量也有所不同。

(2) Variety：数据多样性。随着传感器、智能设备以及社交协作技术的飞速发展，组织中的数据也变得更加复杂，因为它不仅包含来自网页、互联网日志文件、搜索索引、社交媒体论坛、电子邮件、文档、主动和被动系统的传感器数据等非结构化数据和半结构化数据；在大数据时代，数据格式变得越来越多样，涵盖了文本、音频、图片、视频、模拟信号等不同的类型；数据来源也越来越多样，不仅产生于组织内部运作的各个环节，也来自于组织外部。

(3) Veracity：真实性。数据的重要性就在于对决策的支持，数据的规模并不能决定其能否为决策提供帮助，数据的真实性和质量才是获得真知和思路最重要的因素，是制定成功决策最坚实的基础。追求高质量数据是一项重要的大数据要求和挑战，即使最优秀的数据清理也无法消除某些数据固有的不可预测性，例如，人的情感和诚实性、天气变化、经济因素以及未来。

(4) Value：价值密度低。价值密度低是指随着物联网的广泛应用，信息感知无处不在。虽然信息海量，但在连续不间断的监控过程中，可能有用的数据仅一两秒。如果由于数据采集的不及时，数据样本不全面，数据不连续等，数据可能会失真。当数据量达到一定规模时，需要通过大数据进行数据挖掘和分析进行信息提取。

(5) Velocity：速度快。英特尔中国研究院首席工程师吴甘沙认为，快速度是大数据处理技术和传统的数据挖掘技术最大的区别。大数据是一种以实时数据处理、实时结果导向为特征的解决方案，它的"快"有两个层面。一是数据产生快，有的数据是爆发式产生，例如，欧洲核子研究中心的大型强子对撞机在工作状态下每秒产生 PB 级的数据；有的数据是慢慢产生，但是由于用户众多，短时间内产生的数据量依然非常庞大，例如点击流、日志、射频识别数据、GPS(全球定位系统)位置信息等。二是数据处理快，大数据有批处理("静止数据"转变为"正使用数据")和流处理("动态数据"转变为"正使用数据")两种范式，以实现快速的数据处理，例如，搜索引擎要求能够满足用户查询需求、个性化推荐算法完成实时推荐。

3. 大数据处理的层次

运用大数据来解决现实问题，通常会按照"对过去的分析"、"对现状的监控"、"对将来的预测"和"对行动的优化"四个步骤循序渐进地进行，如图 2-3 所示。

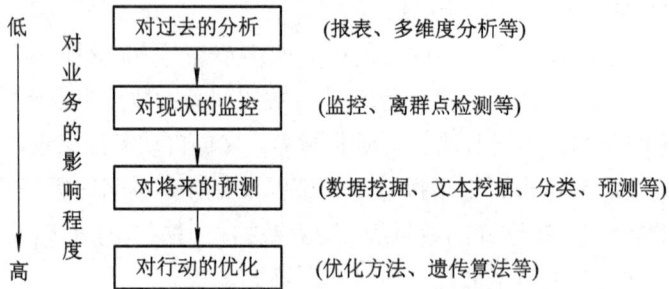

图 2-3　大数据处理的层次

(1) 对过去的分析。大数据的运用从数据的采集开始。对历史数据进行积累并找到其中的规律和知识是大数据处理的第一步。随着互联网的普及以及物联网技术的广泛应用，大量的关于人类活动的记录及对环境的感知信息都被获取并保存下来。在积累大量数据之后，就需要使用数据挖掘、机器学习等技术，从海量数据中发现对业务有影响意义的模式。

(2) 对现状的监控。对现状的把握体现在对大量实时产生的数据进行监控上。通过对数据(如交通状况、气象数据、机械装置的运行数据等)进行实时监控来发现异常的值和状态。除了明显能看出的异常情况之外，一般都需要事先确定异常值的定义和指标体系。异常值的确定又基于对大量历史数据的分析所发现的模式，因此对过去的分析也会指导对现状的把握。

(3) 对将来的预测。如果能够通过对历史数据分析发现潜在的模式，那么就可能将输入数据与这些模式相结合来对未来可能发生的状况进行预测了。如根据大量的历史医疗数据构建专家系统为前来就诊的病患提供初步的病情诊断；通过历史交易数据和问卷调查数据分析预判出客户解约的可能性大小等。

(4) 对行动的优化。大数据处理的最后一个层次是对行动的优化。这里的优化指的是根据数据分析和预测的结果所能采取的最佳策略和应对措施，包括了最佳路径的选择、最合适的产品的推荐、给特定的客户提供最适合的打折优惠、个性化的产品和服务定制等。

在大数据的应用中，具体的实现模式总是在不断地创新。如何对所挖掘到的模式和预测的结果进行合理的运行？如何根据具体问题创造性地优化所采取的行动和策略？这都是大数据领域的重要课题。

2.3.3　云计算和大数据在信息系统中的应用

大数据技术在信息系统中的应用日趋广泛，几乎可以覆盖日常生活中与数据相关的各个方面，如商品推荐系统、定向广告投放系统、基于位置信息的营销系统、非法操作检测系统、故障预测系统、服务持续改善系统、交通阻塞预测系统、股市分析系统等。

1. 商品推荐系统

根据用户属性、行为、购买记录等数据，为其推荐最合适的商品或服务，这种方式在 Amazon、乐天、京东、当当等电子商务网站中应用广泛。以亚马逊网上书店为例，如图 2-4 所示。

图 2-4 亚马逊个性化网上书店商品推荐

这两种不同的推荐方法，其工作原理也不同，如图 2-5 所示。

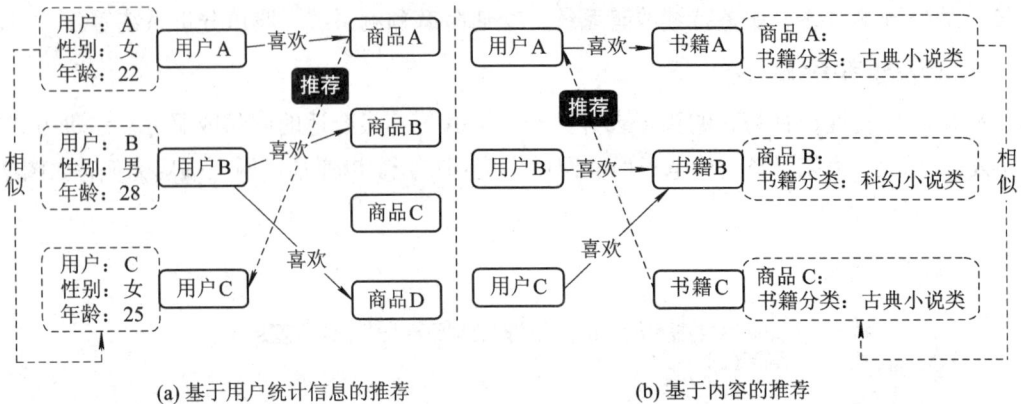

(a) 基于用户统计信息的推荐　　　　　　(b) 基于内容的推荐

图 2-5　推荐系统的工作原理

2. 定向广告投放系统

所谓"定向"，实际上是对受众的筛选，即广告的显示是根据访问者来决定的。先进的广告管理系统，能够提供多种多样的定向方式。定向传播可以按访问者的行业、地理区域以及用户网站浏览记录、电商网站上的购买记录等数据分析用户画像，将用户进行分类，并对每一类用户投放不同的互联网广告，精确定位广告受众，根据用户偏好，利用网络广告配送技术，向不同类别的用户发送投放其感兴趣的广告，提高广告效果。定向广告投放系统的工作流程如图 2-6 所示。

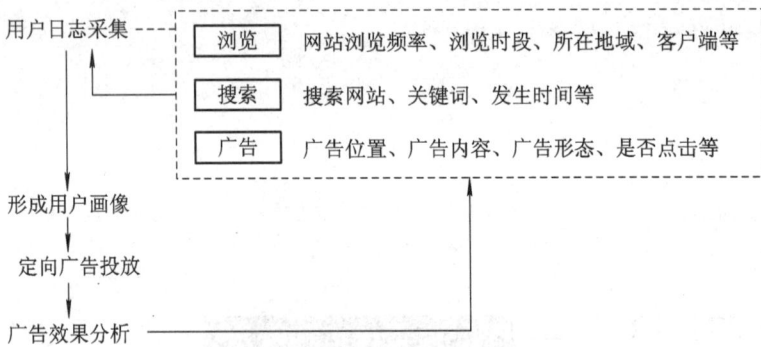

图 2-6　定向广告投放系统的工作流程

2.4　数据仓库

假设某公司的管理者想了解上个季度行李箱的总收益额，那只需一个简单的查询操作即可，但如果想要进一步了解"通过将实际销售额与预算额进行比较，进而与过去 5 年的同期销售额比较，该公司在东南地区和西北地区上个季度销售了多少个 20 寸牛津面料的行李箱"，这项任务看起来几乎是不可能的。如果真的可以为此建立一个查询，那么就能为企业建立数据库环境打下良好的基础。

　　多数的组织通过信息系统立即获得的只是当天的信息，而历史数据则是要通过专用的信息系统报告提出，这需要花费较长时间才能产生。在独立运作的系统中，数据往往是支离破碎的。这样，不同的管理人员就会在不完整的知识基础之上进行决策。用户的信息系统专家也许不得不花费大量的时间来定位和集中数据。数据仓库就是通过以一种一致、可靠和容易获得形成报告的形式从公司周围集成关键运作的数据来解决这个问题的。

2.4.1　数据仓库概述

　　数据仓库(Data Warehouse)是一个面向主题的、集成的、稳定的、包含历史数据的数据集合，它用于支持管理中的决策制定过程，是区别于数据库的一种新的数据存储形式，存储贯穿整个组织的管理人员对其具有潜在兴趣的、当前的和历史的数据的数据库。数据源于许多组织的核心运作系统和组织外部资源，按照需要的频率(按每小时、每天、每周、每月等)将这些数据拷贝到数据仓库的数据库中。数据是标准化的和统一的，这样它们可以被跨组织地用于管理分析和决策制定。数据对于任何访问者都是可提供的，但是不能够被改动。一个数据仓库系统提供了在一定范围内特殊的和标准的询问工具、分析工具和图形报告工具，包括联机分析的处理和数据挖掘工具。这些系统可以对执行方式和趋势等进行高层分析，同时也可以在需要的时候提供细节和过程记录。图 2-7 说明了数据仓库的概念。

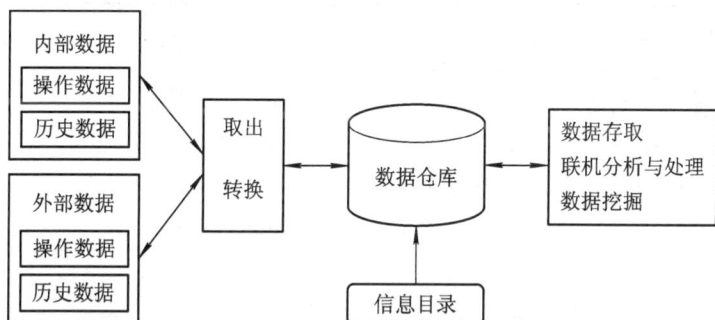

图 2-7　数据仓库

　　从图 2-7 可以看出数据仓库的时间与空间特征。如果从时间上来看，数据仓库中既有组织现在的(当前的)数据，也有组织历史的(过去的)数据。如果从空间上来看，既有组织内部的数据，也有组织外部的数据。它将数据库中的数据按决策需求(主题)进行重新组织，以多维空间结构形式存储数据。数据仓库的数据量很大，具有 GB 级到 TB 级的数据量。而一般的数据库是以二维平面结构形式存储数据，数据量一般为 MB 级别。

　　数据仓库的建设意义如下：

　　(1) 使企业高层领导能够从全局角度出发，推动企业数据的统一规划，便于业务人员对企业数据的分析与理解。

　　(2) 可以形成企业的概念模型，帮助企业人员更好地理解业务的核心概念和业务之间的关系。

(3) 可以帮助设计人员制定出更加合理的数据架构和统一的数据分布图。

(4) 可以明确各个业务部门之间的关系和在分析应用工作中的主要职责，有利于实现统一的报表体系规范，便于实现企业的运营指标分析和统一的口径。

(5) 可以形成有效的数据管理体系，保证企业在业务部门众多，内部数据和外部数据复杂的情况下，数据只有唯一事实的特点。

(6) 为业务人员提供各种报表查询功能，为应用系统提供强大的数据分析功能。

2.4.2 数据仓库和数据库的区别

数据仓库不仅仅提供了改善的数据与信息，而且它们使决策者很容易获得信息，甚至还包括了建立和重建仓库中数据模型的能力。据统计，世界上的商业信息有 70%是驻留在大型计算机的数据库上，许多数据库是比较老式的系统。而这些老式系统中许多是支持组织核心业务处理的关键生产应用，这些系统可以有效地处理保持组织运转所必要的事务。数据仓库能够使决策制定者在需要的时候，随时存取数据而毫不影响基础运作系统的执行。许多组织通过使用 Web 网技术使得相关人士对它们的数据仓库的访问更加方便快捷。表 2-4 给出了数据库与数据仓库的比较，从中我们可以对数据仓库的特点了解得更清楚。

表 2-4　数据库与数据仓库的区别

	数据库(如：生产作业系统)	数据仓库(如：生产决策系统)
数据特性	(1) 无重复数据 (2) 详细、少量汇总(微观) (3) 数据处理时长较短(数个月) (4) 经常异动	(1) 重复数据 (2) 详细、大量汇总(宏观) (3) 数据处理时长较长(5～10 年) (4) 不常异动
作业特性	(5) 提供作业层数据处理服务 (6) 支持日常操作(增删、查询、打印等) (7) 在线交易处理(OLTP) (8) 要求操作有效率且快速回应	(5) 提供管理层信息服务 (6) 支持管理决策的需求(查询、输出等) (7) 在线分析性处理(OLAP) (8) 对效率及快速回应无特别要求
开发特性	(9) 软件开发生命周期 (10) 交易系统导向、适于大量交易	(9) 动态反复分析 (10) 决策分析导向、适于复杂查询
适用用户	(11) 操作层用户和战术层用户	(11) 战术层用户和战略层用户

2.4.3 多维立体的数据仓库

在数据库模型中，信息是用一系列二维表格来表示的，而在数据仓库中却不是这样。数据仓库支持多维分析，多维分析是数据仓库系统在决策分析过程中非常有用的一个功能，通过把一个实体的属性定义成维度，使用户能方便地从多个角度汇总、计算数据，增强了数据的分析处理能力，通过对不同维度数据的比较和分析，增强了信息处理能力。大多数数据仓库是三维甚至是多维度的，即它们包含若干层的行和列。正因为如此，大多数数据仓库是真正的多维数据库。数据仓库中的层次根据不同的维度来表示信息。例如，三个维度的信息图表被称为立体结构，如果它的维度超过了三个，例如四维、五维等，我们称其为超立体结构，图 2-8 给出了一个超立体结构的数据仓库。

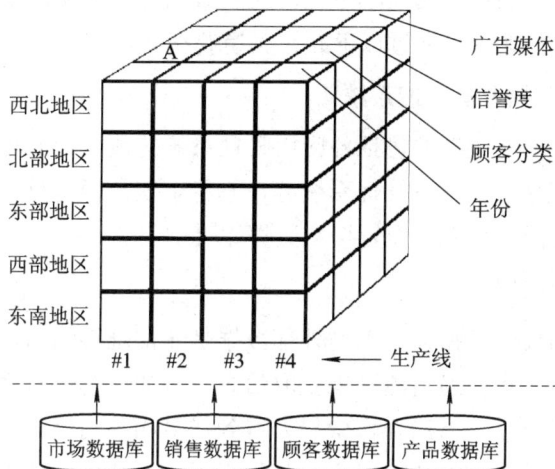

图 2-8　来自于多个业务数据库的多维数据仓库

它按照产品种类和销售区域形成二维的行和列，第三个维度是由年份(第 1 层)、顾客分类(第 2 层)、信誉度(第 3 层)、广告媒体(第 4 层)构成的，这个多维的数据仓库就是依此来表达产品信息的。利用这个三维立体结构，我们可以很容易回答这样一些问题：

(1) 从客户群 A 来看，产品种类 1(对应生产线 1)在东南地区的销售情况怎样？

(2) 在 2019 年，产品种类 3(对应生产线 3)在西北地区的销售情况如何？

(3) 产品种类 2(对应生产线 2)在东南地区的信誉度又是怎样的呢？

如果将"年份"、"顾客群"、"信誉度"和"广告媒体"再做细分，然后再嵌套在"第三维"中，那就是一个复杂的超立体结构了。利用它，我们就可以回答像下面这样更复杂的问题了：

(1) 从客户群 A 来看，产品种类 1 在西北地区的销售情况中，有多少的百分比是与信誉度相关联的？

(2) 在东部地区，2019 年度客户群 A 较 2018 年度增长比例是多少？

(3) 在某网站植入广告播出后，随即发生的产品种类 1 在西部地区的客户群的销售额占总销售额的百分比是多少？

数据仓库系统提供了标准的报表和图表展示功能，数据仓库内的数据来源于不同的业务处理系统；数据仓库系统展示的数据是整个企业的数据集成，利用最宝贵的业务数据做出最明智的商业决策。数据仓库是数据挖掘技术的关键和基础。数据挖掘技术是在已有数据的基础上，帮助用户理解现有的信息，并且在当前信息的基础上，对未来的企业状况做出预测，在数据仓库的基础上进行数据挖掘，可以针对整个企业的发展状况和未来前景做出较为完整、合理、准确的分析和预测。

2.4.4　数据的来源

我们常常思考一个问题：数据从哪里来。对于数据仓库来说，数据源可以分为内部数据源和外部数据源，具体地可以通过以下几个渠道获得。

1. 数据来源于不同的业务处理系统

就数据仓库而言，内部数据源包括各应用管理系统的数据，如采购管理系统、客户服务管理系统、仓储管理系统、财务管理系统等，不论系统是否是自己开发，一般来说公司都会拥有深度的管理权限，也有能力直接从数据库查询信息。

2. 数据来源于合作伙伴

很多时候组织所需要的数据，特别是外部数据是非常难得到的，所以会需要一些特殊途径来获取数据：一方面可以通过测试来获取信息，例如在竞争对手处下订单来体验对方的服务；另一方面，可以从上下游合作伙伴处得到很多相关的行业信息，例如营销公司对于类似品类的电子商务营销的转化率就会比我们更了解，从他们那里获取这方面的信息。需要注意的是获取信息方式的合法性，不可以采用非法途径骗取信息。

3. 数据来源于第三方工具或网络

第三方分析工具可以帮助我们监控每一个访问服务器的用户行为：用户主动录入的流水数据和用户被动抓取的行为数据等。工具的选择多种多样，比较常见的工具有 Omntiture、Coremetircs、WebTrends 等。调研工具可以由内部开发，也可以使用第三方系统。基本的思想是组织很难通过量化的监控数据全面地获取市场数据。这个调研可以是网站上的"满意/不满意"选择按钮，也可以是以邮件发给用户的一系列问卷，还可以是直接给客户打电话等方式获得反馈。从信息的方面看，行业新闻、业界动态、竞争对手员工的微博话题等信息源都值得我们关注。从数据方面看，很多第三方公司会提供行业信息，例如我们可以从 Alexa 查询竞争对手或者媒体网站的流量数据，为我们的决策提供参考。

2.5　数据挖掘

随着数据采集技术和存储技术的快速发展，企业建立了庞大的数据库和数据仓库，积累了大量的数据，并呈现"爆炸式"的增长。利用这些数据辅助企业正确地进行决策，已经成为商界的共识。然而一般的数据分析技术只能完成简单的统计分析工作，而不能对这些数据所蕴涵的模式进行有效分析，数据挖掘正是因人们的这种需求而迅速发展起来的。

2.5.1　数据挖掘概述

数据挖掘(Data Mining，DM)从技术角度来讲，就是通过对大型数据库和数据仓库中大量似乎无关的数据进行分析，以便发现并提取隐藏在数据深处的、人们事先不知道的、但是潜在有用的信息、知识和规律的过程。从商业的角度，数据挖掘作为一种新的商业信息处理技术，其主要特点是对商业数据库中的大量业务数据进行抽取、转换、分析和其他模型化处理，从中提取辅助商业决策的关键性数据，而且能够对将来的趋势和行为进行预测，从而很好地支持人们的决策。

由于各行业业务自动化的实现，商业领域产生了大量的业务数据，这些数据不再是为了分析的目的而收集的，而是由于纯机会的(Opportunistic)商业运作而产生。分析这些数据也不再单纯为了研究的需要，更主要是为商业决策提供真正有价值的信息，进而获得利润。但所有企业面临的一个共同问题是：企业数据量非常大，而其中真正有价值的信息却很少，从大量的数据中经过深层分析，获得有利于商业运作、提高竞争力的信息，就像从矿石中淘金一样。因此，数据挖掘可以描述为：按企业既定业务目标，对大量的企业数据进行探索和分析，提示隐藏的、未知的或已知的规律性，并进一步将其模型化的先进有效的方法。

数据挖掘的目标是从数据库中发现隐含的、有意义的知识，主要有以下六类功能。

(1) 自动预测趋势和行为。数据挖掘自动在大型数据库中寻找预测性信息，以往需要进行大量手工分析的问题，如今可以迅速直接地由数据本身得出结论。一个典型的例子是市场预测问题，数据挖掘使用过去有关促销的数据来寻找未来投资中回报最大的用户，其他可预测的问题包括预报破产以及认定对指定事件最可能做出反应的群体。

(2) 神经网络。神经网络(Neural Network)是指在计算机上实现与人脑神经系统类似的计算方式。通过模仿神经元之间的信息传递和相互刺激的模式来实现对非线性问题的学习。神经网络广泛地应用于图像模式和语言的分辨系统中，它的另一个典型应用是对手写文字的识别。

(3) 遗传算法。遗传算法(Genetic Algorithm)是一种人工智能系统，它通过模仿进化过程中适者生存的规律从而产生一个问题的逐步改进的解决方案。换句话说，遗传算法是一种优化系统，它能发现产出最优输出的输入组合。

(4) 自然语言处理。自然语言处理(Natural Language Processing)是指将英语、汉语等人类日常交流中所使用的语言，通过计算机程序进行分析和利用的各种理论和方法。自然语言处理是一门融语言学、计算机科学、数学于一体的科学。具体来说，包括将句子分解为单词的语素分析、统计各单词出现频率的频度分析、理解文章意义并造句的语义分析等。

(5) 聚类分析。聚类(Clustering)是指将数据集中相似的样本划分为一系列有意义的子集。聚类分析增强了人们对客观现实的认识，是概念描述和偏差分析的先决条件。80 年代初，Mchalski 提出了概念聚类技术，在划分对象时不仅考虑对象之间的距离，还要求划分出的类具有某种内涵描述，从而避免了传统技术的某些片面性。例如，在推荐系统中，可以运用聚类分析的方法将兴趣爱好类似的用户分在同一个用户组内，然后以组为单位来推荐商品。

(6) 关联分析。若两个或多个变量的取值之间存在某种规律性，就称为关联。数据关联，是数据库中存在的一类重要的可被发现的知识。关联分析(Association Analysis)又叫购物篮分析(Market Basket Analysis)，是一种在多个商品中找到可能会同时购买的商品组合。关联分析的目的是找出数据库中隐藏的关联网，有时并不知道数据库中数据的关联函数，即使知道也是不确定的，因此关联分析生成的规则带有置信度。

2.5.2 数据挖掘工具

数据挖掘工具是用户对数据仓库进行信息查询的软件工具。数据挖掘工具支持 OLAP 的概念，即通过对数据的处理来支持决策任务。数据挖掘工具包括查询与报表工具、智能代理、多维数据分析工具和统计工具，如图 2-9 所示。从本质上看，数据挖掘工具是为数据仓库用户使用的，就像数据操作子系统工具是为数据库使用的一样。

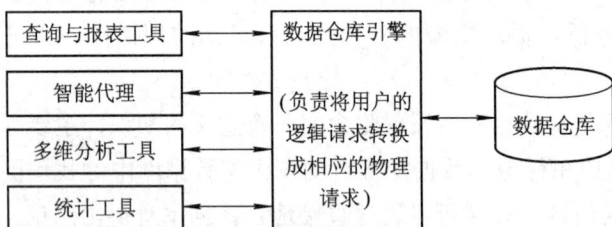

图 2-9　数据挖掘工具集

1. 查询与报表工具

查询与报表工具与 QBE 工具、SQL 和典型数据库环境中的报表生成器类似。实际上，大部分数据仓库环境都支持诸如 QBE、SQL 和报表生成器之类的简单易用的数据操作子系统工具。数据仓库用户经常使用这类工具进行简单查询，并生成报表。例如，Cognos 提供 OLAP 分析功能，可在 Internet、广域网和局域网上发布 Cubes 并作为在线分析运行平台。

2. 智能代理

智能代理运用各种人工智能工具(如神经网络、模糊逻辑)形成 OLAP 中的"信息发现"基础，并创建商务智能。例如，华尔街的股票分析家 Murray Riggiero 就运用一种称为 Data/Logic 的 OLAP 软件，并结合神经网络为自己高成功率的股票和期货交易系统制定规则。还有一些 OLAP 工具(如数据引擎)与模糊逻辑结合分析实时的技术处理。智能代理代表了正在增长的各类加工信息的 IT 工具的发展方向。以前，智能代理被认为仅是人工智能领域的产物，很少被认为是一个企业中数据组织和管理部门的组成。而今天，人们会发现智能代理不仅仅应用于数据仓库环境的 OLAP，而且还能应用于在 Web 上查询信息。

3. 多维数据分析工具

多维数据分析工具(MultiDimensional Data Analysis Tools，MDDAT)是一种进行切片/切

换的技术，支持多维度行为细分，不同人群细分，精准的用户画像，为企业提供精细化的运营策略，帮助企业用数据驱动增长。在数据仓库的讨论中，我们把数据仓库的处理过程比喻为旋转魔方。也就是说，数据仓库的处理过程本质上就是一个旋转魔方，以便我们能从不同视角观察信息。这种旋转魔方的方法使用户能快速地从不同的立方体中掌握信息。利用 MDDAT 就可以轻松地得到数据仓库正面的信息，供人们浏览。实际上，所做的就是将立方体垂直地切割掉一层，同时也就得到了前面这一层及背后一层的信息。在进行这些处理时，信息的价值是不受影响的。

4．统计工具

统计工具帮助人们利用各种数学模型将信息存储到数据仓库中，进而去挖掘出新的信息。例如，你可以进行一个时间序列分析，以便计划未来趋势；还可以进行回归分析，以确定一个变量对另一个变量的影响。美国的世嘉公司是最大的影碟游戏出版商之一，它采用数据仓库和统计工具有效地对每年 5000 万美元的广告预算进行规划。世嘉的产品专家和营销策略专家们运用数据中的信息来预测每条零售链的销售趋势。他们的目标就是要寻找购买均势，以便确定哪种广告策略效果最好(在一年当中哪一时间段最好)，并决定怎样按照媒介、地区和时间的不同重新分布广告资源。世嘉的确从其数据仓库中受益。另外如此做的零售商们，如玩具反斗城、沃尔玛和西尔斯公司等，都是通过技术实现顾客管理的典范。

2.5.3　数据挖掘的过程

数据挖掘是一个完整的过程，该过程从大型数据库中挖掘先前未知的、有效的、可使用的信息，并使用这些信息做出决策或丰富知识。为了完成这个目标，我们必须在实施数据挖掘时，按照规范的步骤进行。随着应用需求和数据基础的不同，数据挖掘处理的步骤可能也会有所不同。通常，一个完整的数据挖掘过程包括如下步骤：

(1) 确定业务问题。数据挖掘的第一步是理解业务需求，清晰地定义出业务问题，认清数据挖掘的目的，这是完成数据挖掘项目的前提。确定业务问题时最重要的要求就是要了解数据和业务问题，如果缺少了这些背景，就无法明确和定义要解决的问题，不能为挖掘准备数据，也很难正确解释所得到的结果。

(2) 数据准备。数据准备是否做好将直接影响到数据挖掘的效率。首先是数据的选择，搜索所有与业务对象有关的内部和外部数据信息，并从中选择出适用于数据挖掘应用的数据；其次是数据的预处理，研究数据的质量，为进一步分析做准备，并确定将要进行的挖掘操作的类型，如果没有数据的预处理阶段，单纯地进行数据挖掘将成为一个盲目探索的过程，可能会得出毫无意义或错误的结果；最后是数据的转换，将数据转换成一个分析模型，这个分析模型是针对挖掘算法建立的，建立一个真正适合挖掘算法的分析模型是数据挖掘成功的关键。

(3) 数据挖掘。在准备完数据后，首先确定挖掘的任务类型，即确定系统要实现的功能及任务，是属于分类、关联中的哪个类型；其次选择合适的挖掘技术。一般来说，针对一个实际问题，可以利用一种或多种挖掘技术来寻找答案，例如企业可以结合聚类分析将顾客分为大客户或一般客户，再用关联分析技术来了解顾客的购物行为，作为推荐商品或保留客户的参考；最后选择合适的算法进行挖掘，从数据集中抽取出隐藏的、新颖的模式。

(4) 结果分析评价。为了判断模型的有效性和可靠性，需要评估数据挖掘结果。数据挖掘模型会输出许多模式，但并不是所有的模式都是用户感兴趣的。因此，需要对挖掘结果加以分析，通过专业的评估与解读，探讨分析结果的正确性以及所隐含的有用信息，并剔除不切实际的结果，才能得到解决实际问题的有效知识。借助可视化的工具，把数据挖掘结果以一种直观的形式呈现。

(5) 知识的应用。数据挖掘的价值体现在把挖掘结果应用到商务决策，更好地辅助管理人员和业务人员的决策，产生经济效益。经过分析后的可用结果，便可以应用到实际的决策支持和问题解决上。通过以上步骤找到的知识，有些是显而易见的，有些则可能是隐晦不明的，必须让专业人员来判断或者在实务中找出合理的解释，才能称为有用的信息。此外，这些模式有一定的时效性，需要补充新的数据增量挖掘、更新。

2.5.4　数据挖掘成功案例

1．数据挖掘帮助企业改善客户信用评分

Credilogros Cia Financiera S.A.是阿根廷第五大信贷公司，资产估计价值为9570万美元，对于 Credilogros 而言，重要的是识别与潜在预先付款客户相关的潜在风险，以便将承担的风险最小化。

该公司的第一个目标是创建一个与公司核心系统和两家信用报告公司系统交互的决策引擎来处理信贷申请。同时，Credilogros 还在寻找针对它所服务的低收入客户群体的自定义风险评分工具。除这些之外，其他需求还包括解决方案能在其 35 个分支办公地点和 200 多个相关的销售点中的任何一个实时操作，包括零售家电连锁店和手机销售公司。

最终 Credilogros 选择了 SPSS Inc.的数据挖掘软件 PASW Modeler，因为它能够灵活并轻松地整合到 Credilogros 的核心信息系统中。通过实现 PASW Modeler，Credilogros 将用于处理信用数据和提供最终信用评分的时间缩短到了 8 秒以内。这使该组织能够迅速批准或拒绝信贷请求。该决策引擎还使 Credilogros 能够最小化每个客户必须提供的身份证明文档，在一些特殊情况下，只需提供一份身份证明即可批准信贷。此外，该系统还提供监控功能。Credilogros 目前平均每月使用 PASW Modeler 处理 35 000 份申请，仅在使用 3 个月后就帮助 Credilogros 将贷款支付失职减少了 20%。

2．数据挖掘帮助 DHL 实时跟踪货箱温度

DHL 是国际快递和物流行业的全球市场领先者，它提供快递、水陆空三路运输、合同物流解决方案，以及国际邮件服务。DHL 的国际网络将超过 220 个国家及地区联系起来，

员工总数超过 28.5 万人。在美国 FDA 要求确保运送过程中药品装运的温度达标这一压力之下，DHL 的医药客户强烈要求提供更可靠且更实惠的选择。这就要求 DHL 在递送的各个阶段都要实时跟踪集装箱的温度。

虽然由记录器方法生成的信息准确无误，但是无法实时传递数据，客户和 DHL 都无法在发生温度偏差时采取任何预防和纠正措施。因此，DHL 的母公司德国邮政世界网(DPWN)通过技术与创新管理(TIM)集团明确拟定了一个计划，准备使用 RFID 技术在不同时间点全程跟踪装运的温度。通过 IBM 全球企业咨询服务部绘制决定服务的关键功能参数的流程框架，DHL 获得了两方面的收益：对于最终客户来说，能够使医药客户对运送过程中出现的装运问题提前做出响应，并以引人注目的低成本全面切实地增强了运送可靠性；对于 DHL 来说，提高了客户满意度和忠诚度，为保持竞争差异奠定坚实的基础，并成为重要的新的收入增长来源。

◆·◆·◆·◆ 本 章 小 结 ◆·◆·◆·◆

本章主要介绍了数据管理技术、数据仓库、数据挖掘、数据通信与计算机网络、云计算和大数据等知识。利用计算机进行数据管理主要分为人工管理、文件管理和数据库系统管理三个阶段。数据库设计是指对于一个给定的应用环境，构造最优的数据库模式，建立数据库及其应用系统，能够有效的存储和管理数据，满足用户的应用需求。数据仓库是一个面向主题的、集成的、稳定的、包含历史数据的数据集合，用于支持管理中的决策制定过程。数据挖掘是通过对大型数据库和数据仓库中大量似乎无关的数据进行分析，以便发现并提取隐藏在数据深处的、人们事先不知道的、但是潜在有用的信息、知识和规律的过程。计算机网络是用传输介质把分布在不同地理位置的计算机和其他通信设备连接起来，实现数据通信和资源共享的分布式系统。云计算给信息技术领域带来了巨大的变革，大数据为人类生活创造了前所未有的可量化的维度。

◆·◆·◆·◆ 复 习 思 考 题 ◆·◆·◆·◆

一、选择题

1. 以下各点中，(　　)不是数据库管理系统软件构成中的组成部分。

　　A. 数据定义　　　　　　　　　　　B. 数据处理

　　C. 数据传输　　　　　　　　　　　D. 数据管理

2. 在数据库模型中，目前最常用的是(　　)。

　　A. 层次模型　　　　　　　　　　　B. 网状模型

　　D. 面向对象的模型　　　　　　　　D. 关系模型

3. 以下各点中，(　　)不是数据库管理系统软件构成中的组成部分。

    A．数据定义　 B．数据处理

    C．数据传输　 D．数据管理

4. 在数据组织的层次结构中，(　　)是可存取的最小单位。

    A．表　 B．数据项

    C．数据库　 D．记录

5. 数据组织的最高层次是(　　)。

    A．数据库　 B．数据项

    C．文件　 D．记录

6. 在数据库系统的组成中不包括以下哪一项(　　)。

    A．计算机系统　 B．数据库

    C．数据库管理系统　 D．软件系统

7. 目前主要的数据库管理系统几乎都支持的数据模型是(　　)。

    A．层次模型　 B．网状模型

    C．逻辑模型　 D．关系模型

8. 采用二维表结构组织数据的数据库模型是(　　)。

    A．层次模型　 B．网状模型

    C．关系模型　 D．不一定

9. 下面列出的条目中，(　　)不是数据仓库的基本特征。

    A．数据仓库是面向主题的　 B．数据仓库是面向事务的

    C．数据仓库的数据是相对稳定的　 D．数据仓库的数据是反映历史变化的

10. 数据仓库是随着时间变化的，下面的描述不正确的是(　　)。

    A．数据仓库随时间的变化不断增加新的数据内容

    B．捕捉到的新数据会覆盖原来的快照

    C．数据仓库随事件变化不断删去旧的数据内容

    D．数据仓库中包含大量的综合数据，这些综合数据会随着时间的变化不断地进行重新综合

11. 以下关于数据仓库设计的说法中(　　)是错误的。

    A．数据仓库项目的需求很难把握，所以不可能从用户的需求出发来进行数据仓库的设计，只能从数据出发进行设计

    B．在进行数据仓库，应该按面向部门业务应用的方式来设计数据模型

    C．在进行数据仓库主题数据模型设计时要强调数据的集成性

    D．在进行数据仓库概念模型设计时，需要设计实体关系图，给出数据表的划分，并给出每个属性的定义域主题数据模型设计时

12. 以下(　　)不是计算机网络的应用。

    A．资源共享　 B．文字编辑

    C．在线游戏　　　　　　　　　　　　　　D．远程教育

13．C/S 是一种重要的网络计算机模式，其含义是(　　　)。

    A．客户/服务器模式　　　　　　　　　　B．文件/服务器模式

    C．分时/共享模式　　　　　　　　　　　D．浏览器/服务器模式

14．一所综合性大学的校园分布在某城市的几个地点，它应采用(　　　)实现校园网的网络联系。

    A．局域网　　　　　　　　　　　　　　　B．广域网

    C．城域网　　　　　　　　　　　　　　　D．都可以

15．通信网络商业应用价值不包括(　　　)。

    A．克服地理障碍　　　　　　　　　　　　B．克服时间障碍

    C．克服沟通障碍　　　　　　　　　　　　D．克服结构障碍

16．IaaS 是(　　　)的简称。

    A．软件即服务　　　　　　　　　　　　　B．平台即服务

    C．基础设施即服务　　　　　　　　　　　D．硬件即服务

17．亚马逊 AWS 提供的云计算服务类型是(　　　)。

    A．IaaS　　　　　　　　　　　　　　　　B．PaaS

    C．SaaS　　　　　　　　　　　　　　　　D．三个选项都是

18．大数据的特征不包括(　　　)。

    A．大量化　　　　　　　　　　　　　　　B．多样化

    C．快速化　　　　　　　　　　　　　　　D．结构化

二、思考题

    ACE 公司是美国的一家有很长历史的保险公司，公司有四个部门：保险统计部、市场部、运营部和投资部，但每一个部门都运行着一套单独的信息系统。如保险统计部使用 DEC 机，用 UNIX 存储数据文件，在 PC 和 SUN 工作站上作统计分析，其统计分析使用一种叫 APL 的专业交互语言，而运营部使用 IBMES/9000，应用程序大多使用 COBOL 语言(最近一些业务已使用 SQL 相关的数据库来存储数据)，职员们使用哑终端来操作业务。

    该公司的信息主管为改变这种各自为战，很难进行信息交流和共享的状况，提高公司的管理效率，聘请海天公司的信息系统专家比尔负责规划该公司新的信息系统的框架及技术平台。

    比尔上台后发现 ACE 公司的近 200 名信息系统专业人员大多没有开发微机系统的经验，有的甚至不知道什么是"LAN"。现有系统的维护极其困难，因为海天一个部门一个应用的数据结构的改变需要其他部门的应用发生变化，而且原先的一些软件技术过于陈旧，开发效率极低。例如：市场经理抱怨说，有些客户的理赔电话他们无法马上答复，因为不能马上了解理赔的程度。比尔因此开始寻找解决信息系统各种问题的办法，他接触了多家计算机软硬件销售商和系统集成公司，也得到一些建议，其中一家系统集成公司(TALI 公

司)建议使用 SYBASE 的面向客户的关系数据库管理系统(O-ORDBMS)，该系统可应用于 Windows 环境，TALI 公司还认为该系统有以下的优势：

(1) 面向客户的现代数据库。SYBASE 是数据库领域中较新来的一员，因此它探索面向客户的方法时无需考虑是否有老版本存在，这可能减少测试，提高速度和数据完整性程度。

(2) C/S 系统。由于 SYBASE 具有 C/S 的环境，很容易在服务器上安装数据库和应用软件，并在 PC 或工作站应用数据库引擎和 Visual BASIC 很容易开发面向目标客户的应用软件。并且这些数据库都支持 Windows 中的一些文件格式，使得投保客户较为方便地查询数据。

(3) 开发的 UNIX 环境。许多程序都是在 UNIX 下写出的，而 UNIX 能够用于许多硬件平台和网络平台，这种开放的环境将使一系列的保护申请成为可能。

(4) 可整套的购买 Windows 应用软件。因为 Windows 与面向客户的方法配合很好，Windows 中的 OLE(对象的连接和嵌入)技术可使数据和资料从一个 Windows 应用中马上转到另一个 Windows 应用中，这样便非常容易根据中心数据库提供的数据制成像 EXCEL 的表格，或者像 WORD 的文档，并且内容可自动更新及可视化处理。而且这些环境是管理人员们所熟悉的，既可创造一种规范的信息系统，也可让 Windows 的应用直接实现许多功能，而不必再开发维护许多应用软件。

比尔认为可接受性是最重要的因素，其次是技术的先进性。

问题：

(1) ACE 公司的信息系统规划需考虑的技术和其他因素主要有哪些？

(2) 请分析 TALI 公司的建议中的优劣分别有哪些？

(3) 你有更好的建议向比尔提出吗？

第 3 章

管理信息系统的战略规划

内容提要 ✍

1. 了解管理信息系统战略规划的内容和组织；
2. 掌握信息系统战略规划方法；
3. 理解并掌握信息系统开发的常用方法和开发方式。

本章关键词 📖

信息系统规划(Information System Planning)

诺兰模型(Nolan Model)

系统开发(System Development)

随着信息技术的发展，管理信息系统的开发逐渐演变成了复杂程度高、投资大、开发周期长的系统工程，因而在开发的初期必须以整个系统为分析对象，确定这个系统的总体目标、主要功能和约束条件。

3.1　管理信息系统战略规划

规划是指进行比较全面的长远的发展计划，是对未来整体性、长期性、基本性问题的思考、考量和设计未来整套行动的方案。管理信息系统战略规划则是通过组织现状、战略、面临的挑战和机遇、经营管理、资源技术等因素的分析和预测，对组织信息系统的未来做出的长远谋划和展望。管理信息系统的开发一般概括为从信息系统立项开始，经过分析、设计、实施直到运行和评价为止的整个过程。系统开发至今已形成了许多不同的方法，不仅与计算机技术密切相关，而且还涉及使用系统的企业组织、经营和管理状态。本章讨论管理信息系统的战略规划和开发方法。

管理信息系统战略规划就是根据组织的战略目标和用户提出的需求，从用户的现状出发，经过调查，对所开发管理信息系统的技术方案、实施过程、阶段划分、开发队伍组织、投资规模、资金来源及工作进度，用系统的、科学的、发展的观点进行全面的规划。管理信息系统规划是关于管理信息系统长远发展的计划，是组织战略规划的一个重要组成部分。

3.1.1　管理信息系统战略规划的必要性

"凡事预则立，不预则废"。现代企业必须克服"重硬件、轻软件"的片面现象，首先要制定信息系统总体规划，把信息系统的总体规划摆到重要的战略位置上。系统规划是管理信息系统建设过程的第一步，人们常用这样一组等式来表达科学的规划对管理信息系统建设的重要作用：

　　好的系统规划 + 好的开发 = 优秀的信息系统；

　　好的系统规划 + 差的开发 = 较好的信息系统；

　　差的系统规划 + 好的开发 = 差的信息系统；

　　差的系统规划 + 差的开发 = 混乱的信息系统。

信息系统对企业来说是一项耗资巨大、技术复杂、经历时间长的工程项目，信息系统建设本身也是复杂度高的社会技术系统工程。越来越多的组织投资于管理信息系统建设，表面上看组织信息化进程有了显著的进展，但不少已经建成或正在建设的系统仍然面临着以下一些问题：

　　(1) 系统建设与组织发展的目标和战略不匹配，不能对组织的发展目标与战略提供支持，甚至违背组织的发展目标；

　　(2) 不能适应环境变化和组织变革的需要，组织结构依然陈旧，主要业务流程效率与效益依然低下，不是系统影响到组织的变革，就是系统使用后不久就会被淘汰；

　　(3) 系统开发环境落后，技术方案不合理。系统开发以及运行维护的标准和规范混乱，导致系统运行不稳定，系统的生命周期大为缩短；

　　(4) 企业内部"信息孤岛"，陷于 IT 投资黑洞与重复建设；

　　(5) 资金短缺，投入太少，而对系统的期望又过高。

科学的规划可以有效回避这些问题或减少问题发生的概率，使系统具有良好的整体性、较高的适应性，使建设工作具有良好的阶段性，以缩短系统的开发周期，节约开发费用。因此，要克服管理信息系统建设中"重硬轻软"的片面性，把信息系统的规划摆到重要的战略位置上。

3.1.2　管理信息系统战略规划的内容

管理信息系统战略规划可以实现对组织使用计算机信息技术的长远计划，规划期限一般为 3~5 年或更长时间，可以为将来的成功提供一个总体构架。通常认为，整个战略规划包含以下四个方面的基本内容：

(1) 管理信息系统的目标和总体结构。管理信息系统战略规划是组织战略规划的一个重要部分，它根据组织的战略目标、组织和业务流程改革与创新需求和组织内外的约束条件来确定管理信息系统的总目标和发展战略规划。其中，信息系统的目标确定了系统应实现的功能，为系统的发展方向提供准则；约束是对系统的外部环境、内部环境的准确分析，为系统界定清晰的边界；而总体结构规定了信息的主要类型和主要的子系统，为系统开发提供了框架。

(2) 现行管理信息系统的状况。对组织当前拥有的信息环境，包括硬件、软件、应用系统情况，人员的配备情况，费用的投入和使用情况，已有项目的进展情况及评价，分析存在的问题和不足，并在此基础上对目前组织的业务流程与管理信息系统功能、应用环境和应用现状进行评价。

(3) 对影响规划的信息技术发展的预测。为了达到组织自身目标，对计算机硬件技术、网络技术、数据库技术及办公自动化等信息技术进行预测，在系统的整体规划中是非常重要的。信息技术发展支持组织目标实现的范畴，管理信息系统建设是组织运用信息技术的重要手段之一。如何将信息技术应用于组织取决于管理信息系统战略规划的分析过程。同时，信息技术的应用程度也决定了管理信息系统的优势。因此，有必要对相关信息技术的发展进行预测，以便在规划时尽可能吸取最新技术，保证管理信息系统的先进性。

(4) 短期规划。规划时间跨度较长，对于较远期的规划只能是粗略的，但是对于一个时间段内的规划必须有较明确的方案，做出具体的安排，包括硬件设备的采购时间表、应用项目开发时间表、软件维护与转换工作时间表、人力资源的需求以及人员培训时间安排和财务资金需求等。

需要注意的是，管理信息系统战略规划应不断地修改。人员的变化、技术的变革、组织自身的变化，甚至是一种新硬件或软件的出现，都可能影响到整个规划。除此之外，修改规划的原因还可能来自信息系统之外的变化，如财务限制、政府的规章制度、竞争对手采取的行动等。

3.1.3　管理信息系统战略规划的组织

制订管理信息系统开发规划，需要一个领导小组，并对有关人员进行培训，同时明确规划工作的进度。

(1) 成立规划领导小组。为了实现系统规划目标，首先必须成立一支在最高层领导的倡导、支持下的强有力的规划队伍，由一名负责全面规划工作的信息系统规划负责人和企业其他有关部门的主要负责人组成(包括信息管理负责人、系统分析负责人、财务负责人、各业务部门经理等)。

(2) 人员培训。制订战略规划需要掌握一套科学的方法，为此，应组织对高层管理人员、分析员和规划领导小组的成员进行培训，使他们掌握制订管理信息系统规划的方法。

(3) 明确规划工作的进度。规定进度是为了对规划过程进行严格管理，避免因过分拖延而丧失信誉或被迫放弃。

3.1.4　管理信息系统总体规划的技术成果

信息系统规划阶段的技术成果主要包括系统开发立项报告、可行性研究报告和系统开发计划书等技术文档。

(1) 系统开发立项报告。系统开发立项报告是对新系统开发的初步设想。主要内容包括现行系统的描述及存在问题、新系统的期望目标和需求、项目经费预算及来源、开发进度和计划完成期限、项目验收标准和方法、可行性研究的组织及预算、有关文档和其他需要说明的问题。

(2) 可行性研究报告。可行性研究报告是对所立项的系统就开发的可能性与必要性做出的研究结果。主要内容包括新系统的预期目标、要求和约束，进行可行性研究的基本原则，对现行系统分析的描述及存在的主要问题，新系统对现行系统的影响，系统开发的投资和效益的分析，系统开发的各种可选方案及比较，可行性研究的有关结论等。

(3) 系统开发计划书。系统开发计划书是对正式批准立项的系统所制订的详细系统开发计划。内容主要有新系统开发的目标、基本方针、人员组织、开发阶段等的描述，各主要开发阶段的任务、人员分工及负责人、时间分配、资金设备投入计划等，各项工作任务的验收方法和标准，系统开发中的单位、人员、开发阶段、责任与权益等的衔接、协调方式及协调负责人等。

3.2　管理信息系统战略规划的方法

战略规划是管理信息系统建设过程中的关键步骤，而规划的设计需要合理的模型与方法作为指导。通常认为，模型刻画了管理信息系统战略规划过程中的指导模式，方法描述了具体实施战略规划时的步骤。

3.2.1　诺兰模型

美国哈佛大学教授 R. Nolan 通过大量资料和对实际发展状况的研究，提出了在一个地区、一个行业乃至一个国家计算机应用发展的客观规律，一般要经历从初级到成熟的成长过程，于 1973 年首次提出了信息系统发展的阶段理论，被称为诺兰模型。到 1980 年，诺兰进一步完善该模型，把信息系统的成长过程划分为六个不同阶段，如图 3-1 所示。

首先，诺兰模型反映了信息系统的发展阶段，并使信息系统的各种特征与系统发展的不同阶段对应起来，只要一个信息系统存在某些特征，就可以判断该系统处于哪一个阶段；其次，诺兰模型指出，管理信息系统发展的各阶段是不可跳跃的，一个组织的信息系统在能够转入下一阶段之前，必须首先经过系统成长的前几个阶段。可见，如果能判断出一个组织目前所处的成长阶段，就能够对它的规划提出一系列的限制条件并制订针对性的规划方案。诺兰模型已成为管理信息系统战略规划工作最重要的指导框架。

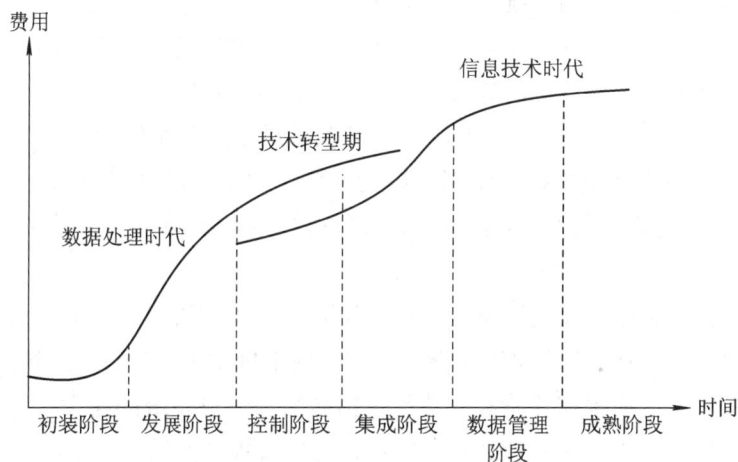

图 3-1　诺兰的阶段模型

（1）初装阶段。企业对计算机基本不了解，更不清楚 IT 技术可以为企业带来哪些好处，解决哪些问题。在这一阶段，IT 的需求只被作为简单的办公设施改善的需求来对待，采购量少，组织中只有少数人具有初步使用计算机的能力，引进少量的计算机尝试用于财务、统计、库存等方面。计算机的作用被初步认识，在企业内没有普及。

（2）发展阶段。企业对计算机有了一定了解，想利用计算机解决工作中的一些实际问题，比如进行更多的数据处理，为管理工作和业务带来便利。个别部门计算机应用得成功，使其很快从少数部门扩展延伸到其他各个部门，并开发了大量的应用程序，企业的事务处理效率有了提高。但此时由于缺乏综合系统，出现了组织内部大量数据冗余、数据不一致及数据无法共享等混乱局面。

（3）控制阶段。管理部门了解到计算机投放数量快速增加，大量独立性的单项系统应用却带来很多矛盾，企业对计算机投资的回报很不理想。随着应用经验逐渐丰富，应用项目不断积累，客观上也要求企业加强组织协调，由企业领导和职能部门负责人参加的领导小组，对整个企业的系统建设进行统筹规划，特别是利用数据库技术解决数据共享问题，从而限制盲目扩大计算机应用规模，抑制支出无序增长。这一阶段是实现从以计算机管理为主到以数据管理为主转换的关键阶段，一般发展较慢。

（4）集成阶段。在前一阶段盲目购机、盲目定制开发软件之后，企业管理者意识到计算机的使用超出控制，IT 投资增长快，但效益不理想。因此，从总体出发，使用系统化和工程化的思想，对管理信息系统进行全面规划、建设和改造。在这一阶段，一些职能部门内部实现了网络化，如库存管理系统、财务管理系统、人事管理系统等，但各子系统之间还存在"信息孤岛"的现象。信息系统呈现单点、分散的特点，系统和资源利用率不高。在控制的基础上，对子系统中的硬件进行重新连接，建立集中式的数据库和各种信息系统，实现了管理信息系统在统一数据库基础上的高度集成化。

(5) 数据管理阶段。计算机信息处理系统为数据资源的统一管理奠定了基础，企业开始重视数据的加工处理，提高系统对企业业务的支持水平。这一阶段中，企业开始选定统一的数据库平台、数据管理体系和信息管理平台，统一数据的管理和使用，各部门、各系统基本实现资源整合、信息共享，数据真正成为企业的重要资源。

(6) 成熟阶段。信息系统的成熟表现在它可以满足企业各个管理层次的要求，从简单的业务层事务处理及中间层的控制管理，再到战略层的决策，真正将 IT 应用与管理过程结合起来，将组织内部、外部的资源充分整合和利用，进而提升企业的竞争力和发展潜力。

诺兰的阶段模型总结了发达国家信息系统发展的经验和规律。一般认为，模型中的各阶段都是不能跨越的。在制订管理信息系统战略规划的时候，都应首先明确本企业当前处于哪一个发展阶段，进而根据该阶段的特征来指导管理信息系统的建设。诺兰模型可以用于诊断当前处于什么阶段、朝着什么方向发展、怎样管理对开发最有效。

3.2.2 企业系统规划法

企业系统规划法(Business System Planning，BSP)是在 20 世纪 70 年代初，IBM 公司提出的一种对企业管理信息系统进行规划的结构化方法，从企业目标入手，逐步将企业目标转化为管理信息系统的目标和结构，让管理信息系统战略表达出组织各个管理层次的需求，在组织机构和管理体制改变时保持工作能力，然后自下而上设计系统，从而更好地支持企业目标的实现。

系统规划能确定出未来信息系统的总体结构，明确系统的子系统组成和开发子系统的先后顺序，对数据进行统一规划、管理和控制，明确各子系统之间的数据交换关系，保证信息的一致性。其优点在于利用它能保证 MIS 独立于企业的组织结构，使其具有对环境变更的适应性。即使将来企业的组织机构或管理体制发生变化，MIS 的结构体系也不会受到太大的冲击。图 3-2 显示了企业系统规划法的基本思想和过程。

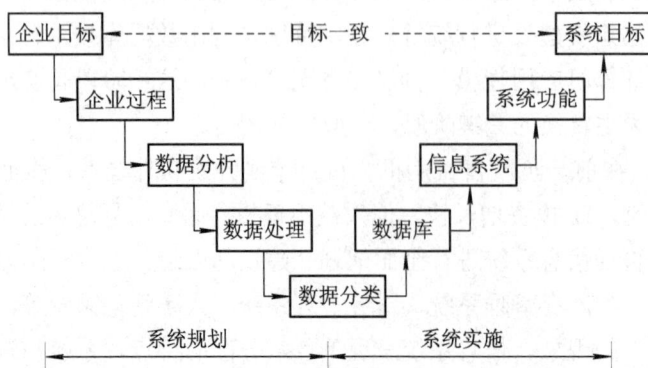

图 3-2　企业系统规划法的基本思想和过程

1. 企业系统规划法的实施步骤

企业系统规划法主要是基于用信息支持组织运行的思想。总体思路是先自上而下识别系统目标、识别企业过程、识别数据，然后再自下而上设计系统以支持目标，其具体工作步骤如图 3-3 所示。

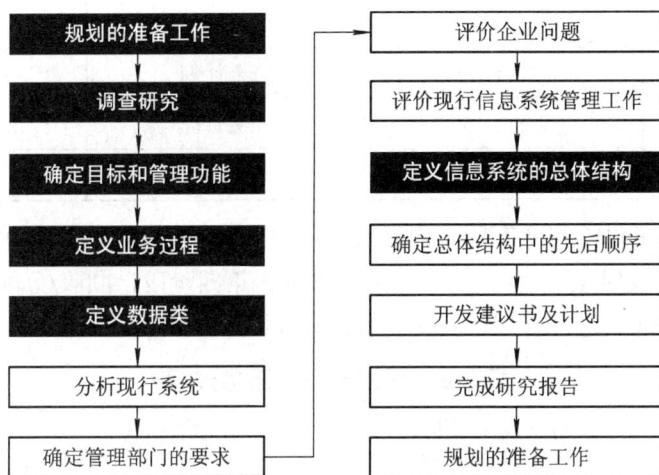

```
规划的准备工作  ──────┐    ┌─→  评价企业问题
      │               │    │         │
   调查研究            │    │   评价现行信息系统管理工作
      │               │    │         │
 确定目标和管理功能     │    │   定义信息系统的总体结构
      │               │    │         │
  定义业务过程          │    │   确定总体结构中的先后顺序
      │               │    │         │
  定义数据类            │    │    开发建议书及计划
      │               │    │         │
  分析现行系统          │    │     完成研究报告
      │               │    │         │
确定管理部门的要求 ─────┘────┘     规划的准备工作
```

图 3-3　企业系统规划法的实施步骤

企业系统规划法的实施工作是一项系统性工程工作，下面我们对企业系统规划法的主要活动进行一些介绍。

(1) 准备工作。准备工作包括接受任务和组织队伍，一般由最高领导牵头的委员会接受任务，聘请经验丰富的管理信息系统专家担任顾问，委员会下设一个系统规划组，并提出工作计划。委员会委员和规划组成员思想上要明确“做什么”、“为什么做”、“如何做”、“希望达到什么目标”。准备工作的必要条件包括一个工作控制室、一个采访交谈计划、一个最终报告的提纲，还有一些必要的经费。

(2) 调查研究。规划组成员通过查阅资料，深入各级管理层，了解企业有关决策过程、组织功能、部门的主要活动、用户的期望和现有系统存在的主要问题。调研以采访的方式为主，因此应事先准备好采访提纲，事后进行分析总结。

(3) 确定目标和管理功能。在明确组织目标和基础上确定新系统的目标。组织目标的确定要在组织各级管理部门中取得一致的看法，使组织的发展方向明确，使管理信息系统的开发方向清晰，从而更好地支持组织目标。同时，通过全面调查，分析归纳出组织的全部管理工作中的各相关管理活动，即管理功能。企业系统规划法强调管理功能应独立于组织机构。

(4) 企业过程。企业过程是 BSP 方法的核心，是在企业管理中必要的、逻辑上相关的、为了完成某种管理功能的一组决策和活动的集合。整个组织的管理活动由许多业务过程组成，识别业务过程可对企业如何完成其目标有深刻的了解。按照业务过程所建造的管理信息系统，在组织结构变化时可以不必改变，或者说管理信息系统相对独立于组织。

企业过程分为计划与控制过程、产品与服务过程、支持性资源过程三个方面。计划与控制经过分析、讨论、研究，可以列出一个企业战略规划和管理控制方面的过程，如表 3-1 所示。

表 3-1　企业战略规划和管理控制过程

战略规划	管理控制	战略规划	管理控制
经济预测	经营计划	资金计划	工作资金预测
策略指定	运营计划	预测管理	市场/产品预测
目标开发	组织计划	放弃/追求分析	测量与评价

识别产品与服务过程与此有所不同，其生命周期均包括四个阶段：第一阶段，需求计划；第二阶段，获取/实现；第三阶段，经营/管理；第四阶段，回收/分配。对于每一个阶段，就用一些过程对它进行管理，具体内容如表 3-2 所示。

表 3-2　识别产品与服务过程

需求计划阶段	获取/实现阶段	经营/管理阶段	回收/分配阶段
市场计划	产品(或服务)设计开发	订单处理与控制	
市场研究	产品(或服务)制定	库存与调度控制	销售
预测	服务数据管理	产品(或服务)质量与控制	预订服务
物料需求	采购计划	库存管理	区域管理
能力计划	采购实施		

支持性资源识别组织过程，其方法类似于产品和服务，我们由资源的生命周期出发列举组织过程，一般来说组织资源包括资金、人员、材料、设备等，表 3-3 以此为例绘制了一份企业资源表。

表 3-3　支持性企业资源

组织过程 / 组织资源	需求计划阶段	获取/实现阶段	经营/管理阶段	回收/分配阶段
资金	财务计划 成本控制	资金获取 应收款项	银行业务 普通会计	会计支付
人员	人员计划 工资管理	招聘 调动	报酬福利 专业开发	解聘和退休
材料	需求生产	采购 接受	库存控制	订购控制 运输
设备	主设备计划	设备采购 建设管理	设备维护	设备报损

(5) 定义数据类。数据类是指支持业务过程所必需的逻辑上相关的一组数据。定义企业过程之后，下一步就是要识别和分类这些过程所产生、控制和使用的数据，即分别从各项业务过程的角度将与该业务过程有关的输入数据和输出数据按逻辑相关性整理出来归纳成数据类。识别企业数据类的方法包括实体法和过程法。其中，实体法是先识别系统的实体，如人员、设备、厂商、资金等，然后用四种类型的数据类描述每个实体，这四种类型的数据为计划型、统计型、存储型和事务型，然后把实体和数据类型整理在一张表上就得到了实体/数据类型表，如表 3-4 所示。

表 3-4 实体/数据类型表

实体 数据类	人员	设备	厂商	资金
计划	人员计划	设备计划 能力计划		预算
统计	服务计划	工作进程 设备利用率	厂商信誉	财务统计
存储	职工工资 职工技能	机器负荷 工艺规程	厂商	财务 会计总账
事务	服务项目		材料提供 设备提供	收款 付款

另一种识别数据的方法是过程法，它利用先前识别的企业过程，分析每个过程利用什么数据，产生什么数据，即每个过程均有输入和输出的数据，如图 3-4 所示。

图 3-4 过程法示例

(6) 定义信息系统总体结构。定义信息系统总体结构是根据信息的产生和使用来划分子系统，目的是刻画未来信息系统的框架和相应的数据类，因此其主要工作是划分子系统，尽量把信息产生的组织过程和使用的组织过程划分在一个子系统中，从而减少子系统之间的信息交换。

3.2.3 关键成功因素法

关键成功因素法(Critical Success Factors，CSF)是指通过分析找出使企业成功的关键因素，然后再围绕这些关键因素来确定系统的需求，并进行规划。关键成功因素与企业战略规划密切相关，企业要想获得成功，就必须对成功因素进行不断地、认真地度量，并时刻注意对这些因素进行调整。

关键成功因素的特点是少量的、易于识别的、可操作的目标，可确保组织的成功，可用于决定企业的信息需求，确保企业的竞争力，它是一组能力的组合。如果企业想要持续成长，就必须对这些少数的关键领域加以管理，否则将无法达到预期的目标。企业关键因素一般包括：企业所在行业的成功因素；企业自身的成功因素；行业的特殊结构；竞争策略；环境因素；暂时性因素等。

关键成功因素法就是帮助企业识别关键成功因素的方法，关键成功因素法实施步骤包括：确定企业或管理信息系统的战略目标；确定关键成功因素、识别各关键成功因素的性能指标和评估标准、定义测量性能的数据，如图 3-5 所示。

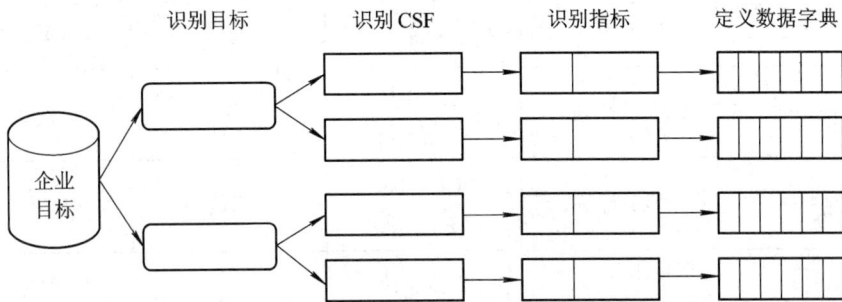

图 3-5　关键成功因素法步骤

关键成功因素来自于企业的目标，通过企业的目标分解和识别、关键成功因素识别、性能指标识别，直到产生数据字典。识别关键成功因素就是识别联系于组织目标的主要数据类型及其关系。

不同企业的关键成功因素不同，不同时期关键成功因素也不相同。当一个时期内的关键成功因素解决后，新的识别关键成功因素又开始了。在现行系统中，总存在着多个变量影响着系统目标的实现，其中若干个因素是关键的成功变量。通过对关键成功因素的识别，找出实现目标所需的关键信息集合，从而确定系统开发的优先次序。

关键成功因素法就是要识别与系统目标相关的主要数据类及其关系。识别关键成功因素要从组织目标入手，判定哪些因素与之相关，哪些与之无关。再从相关因素中确定对组织目标具有直接影响力的主要因素和间接因素。确定关键因素通常采用的工具是"树枝图"，用来明确和发现问题，以及导致问题的因果关系。

如何评价这些因素中哪些是关键成功因素，不同的组织是不同的。对于一个习惯于高层人员个人决策的组织，主要取决于高层人员个人的选择。关键成功因素法的初始目标是帮助高层管理者确定他们所需信息以进行有效的规划和控制，优点是使管理者可以决定自己的关键成功因素，并且为这些因素建立良好的衡量标准，确定需求信息及其类型，据此开发数据库，进而开发一个对管理者有意义的信息系统，局限是它只注重特定的管理者的信息需求，而不是整个组织的信息需求。如图 3-6 所示的是提高某大学影响力的关键因素分析。

图 3-6 关键成功因素法在某大学发展中的应用

3.2.4 战略目标集转移法

1978 年，William King 提出的战略目标集转移法(Strategy Set Transformation，SST)，他认为企业战略目标是一个"信息集合"，由使命、目标、战略、其他战略性组织属性(管理复杂性和环境约束等)组成，管理信息系统的规划就是将企业的战略目标转换为管理信息系统战略目标的过程，如图 3-7 所示。

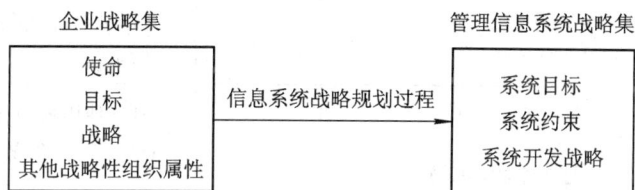

图 3-7 战略目标集转移法示意图

战略目标集转移法在实施过程中包含以下几个工作步骤：

首先，识别企业的战略集。先考查该组织是否有写成文的战略或长期计划，如果没有，就要去构造这种战略集合，如组织的发展方向、组织的目标、组织战略和战略属性等。描绘出企业各类人员结构，如投资者、供应商、顾客、贷款人、经营管理者、社团及竞争者等，识别每类人员的目标，对于每类人员进行其使命及战略的识别。

其次，将企业战略目标集转化成管理信息系统战略集。管理信息系统战略应包括系统目标、约束以及设计原则等。这个转化的过程包括对应组织战略集的每个元素识别对应的管理信息系统战略约束，然后根据管理信息系统战略集所列举的系统目标、系统约束和系统战略，提出整个管理信息系统的结构。

战略目标集转移法是从另一角度识别管理目标，反映各层人员的要求，而且给出按这种要求的分层，然后转化为信息系统目标的结构化方法。这种方法能保证管理目标比较全面，遗漏较少。

下面是一个企业战略目标集转移的例子，见表 3-5，由表中可以看出这里的目标是由不同群体引出的。

表 3-5　战略目标集转移法举例

企业战略目标集			管理信息系统战略集	
企业目标 (P：公众) (Cu：顾客)		O1：年增收入 10%(S，Cr，M) O2：改善现金流(S，Cr) O3：提高顾客满意度(Cu) O4：增加社会义务(G，P) O5：高质量产品生产(M，Cu) O6：提高生产可持续性(S，Cr，M)	MIS 战略目标	MO1：发送财务系统(S2) MO2：提供产品需求的信息(S3) MO3：提供新业务机会的信息(S1) MO4：提供对组织目标实现水平的估计信息(O2) MO5：及时、准确地提供组织运行情况的信息(A2) MO6：能对管理系统进行整体协调(A4) MO7：支持对顾客咨询的快速响应(O3)
企业战略 (S：股东) (G：政府)		S1：拓展新业务(O1，O6) S2：改进信贷(O1，O2，O3) S3：重新设计产品(O3，O4，O5，O6)	MIS 约束	C1：开发资金有限(A2) C2：必须采用决策模型和管理技术(A1，A3) C3：需要来自内部和外部信息(MO2，MO3，MO4) C4：必须提供在不同综合水平上的报告(A4)
企业属性 (Cr：债权人) (E：雇员) (M：管理者)		A1：管理水平较高(M) A2：当前经营状况不好，有改革的要求(S，M) A3：大部分管理者有使用计算机的经验(M) A4：管理者权力的高度分散(M)	MIS 战略	D1：使用模块化设计方法(C1) D2：要求系统具有较强的独立性(C1) D3：系统面向不同类型的管理者(A4，C4) D4：系统应当考虑使用者提出的要求(A1，A3，C4) D5：系统具有实时应答能力(MO7，O3)

3.3　管理信息系统的开发策略

早期的管理信息系统具有一定的探索性，主要依靠企业自己开发或委托高校、研究机构等做专门的开发。随着管理信息系统应用面的拓宽和逐渐成熟，出现了专门从事管理信息系统开发和实施服务的企业，出现了以软件包形式出售的商品软件。目前管理信息系统的开发策略主要有自行开发、委托开发、合作开发、购买商业化软件等几种方式。

3.3.1　自行开发

自行开发方式，是指由用户依靠自己的力量独立完成系统开发的各项任务。这种开发方式适合于有较强专业开发分析与设计队伍和程序设计人员、系统维护使用队伍的组织和单位。企业对自身的需求比较了解，通过自行开发可以得到适合本单位需要的、满意的系统，并把自身的管理思想融合到信息系统当中去，如大学、研究所、计算机公司、高科技公司等。开发过程中人员沟通方便且开发费用少，容易开发出适合本单位需要的系统，方便维护和扩展，有利于培养自己的系统开发人员。缺点是由于不是专业开发队伍，除缺少专业开发人员的经验和熟练水平外，还容易受业务工作的限制，系统整体优化不够，开发水平较低。同时开发人员一般都是临时从所属各单位抽调出来进行管理信息开发工作，他们都有自己的工作，精力有限，这样就会造成系统开发时间长，开发人员调动后系统维护工作没有保障的情况。

3.3.2　委托开发

委托开发是软件外包方式之一。委托开发是指由使用单位委托有丰富开发经验的机构或专业开发人员，按照用户的需求承担系统开发的任务。委托开发对企业的开发能力要求不高，企业本身可以不必拥有自己的开发队伍。这种开发方式适合于使用单位没有管理信息系统的系统分析、系统设计及软件开发人员或开发队伍力量较弱，但资金较为充足的单位。不足之处包括以下几个方面：① 即使经过充分调查，开发方对企业情况的了解仍有可能存在盲点；② 由于系统开发技术完全被开发方所掌握，系统的风险性高，对系统安全性要求高的企业不适合这种方式；③ 使用方不了解系统的结构，系统维护工作困难；④ 当系统需要升级或是功能发生变更时，对开发方的完全依赖将导致维护成本的升高。

采用委托开发方式应注意以下两点：

(1) 使用单位的业务骨干要参与系统的论证工作。

(2) 开发过程中需要开发单位和使用单位双方及时沟通，进行协调和检查。

3.3.3　合作开发

合作开发是指使用单位和有丰富开发经验的机构或专业开发人员共同完成开发任务，双方共享开发成果，实际上是一种半委托性质的开发工作。合作开发方式适合于使用单位有一定的管理信息系统分析、设计与软件开发人员，但开发队伍力量较弱，希望通过管理信息系统的开发建立、完善和提高自己的技术队伍。

合作开发可以充分发挥双方的优势，开发方技术力量强，使用单位对管理业务熟悉，有利于开发出具有较高水平、实用性又强的系统；通过参与系统开发过程提高企业信息管理队伍的水平，便于系统维护。缺点是双方的技术人员在合作中沟通易出现问题，因此，需要双方及时达成共识，进行协调和检查。

3.3.4 购买商业化软件

购买商业化软件本质上也属于委托开发方式，只是该方式不会明确要求软件提供商量身定做，比较适合于规范化程度较高的领域。采用这种方式，企业必须要有软件鉴别能力。如果企业自己没有这种能力，最好外聘第三方的咨询专家，切实做好调研工作。

商业化软件通用性强、针对性就相对较弱。当商业化软件不能完全满足企业的管理需求时，需要根据需求差异产生的原因区别处理。如果需求本身是由企业管理不规范造成的，或对企业管理的影响不大，企业可以通过调整管理方式，以满足所购软件应用。如果需求差异不影响大局，企业完全可以通过补充相关的管理软件予以弥补；如果需求差异非常重要，且企业的业务流程不可更改，则必须向软件提供商提出修改要求，并协助软件提供商进行修改。当然，企业也将额外付费，否则，就另外选购其他软件，此时这种方式就演变成委托开发方式了。

购买商业化软件最大的优点是节省企业开发管理信息系统的时间。另外，商业化软件产品专业化程度高，软件制造商为了提高自身软件在市场上的竞争力，将先进的管理思想作为开发软件的依据；软件产品上市之前经过了专业的测试，性能稳定，安全性好，购买成本相比开发成本低。缺点是商业化软件环境适应性差，难以贴合企业的实际需求，不同企业的业务流程差异大，即使是知名厂商生产的通用软件也不一定"通用"，如果企业选购的软件与本企业的实际相差甚远，容易造成投资失败。

总之，不同的开发方式有不同的优点和缺点，需要根据使用单位的实际情况进行选择，也可以综合使用多种开发方式。表 3-6 从九个方面对上述四种开发方式做了简单的比较。

表 3-6　四种开发方式的特点比较

方式 特点比较	自主开发	委托开发	合作开发	购买商业化软件
系统需求	明确	较明确	明确	较明确
分析和设计能力要求	较高	一般	逐渐培养	较低
编程能力要求	较高	不需要	需要	较低
系统维护的难易程度	容易	较困难	较容易	较困难
信息人员的培养	有利于	不利于	利于	不利于
系统质量	一般	好	较好	好
开发费用	少	多	较少	较少
开发周期	长	中	中	短
系统适应性	好	好	好	一般

3.4　管理信息系统开发方法

管理信息系统的开发是一项复杂的系统工程，它涉及的知识面广、部门多，不仅涉及技术，而且涉及管理业务、组织与协调。开发管理信息系统的方法有很多，以下介绍几种常用的方法，如结构化系统开发方法、原型法、面向对象开发方法和 CASE 开发方法等。

3.4.1　结构化系统开发方法

结构化系统开发方法(Structured System Development Methodologies)是比较经典的一种系统开发方法，强调从系统的角度出发来分析问题和解决问题，面对要开发的系统，从层次的角度模块化、自顶向下地对系统进行分析与设计，将结构化、工程化的系统开发方法和生命周期方法结合，它是目前应用得最普遍的一种开发方法。具体来说，在系统调查或理顺管理业务时，应从最顶层的管理业务入手，逐步深入至最基层。系统分析、提出新系统方案和系统设计时，应从宏观整体考虑入手，即先考虑系统整体的优化，然后考虑局部的优化。在系统实施阶段，则应坚持自底向上地逐步实施。也就是说，从最基层的模块编程，按照系统设计的结构，将模块一个一个拼接在一起，进行调试，自底向上逐渐地构成整体系统。

结构化系统开发的基本思想是：用系统工程的思想和工程化的方法，按用户至上的原则，将整个系统开发过程划分为若干个相对独立的、首尾相连的五个阶段：系统规划、系统分析、系统设计、系统实施、运行和维护；然后在系统规划、分析和设计阶段采用自顶向下的方法对系统进行结构化划分；最后在系统实施阶段采用自底向上的方法逐步实施，从而构成一个完整的生命周期(Life Cycle)，如图 3-8 所示。

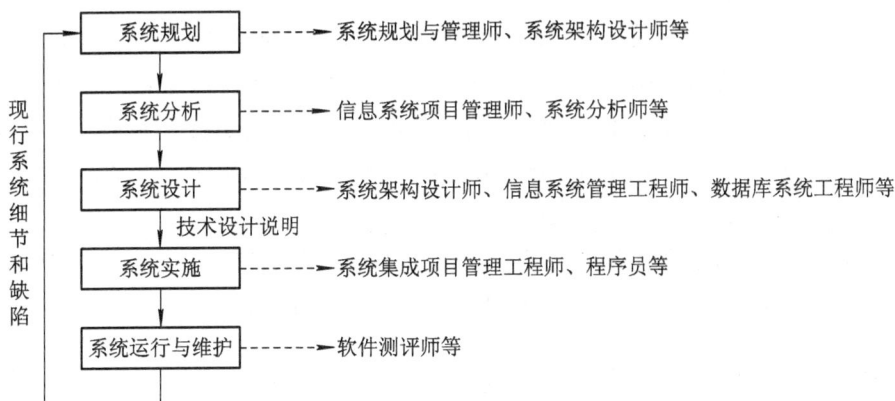

图 3-8　结构化系统开发步骤

1. 系统规划

系统规划阶段的主要任务是在对企业的环境、目标、现行系统状况的调查基础之上，根据企业目标和发展战略，确定信息系统的目标和总体结构，对开发新系统的需求做出分析和预测，同时还要考虑开发新系统所受的各种约束条件，研究新系统的必要性和可行性，给出拟开发系统的备选方案，对这些方案进行可行性研究，写出可行性研究报告。确定分析阶段实施进度，最后编写系统设计任务书。

2．系统分析

系统分析是管理信息系统开发工作的第二个阶段，该阶段的主要任务是根据系统开发方案，对企业的管理业务现状和资源条件等进行初步调查，在此基础上进行可行性分析。对于可行的方案，则对现行系统进行详细调查，包括现行系统的业务流程和数据流程，指出现行系统存在的问题和不足，提出改进意见，确定新系统的业务流程和数据流程，提出新系统的逻辑方案，编制系统说明书。该阶段的成果为"系统分析报告"，它是整个管理信息系统建设的关键阶段。

3．系统设计

系统设计是在系统分析阶段提出的逻辑模型的基础上设计 MIS 的物理模型，在系统分析提出的逻辑模型的基础上设计新系统的物理模型，回答"怎么做"的问题。该阶段又可分为总体设计和详细设计两个阶段。总体设计阶段的主要任务是进行系统的流程图设计、功能结构图设计和功能模块图设计等；详细设计阶段的主要任务包括：编码方案的设计、系统物理配置方案设计、数据存储设计、输入输出设计、流程图设计等。该阶段的主要成果为"系统设计说明书"。

4．系统实施

系统实施阶段是将设计的系统进行实施的阶段，工作任务是程序的实现、数据准备、设备购置、安装调试、系统的测试与转换、用户的培训等。这一阶段的特点是几个相互联系、相互制约的任务同时展开，必须精心安排、合理组织，要制订周密的计划。该阶段的成果为管理信息系统程序设计说明书、系统测试分析报告、使用说明书等。

5．系统运行与维护

系统投入运行后，需要进行系统的日常运行管理、维护和评价三部分工作。如果运行的结构良好，则送管理部门指导生产经营活动；如果存在问题，则要对系统进行修改、维护或局部调整；如出现不可调和的大问题(这种情况一般是系统运行若干年后，系统运行的环境已经发生了根本的变化时才可能出现)，则用户将会进一步提出开发新系统的要求，这标志着旧系统生命的终止、新系统的诞生。

结构化系统开发方法是在传统自发系统开发方法批判的基础上，通过不断地探索和努力，建立起来的一种系统化方法，从而构成了系统开发生命周期。

3.4.2　原型法

原型法(Prototyping Method)是与结构化系统开发方法完全不同的开发方法，不再采用对现行系统全面、系统的详细调查与分析，而是根据系统开发人员对用户需求的理解，在强有力的软件环境支持下，快速开发出一个原型系统，提供给用户，与用户一起反复协商修改，直到实现新系统。其系统开发是一个分析、设计、编程、运行、多次重复评价、不断演进的过程。因此，原型法一经问世，立即得到广泛的重视，迅速得以推广。原型法的工作流程如图 3-9 所示。

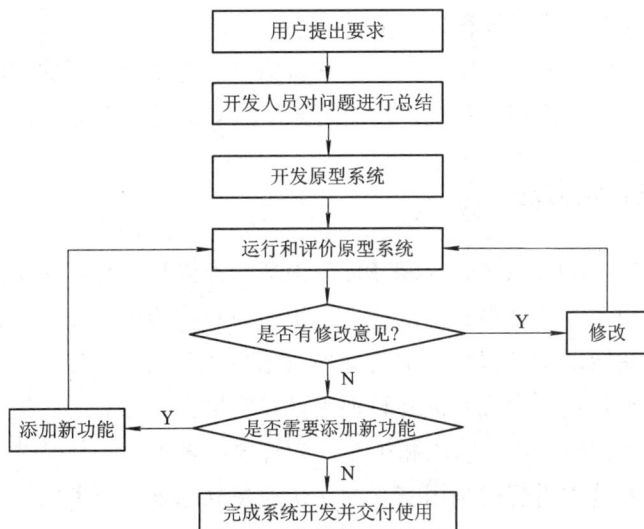

图 3-9　原型法的工作流程

原型法克服了结构化系统开发方法的缺点，缩短了开发周期，降低了开发风险。原型法与结构化系统开发方法是完全不同思路的两种方法，原型法不再采用结构化系统开发方法一步步周密细致地进行系统分析和设计，最后才能让用户看到可实现系统的繁琐做法，而是在初步调查了解的基础上，提供快速的软件构造工具，开发出一个功能并不十分完善的可实际运行的系统，即原型。

原型法发展前景很好，有很大的推广价值。但必须指出，它的推广应用必须有一个强有力的软件支持环境作为背景。一般认为原型法所需要的软件环境主要有：① 一个方便灵活的关系数据库系统，例如 SQL；② 一个与关系数据库系统相对应的，方便灵活的数据字典，它具有存储所有实体的功能；③ 一套与关系数据库系统相对应的快速查询系统，能支持交互方式的组合条件查询，如 SQL 中的查询分析器；④ 一套高级的软件工具用以支持结构化程序，并且允许采用交互的方式迅速地进行书写和维护、产生任意程序语言的模块，如 VB.VC。

原型法的基本思想是在投入大量的人力，物力之前，在限定的时间内，用最经济的方法开发出一个可实际运行的系统模型，用户在运行使用整个原型的基础上，通过对其评价，提出改进意见，对原型进行修改，统一使用，评价过程反复进行，使原型逐步完善，直到完全满足用户的需求为止。

原型法的优点很突出，原型法贯彻的是"从下到上"的开发策略，它更易被用户接受；将模拟手段引入系统分析的初期阶段，沟通了人们的思想，缩短了用户和系统分析人员之间的距离，解决了结构化方法中最难以解决的一环；充分利用了最新的软件工具，摆脱了老一套工作方法，使系统开发的时间、费用大大地减少，效率、技术等方面都大大地提高。但由于该方法在实施过程中缺乏对管理系统全面、系统的认识，因此，它不适用于开发大型的管理信息系统；对于原基础管理不善，信息处理过程混乱的问题，系统开发容易走上机械地模拟原来手工系统的轨道；此外，每次反复都要花费人力、物力，如果用户合作不好，盲目纠错，就会拖延开发过程。

因此，在实际系统开发过程中，人们常常将原型法与系统分析的方法结合起来开发系统，即先用系统分析的方法划分系统，然后用原型法来开发具体模块。

3.4.3　面向对象开发方法

面向对象开发方法(Object Oriented Method)是一种按照人们对现实世界习惯的认识与思维方式去研究和模拟客观世界的方法学。由于面向对象的语言和程序设计取得成功，面向对象开发方法开始应用于管理领域中的管理信息系统开发。作为一种方法论，强调对现实世界的理解和模拟，便于由现实世界转换到计算机世界，相对于其他管理信息系统的分析设计方法，更利于程序设计、修改和扩充，为管理信息系统开发提供了全新思路。

面向对象方法的基本思想就是用交互的、快速建立起来的原型取代了形式的、不易修改的规格说明，通过在计算机上实际运行、试用和评估这个原型，用户可以向开发者提供真实的反馈意见，系统开发人员可以借助这个原型挖掘用户的需求，然后进行修改。快速原型法的实现基础之一是可视化的第四代语言的出现。

"对象"被定义为某一事物，即可以看到、摸到或感觉到的一种实体。"对象"是系统的基本成分，"对象"由"属性"(Attribute)和"方法"(Method)组成。"属性"反映对象的信息特征，如特点、值状态等。"方法"则是用来定义改变属性状态的各种操作。对象之间的联系主要是通过传递消息(Message)来实现的，而传递的方式是通过消息模式和方法所定义的操作过程来完成的。

在由面向对象方法开发的系统中，包含以下六个阶段，如表 3-7 所示。

表 3-7　面向对象开发方法的过程

开 发 阶 段	说　　明
系统调查和需求分析阶段	对系统进行调查和需求分析，具体地是系统的目的和用户的信息需求
面向对象分析阶段(OOA)	提出业务需求描述，在复杂的问题中抽象地识别出对象以及其行为、结构、属性、方法，以及对象之间的联系
面向对象设计阶段(OOD)	对分析的结果做进一步的抽象、归类、整理并最终以范式的形式将它们确定下来
面向对象的程序实现(OOP)	用面向对象的程序设计语言将阶段抽象整理出来的范式映射为应用程序软件
面向对象测试阶段(OOT)	采用传统的测试技术和与面向对象程序特点相适应的测试技术对程序进行测试
面向对象维护阶段(OOSM)	程序与问题域是一致的，对程序中的错误逆向追溯到问题域，或需求发生了变化而从问题域正向跟踪到程序

面向对象的开发方法存在着以下明显的优点和缺点：

(1) 优点。面向对象开发方法对于用户需求不确定的项目来说是非常有效的；以对象为基础，直接从对象客体的描述到软件之间的转换，用户和管理层都可以更快地看到可以工作的信息系统原型，也就是可以更早地得到企业的解决方案，与其他开发方法相比，它可以尽早地发现系统中存在的问题和疏漏，提高信息系统开发的质量；解决了如结构化系统生命周期方法中客观世界描述工具与软件结构不一致的问题，缩短了系统开发；系统模型的基本单元是对象，是客观事物的抽象，具有相对稳定性，因而面向对象开发方法的系统有较强的应变能力和可维护性，大幅度降低了系统开发的风险，不断循环的技术解决方案取代了一次性提交技术解决方案的结果。

(2) 缺点。面向对象开发方法需要有一定的软件基础支持；对大型系统而言，采用自下向上的开发方法，易造成系统结构不合理，系统整体功能的协调性差；过度地强调速度问题，而使得系统质量缺陷没有得到很好的解决。一般来说，面向对象开发方法适用于开发小型的信息系统项目。

3.4.4　CASE 开发方法

计算机辅助软件工程(Computer Aided Software Engineering，CASE)是一种集图形处理技术、程序生成技术、关系数据库技术和各类开发工具于一身的自动化或半自动化的方法，能够全面支持系统调查外的每一个开发步骤，也就是说，在系统开发过程中的每一个步骤可以在一定程度上形成对应关系，可以借助专门的软件工具来实现开发过程。各类 CASE 工具功能不尽相同，有的工具辅助系统分析和设计工作，利用这类 CASE 工具能够自动产生系统开发过程中的流程图、组织结构图、实体联系图等多种图表及说明性文档；有的 CASE 工具还支持代码生成、测试和维护，将系统的规格说明转换成程序代码；还有些 CASE 工具可能支持系统开发的全过程，更加体现了集成性的特点。

严格地讲，CASE 只是一种开发环境而不是一种开发方法，是为具体的开发方法提供了支持每一过程的专门工具。实际上，CASE 工具是把手工完成的开发过程转变为自动化工具和支持环境支持的自动化开发过程。CASE 方法解决了从客观对象到软件系统的映射问题，支持系统开发的全过程；提高了软件质量和软件重用性，加快了软件的开发速度；简化了软件开发的管理和维护；CASE 方法自动生成开发过程中的各种软件文档。

目前，CASE 中集成了多种工具，大致有以下三种类型。这些工具既可以单独使用，也可以组合使用。CASE 的概念也由一种具体的工具，发展成为了开发信息系统的一种方法学。

(1) 软件生成工具。该类工具主要用于最后的软件设计与编程工作。

(2) 系统需求分析与设计工具。需求分析工具是在系统分析阶段用来严格定义需求规格的工具，能将逻辑模型清晰地表达出来。设计工具是用来进行系统设计的，将设计结果描述形成设计说明书，如系统结构图设计工具、数据库设计工具、图形界面设计工具等。

(3) 集成化开发工具。集成化开发工具是一组软件工具的有机结合，它支持从需求分析、设计、程序生成乃至维护的整个软件生命周期。

对于同一个系统开发过程来说，使用不同的系统开发方法在具体的操作过程上是有所不同的。

应用结构化系统开发方法来开发系统，首先要对问题进行调查，然后从功能和流程的角度来分析、了解和优化问题，最后规划和实现系统；用原型法开发方法来开发系统，其思路是先让用户介绍问题，然后利用软件工具迅速地模拟出一个问题原型，再与用户一起运行和评价这个原型，如不满意就立刻修改，反反复复直到用户满意为止，最后优化整理系统；如用面向对象开发方法来开发系统，首先对问题进行调查，然后从抽象对象和信息模拟的角度来分析问题，将问题按其性质和属性划分成各种不同的对象和类，理清它们之间的信息关系，最后用面向对象的软件工具实现系统。使用面向对象方法开发 MIS 时，工作重点在生命周期中的分析阶段。分析阶段得到的各种对象模型也适用于设计阶段和实现阶段。

本 章 小 结

本章主要介绍了管理信息系统战略规划的内容、组织及方法，管理信息系统的开发策略和开发方法。管理信息战略规划是关于信息系统的长远发展计划，是企业战略计划的重要组成部分。诺兰阶段模型把信息系统的成长过程划分为六个阶段，即初装、发展、控制、集成、数据管理、成熟六个阶段。管理信息系统的开发策略主要有自行开发、委托开发、合作开发、利用商业化软件等几种方式。介绍了几种常用的开发方法，如结构化开发方法、原型法、面向对象开发方法和 CASE 开发方法等。其中结构化系统开发方法主要分为系统分析、系统设计、系统实施三个阶段。

复 习 思 考 题

一、选择题

1. 诺兰阶段模型把信息系统的成长过程划分为(　　)阶段。
　　A. 三个　　　　　　　　　　　B. 四个
　　C. 五个　　　　　　　　　　　D. 六个

2. 信息系统发展的(　　)理论被称为诺兰阶段模型。
　　A. 成熟　　　　　　　　　　　B. 形成
　　C. 优化　　　　　　　　　　　D. 阶段

3. 以下各点中，(　　)不是诺兰阶段模型中提出的信息系统发展的阶段之一。
　　A. 初装　　　　　　　　　　　B. 蔓延
　　C. 成长　　　　　　　　　　　D. 成熟

4. 用于管理信息系统规划的方法很多。把企业目标转化为信息系统战略的规划方法属于(　　)。

  A. U/C 矩阵法　　　　　　　　　　B. 关键成功因素法

  C. 战略目标集转化法　　　　　　　D. 企业系统规划法

5. 采用结构化生命周期法开发管理信息系统,一般应该经历(　　)阶段。

  A. 系统调查、系统规划、系统切换、系统评审和系统运行

  B. 系统安装、系统设置、系统调试、系统准备和系统启动

  C. 系统规划、系统分析、系统设计、系统实施和系统维护与评价

  D. 系统收集、系统传递、系统加工、系统存贮和系统输出

6. CSF 是指(　　)。

  A. 企业系统规划法　　　　　　　　B. 关键成功因素法

  C. 企业系统法　　　　　　　　　　D. 关键因素法

7. 应用软件系统开发的发展趋势是采用(　　)的方式。

  A. 自行开发　　　　　　　　　　　B. 委托开发

  C. 购买软件包　　　　　　　　　　D. 合作开发

8. 最适合应用原型法开发的系统是(　　)。

  A. 数据关系较复杂、数据量大的系统

  B. 用户需求较难定义的、规模较小的系统

  C. 用户需求较明确、规模较大的系统

  D. 运算关系复杂、运算工作量大的

9. 结构化开发方法,其系统开发的主导原则是(　　)。

  A. 自底向上　　　　　　　　　　　B. 自顶向下

  C. 由具体到抽象　　　　　　　　　D. 由外向内

10. 委托开发的特征是:它用于企业内部的费用小,而且用于外部的费用大。企业自身开发能力要求不太重要,对系统维护(　　)。

  A. 可自行解决　　　　　　　　　　B. 相当困难

  C. 比较容易　　　　　　　　　　　D. 不必关心

11. 新系统的目标和范围的确定工作属于(　　)的工作内容。

  A. 现行系统详细调查　　　　　　　B. 总体规划和可行性研究

  C. 新系统逻辑模型建立　　　　　　D. 系统总体结构设计

12. 在 MIS 各种开发方式中,对企业开发能力要求最高的是(　　)。

  A. 合作开发　　　　　　　　　　　B. 自行开发

  C. 委托开发　　　　　　　　　　　D. 购买软件包

13. 通常高层管理提出的决策问题与基层管理提出的决策问题相比,在结构化程度上(　　)。

  A. 高层管理的决策问题的结构化程度高于基层的

B. 高层管理的决策问题的结构化程度低于基层的

C. 两者在结构化程度上没有太大差别

D. 以上三种情况都可能出现

14. 下列关于信息的说法正确的是( )。

A. 因为信息不因共享而减少所以要大力提倡信息的无偿共享

B. 信息的价值不会随着时间的流逝而减少

C. 所有的信息都应该是对客观世界的真实反映

D. 管理信息的等级越高，它的精度就越高

15. 按决策层次分类，将管理信息分为：战略信息，战术信息和( )。

A. 业务信息   B. 流动信息

C. 固定信息   D. 生产信息

二、判断题

( ) 1. 原型法能够更好地捕捉用户的需求，可适用任何类型的信息系统开发。

( ) 2. 结构化系统开发方法的每一个阶段都有明确的工作目标。

( ) 3. 管理信息系统规划的主要方法包括 CSF、SST 和 BSP 方法。

( ) 4. 对于大系统来说，划分子系统的工作应在系统规划阶段进行。

( ) 5. 决策支持系统更应该关注系统的数据处理能力，而不是其交互性。

( ) 6. 关键成功因素法在企业管理的各个层面都适用。

( ) 7. 半结构化或非结构化的决策问题，应该用管理信息系统来解决。

( ) 8. 原型法的开发过程是多次重复、不断演进的过程。

三、思考题

沃尔玛致力通过实体零售店、在线电子商店以及移动设备移动端等不同平台不同方式来帮助世界各地的人们随时随地能够节省开支，并生活得更好。每周，超过 2.7 亿名顾客和会员光顾我们在 28 个国家拥有的 65 个品牌下的 11 700 多家分店以及电子商务网站。沃尔玛全球 2018 财年(2017 年 2 月—2018 年 1 月)营收达到 5 003 亿美元，全球员工总数约 230 万名。

(一) 沃尔玛应用信息技术的历程

沃尔玛公司是世界上最大的商业零售企业，1962 年开办了第一家连锁商店，1970 年建立起第一家配送中心，走上了快速发展之路。据沃尔玛公司提供的资料，截至 2001 年 4 月 15 日，该公司在国内外共有 4249 家连锁店，截至 2002 年 4 月 5 日，5 周内净销售额达到 214.89 亿美元，较去年同期 187.7 亿美元，增长了 14.5%。9 周内的销售额为 386.96 亿美元，较去年同期的 336.55 亿美元增长了 15%。沃尔玛能有如此巨大的增长，是建立在沃尔玛迅速地利用信息技术整合优势资源的基础之上的。在信息技术的支持下，沃尔玛能够以最低的成本、最优质的服务、最快速的管理反应进行全球运作。

1974 年，公司开始在其分销中心和各家商店运用计算机进行库存控制。

1983 年，沃尔玛的整个连锁商店系统都用上条形码扫描系统。采用商品条形码可代替大量手工劳动，不仅缩短了顾客结账时间，更便于利用计算机跟踪商品从进货到库存、配货、送货、上架、售出的全过程，及时掌握商品销售和运行信息，加快商品流通速度。

1984 年，沃尔开发了一套市场营销管理软件系统，这套系统可以使商店按照自身的市场环境和销售类型制定出相应的营销产品组合。

20 世纪 80 年代末，沃尔玛开始利用电子数据交换系统(EDI)与供应商建立自动订货系统。该系统又称为无纸贸易系统，通过计算机联网，向供应商提供商业文件，发出采购指令，获取收据和装运清单等，同时也使供应商及时准确地把握其产品销售情况。

1990 年沃尔玛已与它的 5000 多家供应商中的 1800 家实现了电子数据交换，成为 EDI 技术在美国的最大用户。

20 世纪 90 年代初沃尔玛就在公司总部建立了庞大的数据中心，在全球近 4000 家商店通过网络可以在一个小时内对每种商品的库存、上架、销售量全部盘点一遍，所以，在沃尔玛的门市店不会发生缺货情况。公司总部与全球各家分店和各个供应商通过共同的电脑系统进行联系，它们有相同的补货系统、相同的 EDI 条形码系统、相同的库存管理系统、相同的会员管理系统、相同的收银系统。这样的系统能从一家商店了解到沃尔玛全世界的商店资料。正是依靠先进的电子通信手段，沃尔玛才做到了商店的销售与配送中心同步、配送中心与供应商保持同步。沃尔玛与生产商、供应商建立了实时链接的信息共享系统，赢得了比其竞争对手管理费用低 7%，物流费用低 30%，存货期由 6 周降至 6 小时的优异成绩。

(二) 沃尔玛利用信息技术强化经营管理

1. 完善的物流管理系统

沃尔玛拥有由信息系统、供应商伙伴关系、可靠的运输及先进的全自动配送中心组成的完整物流配送系统。以往的零售业都是由分店向各制造商订货，再由各个制造商将货发到各个分店。而沃尔玛推行的是"统一订货，统一配送"。各分店的订货都先汇总到总部，然后由总部统筹订货。商品成交后，就被直接送往公司的配送中心。沃尔玛在美国建立了 70 个由高科技支持的物流配送中心，配送中心完全实现了自动化。每种商品都有条形码，由十几公里长的传送带传送商品，由激光扫描器和电脑追踪每件商品的储存位置及运送情况。沃尔玛的商店备有 8 万种以上的商品，其中有 85% 的货都是由公司的配送中心直接供应，而其他竞争者只能达到 50%～60% 的水平，销售成本也因此要比零售行业平均低 2%～3%。通过迅速的信息传递与先进的电脑跟踪系统，沃尔玛可以在全美范围内快速地输送货物，使各分店即使只维持极少存货也能保持正常销售，从而大大节省了存储空间和存货成本。沃尔玛被称为零售配送革命的领袖，其独特的配送体系，大大降低了成本，加速了存货周转，成为"天天低价"的最有力的支持。沃尔玛的物流效率之所以高，是因为它使用了最先进的信息技术，专门从事信息系统工作的科技人员有 1200 多人，每年投入信息工作的资金不下 5 亿美元。

2．客户关系管理

零售业是直接与最终消费者打交道的行业，顾客决定一切，如果企业不以满足顾客需要为中心是无法生存下去的，这一点沃尔玛公司理解得比谁都透彻。"让顾客满意"始终排在沃尔玛公司目标的第—位，"顾客满意是保证我们未来成功与成长的最好投资"是公司的基本经营理念。因此在客户关系管理上，沃尔玛每周都对顾客期望和反馈进行调查，管理人员根据电脑信息系统收集信息，并通过直接调查收集到的顾客期望及时更新商品的组合和组织采购，改进商品陈列摆放，营造舒适的购物环境，使顾客在沃尔玛不但买到称心如意的商品，而且得到满意的全方位的购物享受。

3．先进的供应链体系

沃尔玛的供应链是典型的大型零售业主导型，它的管理主要由 4 部分组成：顾客需求管理，供应商和合作伙伴管理，企业内和企业间物流配送系统管理和基于互联网、内联网的供应链交互信息管理。

(1) 顾客需求管理。供应链运作方式有两种，—种称为推动式，一种称为拉动式。推动式的供应链以制造商为核心，产品生产出来后从分销商逐级推向顾客。沃尔玛采用的拉动式供应链则是以最终顾客的需求为驱动力，整个供应链的集成度较高，数据交换迅速，反应敏捷。

(2) 供应商和合作伙伴管理。供应商参与企业价值链的形成过程，对企业的经营效益有着举足轻重的影响。建立战略性合作伙伴关系是供应链管理的重点，供应链管理的关键就在于供应链上下游企业的无缝链接与合作，但这种合作关系的建立是—个复杂的过程。沃尔玛主要是通过计算机联网和电子数据交换系统，与供应商共享信息，建立伙伴关系。

(3) 供应链交互信息管理。信息共享是实现供应链管理的基础，供应链的协调运行建立在节点主体间高质量的信息传递与共享的基础上，因此，有效的供应链管理离不开信息技术的可靠支持。在沃尔玛，除了配送中心外，投资最多的便是电子信息通信系统。沃尔玛的电子信息通信系统是全美最大的民用系统，甚至超过了电信业巨头美国电报电话公司。沃尔玛是第一个发射和使用自有通信卫星的零售公司。

4．网上零售

沃尔玛早在 1996 年 7 月，就推出了公司的电子商务网站 www.wal-mart.com。当时，公司这一集成了高技术及传统零售业务优势的电子商务网站，提供了基于 SSL 加密协议的在线信用卡交易处理，能够使因特网用户在浏览网站时将中意商品加入购物篮中，并方便地进行在线结算，订购的商品则经美国联合邮包服务公司直接送至客户手中。

1999 年末，这家传统零售业巨头又通过与领先因特网巨头 AOL 合作，向沃尔玛公司消费用户提供低成本的因特网接入服务，将业务触角再次伸展至 Web 领域，并期望借以推动公司在线业务的发展。同时，沃尔玛公司还向消费用户提供了能够迅速创立在线账号、实现因特网接入的相关软件。另外，作为这项合作的一部分，AOL 的在线购物网站还提供了到沃尔玛公司电子商务网站的链接，从而在客观上使 AOL 当时的 1900 万用户均成为沃尔玛公司电子商务网站的潜在购物用户，进一步扩大了沃尔玛公司在线用户群体。

沃尔玛时刻关注电子商务的发展，积极利用因特网提供的商机，逐渐利用网络来宣传自己，用新的经营理念，先进的信息技术进行业务重组，以不断地发展经营规模。

5. 数据仓库

利用数据仓库技术，沃尔玛对商品进行市场类组分析，即分析哪些商品顾客最有希望一起购买。沃尔玛数据仓库里集中了各个商店一年多详细的原始交易数据，在这些原始交易数据的基础上，沃尔玛利用自动数据挖掘工具(模式识别软件)对这些数据进行分析和挖掘。一个意外的发现就是：与尿布一起购买最多的商品竟是啤酒。沃尔玛公司近年来用大容量的数据仓库进行数据挖掘和客户关系管理，对其 3000 多家零售店的 80 000 种商品时刻都能把握住利润最高的商品品种和数量。

如今，沃尔玛利用 NCR 的 Terndata 对超过 7.5 TB 的数据进行存储，这些数据主要包括各个商店前端设备(POS，扫描仪)采集来的原始销售数据和各个商店的库存数据。Teradata 数据库里存有 196 亿条记录，每天要处理并更新 2 亿条记录，要对来自 6000 多个用户的 48 000 条查询语句进行处理。销售数据、库存数据每天夜间从 3000 多个商店自动采集过来，并通过卫星线路传到总部的数据仓库里。沃尔玛数据仓库里最大的一张表格容量已超过 300 GB，存有 50 亿条记录，可容纳 6 个星期 3000 多个商店的销售数据，而每个商店有 50 000~80 000 个商品品种。他们在从事由数据变信息，由信息变知识的知识挖掘工作，通过全集团、全方位、全过程、全天候的自动数据采集技术，改变传统的依靠假设和推断来确定订货的方式。从数据的不断积累过程中以小时为单位动态地运行决策模型，导出数亿个品种的最佳订货量和最佳商品组合分配、降价以及商品陈列等。如今其数据仓库容量已扩充一倍以上。利用数据仓库，沃尔玛在商品分组布局、降低库存成本、了解销售全局、进行市场分析和趋势分析等方面均有卓越表现。

问题：

(1) 信息技术是如何改变沃尔玛的运作方式和盈利模式的？

(2) 沃尔玛的客户关系管理系统有什么特色？

(3) 像沃尔玛这样的大型连锁企业，其成功的关键因素是什么？

(4) 如何理解信息技术既能为创新提供动力，又能为创新提供足够的技术支持？

第4章

管理信息系统的分析

内容提要 ✍

1. 认识管理信息系统可行性分析的必要性;
2. 掌握管理业务调查的方法;
3. 了解数据流程分析的步骤;
4. 掌握描述处理逻辑的工具的使用。

本章关键词 📖

系统分析(System Analysis)

可行性分析(Feasibility Analysis)

用户需求(User Requirement)

业务流程(Business Process)

数据流程(Data Flow)

决策树(Decision Tress)

决策表(Decision Table)

信息系统开发是一项系统工程。如果把信息系统的规划和开发方法的选择比作宏观战略分析,那么系统开发中的分析、设计和实施工作就相当于微观的战术操作。在结构化开发方法中,系统开发阶段又可划分为系统分析、系统设计和系统实施,它们构成系统开发生命周期的三个主要阶段。

在系统分析阶段,要使用系统的观点和方法,把复杂的对象分解为简单的组成部分,并确定这些组成部分的基本属性和彼此之间的关系。

4.1　系统分析概述

4.1.1　系统分析的任务

系统分析是信息系统开发的第一阶段,按照系统的观点,对企业和用户信息需求进行全面的调查和分析，在调查和分析中得出新系统的功能需求，将系统功能和性能的总体概念描述为具体的系统需求说明，用一系列图表和文字给出新系统功能的逻辑描述，进而形成系统的逻辑模型，完成系统分析报告，为系统设计提供依据。这是开发 MIS 最重要的阶段，也是最困难的阶段。实践表明，系统分析工作的好坏，在很大程度上决定了信息系统的成败。系统分析的本质是通过对现有系统的描述和分析来回答未来系统"要做什么"的问题，即从抽象的信息处理角度看待系统应该具有怎样的功能，而不涉及这些功能要用什么具体的技术去实现。

4.1.2　系统分析的内容

系统分析按其内容可以分为目标分析、需求分析和功能分析。

1. 目标分析

目标分析是指在现行系统组织目标分析的基础上，确定目标系统应该在哪些方面发挥作用以及如何发挥作用。目标分析包括对现行系统的组织目标分析和目标系统的组织目标分析。任何一个企业或组织都有自己的目标，这是组织开展各项工作的指南，信息系统就是帮助企业实现其总体目标的，因此，在开发信息系统时，首先应该弄清楚企业的组织目标。目标分析包括以下内容：

(1) 根据系统调查的结果，分析、归纳、确定现行系统中的关键问题，列出问题表。

(2) 根据问题表，画出现行系统目标树。

(3) 分析、确定各个分目标以及它们之间的关系、冲突的方法。

(4) 根据各分目标在系统中所起作用的轻重程度，重新排列问题表。这是确立新系统目标的基础。

一般来讲，目标系统的功能在以下两个方面得到了加强。

(1) 辅助管理功能。新的管理信息系统可以帮助人们从大量繁琐、重复的日常工作中解放出来。例如生产经营情况的统计、财务记账、填制各类报表等。

(2) 辅助决策功能。新的管理信息系统可以充分发挥信息存储、检索、传递的能力和迅速、准确的计算能力，人机结合解决问题的能力，帮助企业决策者制订各种计划，实现辅助决策功能。

2. 需求分析

在系统分析阶段，系统分析员要对企业各有关部门的业务流程进行详细的调查。除此之外，还要向各级领导和业务人员就系统处理事务的能力和决策功能的需求做出分析：

(1) 按照企业的管理目标并结合业务流程图，分析系统事务处理能力需求的合理性，既要对不合理的业务流程进行调整，还要对系统事物处理能力需求进行调整。

(2) 按照企业的管理目标，分析决策辅助功能需求的合理性。

(3) 根据信息系统的投资规模，综合分析、平衡各项需求，找出关键的、主要的需求，并制订出满足这些需求的初步计划，为功能分析打下基础。需求分析的结果还要反馈给业务人员，以征求意见进行修改。

3．功能分析

功能具有层次性的特点，各层次功能之间存在着信息交换。因此，系统的功能分析主要包括功能层次结构分析和信息关联分析两个方面。关于功能分析的方法有很多，例如，结构化系统分析和设计方法，它是一种功能和数据分析、分解相结合的技术。

4.1.3　系统分析的步骤

系统分析人员首先要在详细调查、充分认识原系统的不足和用户信息需求的基础上，对原系统进行分析与优化，确定新系统的功能结构和性能需求，提出新系统的逻辑方案，最后编写系统分析报告。需求分析的目标就是要借助于当前系统的逻辑模型，导出目标系统的逻辑模型，解决目标系统"要做什么"的问题。图 4-1 所示的是系统分析的过程。

图 4-1　系统分析的过程

1．获取现行系统的物理模型

现行系统可能是已经存在的计算机数据处理系统，也可能是手工的数据处理过程。系统分析员通过现场调查研究，了解现行系统的运行情况，掌握现行系统的组织机构、资源利用、日常业务的数据处理过程以及数据的输入和输出等，并借助一个具体的模型来反映自己对现行系统的理解。这一模型就是现行系统的物理模型，它客观地反映出现行系统的实际情况。

2．抽象出当前系统的逻辑模型

在物理模型中有许多关于物理系统实现的细节问题，去掉这些非本质的细节性问题，从物理模型当中抽取那些关于"做什么"的本质性问题，从而得到反映系统本质的逻辑模型。

3．建立目标系统的逻辑模型

目标系统的逻辑模型建立在现行系统的逻辑模型的基础之上。分析目标系统与现行系统逻辑上的差别，明确目标系统要"做什么"，对现行系统的逻辑模型进行调整，从而导出目标系统的逻辑模型。

4．优化目标系统的逻辑模型

对于目标系统的逻辑模型，还要根据实际情况做一些优化。例如，目标系统的用户界面的优化、系统功能的优化、输入输出的优化等。它客观地反映出现行系统的实际情况。

4.2　可行性研究

系统规划的可行性研究也称可行性分析。工作内容是进行初步调查，综合考察企业和环境状况、信息处理状况和问题，建立新系统的资源状况，以及企业领导和管理人员对建立新系统的支持程度等情况。明确原系统存在的问题、新系统的目标与范围，对系统的执行性规划进行审定和可行性分析，初步评价解决问题的几种设想和方案，对是否有必要建立一个新的管理信息系统提出建议。

可行性分析是指分析在当前情况下开发一个管理信息系统项目是否有必要，是否具备必要的开发条件。可行性研究的目的是为了避免盲目投资，减少不必要的损失。

4.2.1　信息系统的初步调查

系统规划确定的开发项目，由于环境可能发生变化，在系统开发时需要根据实际情况进行审定，也可能有由于用户提出而在规划阶段未考虑到的新的开发要求。因此，系统分析工作的第一步就是进行初步调查。系统初步调查的主要目标就是要弄清楚系统开发要解决的主要问题和目标，粗略估计系统开发所需的资源，论证系统开发的可行性。

信息系统的开发一般都是从用户提出要求开始的。该开发要求是否具有可行性，以及原有信息系统是否确定到了必须推倒的地步等，都需要在系统开发之前进行认真考虑。为了使系统开发工作更加有效地展开，有经验的开发者往往将系统调查分为两步，第一步是初步调查，即先投入少量人力对系统进行大致的了解，然后确定可行性；第二步是详细调查，即在系统开发具有可行性并已正式立项后，再投入大量人力展开大规模的、全面的系统业务调查。其中，初步调查的范围包括以下内容：

1．用户需求分析

初步调查的第一步就是从用户提出的新系统开发的缘由入手，即对新系统的要求入手，考查用户需求、预期要达到的目的。因为信息系统会涉及组织管理工作的各个方面，所以此处的用户指的是各级管理人员。他们对新系统开发的需求和期望，是否愿意全力参与和配合系统开发，在新系统改革涉及用户业务范围和习惯做法时，是否有根据系统分析和整体优化的要求调整自己职权范围和工作习惯的心理准备；上一层管理者是否参与开发工作，协调下一级管理部门的业务和职能关系等，都是首先要着手了解的内容。

2．现有组织的运行情况

现有组织的基本状况包括企业的性质、组织内部的结构、物流或生产过程、上级主管部门、横向协作部门和下设直属部门等。这些都与系统开发可行性研究、系统开发初步建议方案以及进一步详细调查直接相关，必须在初步调查中弄清楚。除这些现在的基本状况外，还必须调查清楚组织近期预计发生变化的可能性，包括组织兼并、产品转向、公司迁址和周围环境的变化等。

3. 现行系统的运行状况

在决定是否开发新系统之前，一定要了解现行系统的运行状况、特点、所存在的问题、可利用的资源、可选用的技术力量以及信息处理设备等。对该部分的调查是提出新系统开发设想方案以及论证该方案在技术上是否具有可行性的原始资料。

系统分析人员和用户要制订调查研究的进度计划，以便事先安排时间和内容，并通知有关人员；应先自上而下作初步调查，在了解全局、总体的基础上，再自下而上地进行具体调查研究；在调查过程中要注意数量概念，要收集足够的数字供定量分析之用，系统分析人员必须对这些内容进行整理、研究和分析，并将有关内容绘制成描述现行系统的各种图表，以便在短时期内对现行系统有全面和充分的了解。

4.2.2　可行性研究的内容

可行性研究是在系统初步调查的基础上，对新系统是否能够实现和值得实现等问题做出判断，避免在花费了大量的人力和物力之后才发现系统不能用或新系统投入使用后没有任何实际意义而导致浪费。对新系统可行性的研究，要求用最小的代价在尽量短的时间内确定系统是否可行。系统规划方案的可行性包含经济可行性、技术可行性、管理可行性和社会可行性。

1. 经济可行性

经济可行性分析即要估计项目成本和效益，分析项目经济上是否合理，主要是指进行系统的投资/效益分析。新系统的投资包括硬件、系统软件、辅助设备费、机房建设和环境设施、系统开发费、人员培训费、运行费(包括硬件、软件维护，计算机系统人员的工资，日常消耗物资的费用)等。系统的效益主要从改善决策、提高企业竞争力、加强计划和控制、快速处理信息、改善顾客服务、减少库存、提高生产效率等方面取得。将初步算出的新系统可能获得的年经济收益与系统投资相比较，从而估算出投资效果系数和投资回收期。经济可行性分析包括新系统的投资、运行费用、经济效益及社会效益。根据估算的直接经济效益和各种间接效益，评价新系统经济上的可行性。

经济可行性要解决两个问题：资金可得性和经济合理性。

(1) 资金可得性。要先估计成本，计算项目投资总额。成本包括初始成本和日常维护费用。系统的初始成本包括：各种软、硬件及辅助设备的购置、运输、安装、调试费用；机房及附属设施费用；其他费用(如差旅费等)。日常维护费用包括系统维护、人员费用、易耗品、内务开销等。

应注意防止成本估计过低的倾向，如只算开发费，不算维护费；只算硬件，而忽视软件；只算主机，不算外设费用。

(2) 经济合理性。要说明经济合理性，需计算管理信息系统带来的效益。效益可分为直接经济效益和间接经济效益。直接经济效益为系统投入运行后对利润的直接影响。这些效益可直接折合成货币形式。把这种效益与系统投资、运行费用相比，可以估算出投资回收期。

　　管理信息系统的效益大部分是难以用货币形式表现出来的社会效益。如系统运行后，可以更及时地得到更准确的信息，对管理者的决策提供有力的支持，改善企业形象，增加竞争力等。管理信息系统的效益主要是难以用货币表现的间接效益。

2. 技术可行性

　　经过经济分析，在确定企业准备投资多少来达到系统的目标之后，再进行技术上的可行性分析。评价总体方案所提出的技术条件如计算机硬件、系统软件的配置、网络系统性能和数据库系统等，能否满足新系统目标的要求，并对达到新系统目标的技术难点和解决方法的可行性进行分析。此外，还应分析开发和维护系统的技术力量，不仅考虑技术人员的数量，更应考虑他们的经验和水平。

　　技术可行性是指根据现有的技术条件，能否达到所提出的要求以及所需要的物理资源是否具备且能否得到。特别要注意的是，这里的技术条件是指已经普遍采用、确实可行的技术手段，而不是正在研究中没有把握的新技术。技术可行性分析包括对所提供技术的评估，分析规划中所提供的技术能否达到预期目标的可行性。

　　技术条件包括以下几个方面：

　　(1) 硬件。包括计算机存储量、运算速度、外部设备的功能、效率、可靠性，通信设备的能力、质量是否满足条件。

　　(2) 系统软件。包括操作系统提供的接口能力是否符合需要，是否具备实时处理能力或批处理能力，分时处理的响应时间是否可接受，数据库管理系统的功能是否足够，程序设计语言的种类和表达能力是否满足条件，网络软件的性能是否满足需要等。

　　(3) 应用软件。是否已经有专用的软件。

　　(4) 技术人员。各类技术人员的数量、水平、来源。

　　通过分析以上三个方面的可行性，为判断系统开发的条件是否具备提供依据，从而可以得出可行性研究结论，编制可行性研究报告。

3. 管理可行性

　　管理可行性是指从组织管理上分析新系统开发的可行性。要考虑管理方法是否科学、相应管理制度改革的时机是否成熟、规章制定是否正确等。组织的主要领导尤其是一把手对信息系统的建设不仅要充分肯定，还要积极参与其中。中下层管理人员要积极参与和配合信息系统的建设。高层领导对信息系统建设的重要性认识不足，中基层管理者担心改变工作性质和丢失权利而反对采用新技术，都是导致系统失败的关键因素。

4. 社会可行性

　　社会可行性具有比较广泛的内容，它需要从政策、法律、道德、管理和人员等各个社会因素来论证信息系统开发的可能性和现实性；社会可行性还指所建立的信息系统能否在该企业实现，在当前环境下能否很好地运行，即组织内外是否具备接受和使用新系统的条件。从组织内部讲，管理信息系统的建立可能导致某些制度、体制变动，组织是否有承受能力。对于涉及社会经济现象的系统，还应考虑原始数据的来源有无保证。

4.2.3　可行性研究举例

我们通过一个实例来看一下可行性分析的内容。这是一家公司业务管理系统的例子，下面是该系统可行性研究的主要内容。

随着社会信息化进程的加快，以及计算机技术的日益成熟和硬件成本的不断降低，越来越多的企业开发计算机 MIS 系统。本系统充分实现信息的存储与共享，以提高信息交流效率为目标，实现公司管理工作一体化。利用计算机技术简化人工管理流程，实现信息的一次录入、多方共享，满足公司不同部门对各类信息的需求。同时，根据公司管理工作的实际需要，科学划分功能模块，使系统具有良好的扩充性、可维护性及可调整性，取得了明显的经济效益与社会效益，提高了公司的现代化管理水平。

经过初步调查之后，我们认为在该公司建立管理信息系统是可行的。原因如下：

1) 领导层认可、支持

公司领导重视，管理层普遍支持，公司业务人员同样也表现了对管理信息系统的迫切需求。当然，部分领导对计算机管理信息系统存在过高的期望，错误地认为新系统建立后，什么事情都可以解决。经过与系统分析人员的交流，公司领导层对新系统的目标有了较正确的认识。显然，用户能够积极参与系统开发，这是系统开发的前提和基础。

2) 技术可行性

技术可行性从以下几个方面进行分析：

(1) 公司管理规范，特别是在对贸易业务的处理上，管理部门与业务部门之间的来往文档规范，审批手续比较齐全，可以保证新系统数据的规范和全面。

(2) 公司有一定的计算机应用基础。公司大部分人员对计算机技术有一定的了解，有一定的计算机操作能力，实施新系统后只需经过简单地培训即可。公司原有的计算机管理和维护工作由综合管理部门下属的微机室负责，有两名以上的具有一定软件包硬件维护能力的计算机专业人员。

(3) 软件覆盖业务范围。根据公司的业务情况，采用常见的数据库应用程序开发工具实现公司本部的业务管理是完全可行的。业务部门之间采用共享数据库的方式可以方便地实现数据信息的传递。

(4) 硬件设备的可行性。公司原有部分 PC 机，配置较高，可运行 Windows 7 操作系统，可作为网络工作机连接到 Novell Netware 或 Windows NT6.1 服务器上。根据这些条件，可采用 B/S 或 C/S 的工作模式，用户通过网络连接设备终端对云服务器进行访问，即可建立基本局域网络和广域网，满足信息系统运行的需要。

3) 新系统设想方案

根据对公司情况的初步调查和可行性分析研究，可以得出结论：在公司总部开发实施管理信息系统是可行的。对新系统的建设方案主要有下面的几点设想：

(1) 新系统的功能覆盖公司的业务流程管理、档案管理、财务管理、设备管理等。这涉及公司的综合管理部门、各业务部门、财务部门等主要部门。

(2) 系统主要委托外单位开发，本单位人员配合并参与开发的全过程，以消化吸收并掌握技术，为今后负责系统的管理和操作运行打下基础。开发过程可采用如下步骤：

第一，开发者在用户的配合下进行全面的系统调查和系统分析；

第二，开发者进行系统分析和系统实现(编程)工作；

第三，开发者进行系统调试，并逐步培训各岗位的操作人员；

第四，系统调试工作完成后，将系统和所有开发文档移交给该公司，由公司自行管理系统的运行。

(3) 由于财务管理部分数据处理复杂，对可靠性要求较高，开发费用也较高，拟采用购买财务软件(如金蝶、用友等流行的财务软件)的方法来实现。由开发人员完成财务软件与系统其他部分的数据交换程序的开发。档案管理也可以采用购买通用软件的方法来解决，可降低系统的开发费用，加快开发进度。

(4) 开发方法采用自顶向下的方法，先调查、分析，理顺所有的管理环节，然后再根据实际情况制订并实施新系统方案。

(5) 系统拟投入的人力。例如：开发人员 2 名，公司电信室人员 2 名，计算机管理人员参与系统的分析，调试阶段有 4~5 名操作人员参加。预计开发时间为 1.5 年，其中调查时间为 2 个月，系统分析与设计时间为 4 个月，编程时间为 3 个月，调试和试运行时间为 7 个月。

(6) 系统的软硬件设置。购买一台高性能微机或 PC 服务器作为文件服务器，将公司原有微机通过网络设备连接到文件服务器作为网络工作站，并根据需要增加部分无盘工作站。文件服务器的操作系统采用 Windows NT 服务器版；网络工作站操作系统采用 Windows 7。网络工作站由于用户较少，同时将文件服务器作为数据库服务器。系统开发工具拟采用 Inprise 公司的 Delphi 或 C++ Builder，这两种开发工具可视化程度高，数据库连接和操作方便，可快速完成系统的编程工作。

(7) 开发费用预算(略)。

可行性研究涉及系统初步开发计划的制订，需要对开发工作量做出初步的估计，可以使用软件工程学中的成本估算方法。

4.3　管理业务分析

开发和建立 MIS 的根本目的在于提高管理水平，严格地说，设计一个新的信息系统，应首先进行组织的重新设计，应当把建立新系统看成是对组织的一种有目的的改变过程。管理系统是信息系统的环境。所谓环境，指不包括在本系统中但又对本系统产生较大因素的集合。对于基于计算机的信息系统来说，其环境就是管理系统，它的输入来自环境，输出则交互环境。因此，对现行管理业务的分析十分重要，其中包括组织结构分析、管理功能分析和管理业务流程分析等。

4.3.1　组织结构分析

组织结构分析主要根据系统调查的结果，借助于组织结构图描述组织内部间的层次关系和隶属关系，并根据国内外的先进管理经验，对组织结构的合理性进行分析，找出存在的问题，提出调整、变革的意见。组织结构图是一种呈现的层次结构，在绘制组织结构图时，一定要全面、准确地反映各部门之间的关系。某公司管理系统的组织结构图如图 4-2 所示。

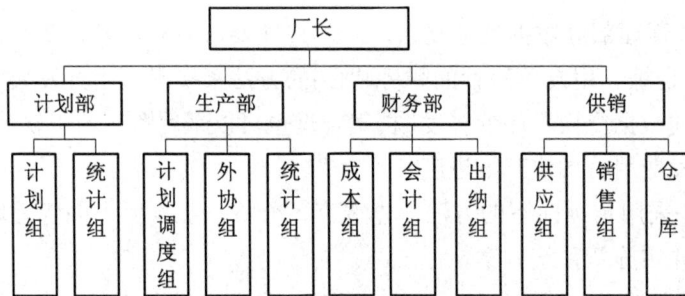

图 4-2　组织结构图

4.3.2　管理功能分析

为了实现系统的目标，系统必须具有各种功能。所谓功能，指的是完成某项工作的能力。每个信息系统都具有一定的功能，以组织结构图为背景，对调查资料进行整理，分析清楚各部门的功能后，分层次将其归纳、整理出以系统目标为核心的整个系统的树型功能结构图。如图 4-3 所示为某企业销售管理功能结构图。

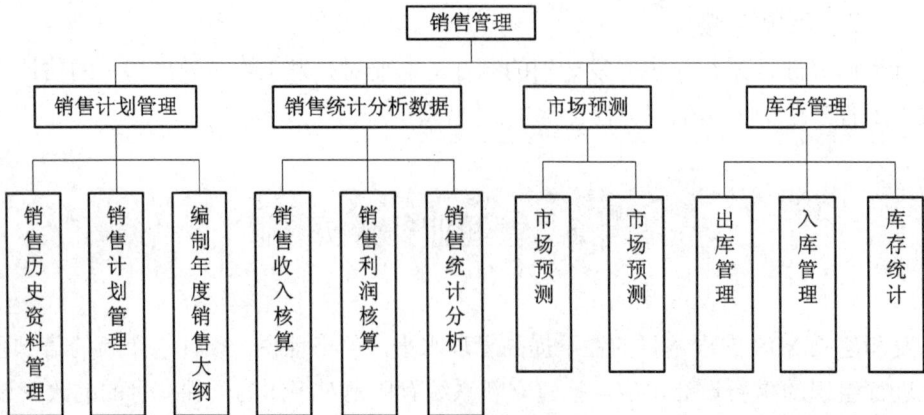

图 4-3　销售系统的管理功能结构图

组织结构图、功能结构图给出了信息处理工作主要集中在哪些部门以及这些部门的主要职能，下一步要弄清楚这些职能的具体实现以及在完成这些职能时信息处理工作的详细情况。

4.3.3 管理业务流程分析

对现行系统的详细调查中，通常会收集到大量的报表、单据、文件等资料。管理业务流程分析应顺着原系统信息流动过程逐步地进行，内容包括各环节的处理业务、信息来源、处理方法、计算方法、信息流经去向、提供信息的时间和形态(报告、单据、屏幕显示等)。流程是一组将输入转化为输出的相互联系或相互作用的活动，各个活动之间有着特定的流向，它包含着明确的起始活动和终止活动。

业务流程分析的目的是剖析现行系统的业务流程，分析不足之处，并经过调整、整合和优化后，构建目标系统的业务流程。它的主要任务是搞清楚系统中各环节的业务活动，掌握管理业务的内容、作用及信息的输入、输出，明确数据存储和信息处理方法及过程等，并用流程图描述出来。

业务流程图(Transition Flow Diagram，TFD)是一种描述管理系统内各单位、人员之间业务关系、作业顺序和管理信息流动的流程图，在功能确定的组织结构中，能够实现目标和决策的、相互连接的过程和活动的集合。它用一些规定的符号及连线表示某个具体业务的处理过程，它可以帮助分析人员找出业务流程中的不合理流向。业务流程图基本上按照业务的实际处理步骤和过程绘制，是一种用图形方式反映实际业务处理过程的"流水账"。在绘制业务流程图的过程中可以发现系统中存在的问题，分析并改正问题，对业务处理过程进行优化。

1. 业务流程图的基本符号

业务流程图的基本图形符号有四个，如图 4-4 所示。

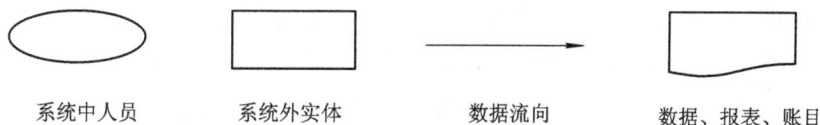

| 系统中人员 | 系统外实体 | 数据流向 | 数据、报表、账目 |

图 4-4　业务流程图的基本图形符号

2. 业务流程图的绘制

业务流程分析是在已经理出的业务功能基础上将其细化，利用系统调查的资料将业务处理过程中的每个步骤用一个完整的图形串起来。业务流程图正是根据系统调查表中所得到的资料和问卷调查的结果，按业务实际处理过程且用给定的符号将它们绘制在同一张图上。在绘制业务流程图的过程中发现问题，分析不足，优化业务处理过程，所以说绘制业务流程图是分析业务流程的重要步骤。业务流程图的绘制并无严格的规则，只需简明扼要地如实反映实际业务过程即可。

图 4-5 是某企业库存管理领料业务流程图，其显示的具体业务过程如下：车间填写领料单给仓库要求领料，仓库库长根据用料计划审批领料单，未批准的退回车间，已批准的领料单送到仓库保管员处，由他查阅库存账。若账上有货则通知车间前来领料，若缺货则通知采购人员。

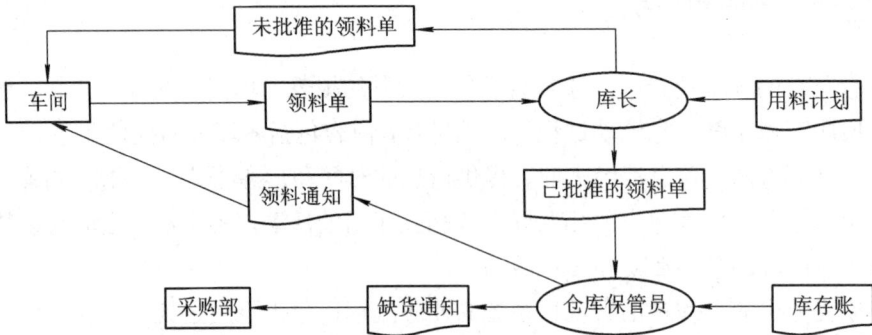

图 4-5　某企业领料业务流程图

4.4　用户需求分析

用户需求分析是在系统详细调查的基础上进行的。用户需求分析阶段的主要活动是对现有系统的业务流程及功能需求进行分析，结合当前情况分析存在的问题，与用户进行反复交流和探讨，弄清楚需要做出的改变和要达到的目的，明确满足用户需求的新系统的基本功能要求。

4.4.1　用户需求分析概述

用户需求分析的主要目标是分析确定新系统的用户需求。所谓用户需求主要是指新系统必须满足的所有功能要求和性能要求。其中，功能要求是最基本的要求，包括用户的数据要求和加工要求两方面，是用户完成各项工作任务的信息要求。

用户需求分析阶段的主要任务是在详细调查现行系统的基础上，对现行系统的管理目标、功能信息流程进行分析和研究，找出存在的问题，提出改进的意见。

用户需求分析阶段的主要活动包括：

(1) 分析研究现行系统的组织结构与管理功能，找出存在的问题，根据计算机管理的要求，提出改进意见；

(2) 分析研究现行系统的业务流程，优化业务流程中的不合理部分，确定新系统的业务流程；

(3) 分析研究现行系统的数据流程，发现数据处理流程中存在的问题，并研究会发生何种改变。

用户需求分析需要关注现行系统中需要改进的方面。改进的原因有很多，有的是因为业务工作中出现的新问题和新挑战，有的是为了满足组织面临的新机遇，有的是来自于组织或上级主管部门的要求，有的是为了满足组织长远发展的需要，有的是为了适应政策环境的变化等。因此，需要尽可能全面地分析清楚由各种原因而导致的问题，并做出合理的改变。

4.4.2　数据流程分析

数据流程是指数据在系统中产生、传输、加工处理、使用和存储的过程。在对业务流程进行分析后，数据流程的分析就是把数据在组织(或原系统)内部的流动情况抽象地独立出来，舍去了具体组织机构、信息载体、处理工作、物资、材料等，单从数据流动过程来考查实际业务的数据处理模式。数据流程分析主要包括对信息的流动、传递、处理、存储等的分析。

数据流程分析包括很多方面，为了得到完整的分析结果，可以从信息环境、信息系统目标、现行业务流程、数据逻辑、数据汇总以及数据特征等方面进行分析。

1. 数据流程图的概念

数据流程图(Data Flow Diagram，DFD)是一种能全面地描述信息系统逻辑模型的主要工具，它用少数几种符号综合地反映出信息在系统中的流动、处理和存储情况。

数据流程图能精确地在逻辑上描述系统的功能、输入、输出和数据存储等，而摆脱了其物理内容。

2. 数据流程图的特征

数据流程图既是对原系统进行分析和抽象的工具，也是用以描述新系统逻辑模型的主要工具，它与现状调查所用的工具相比较，有以下两个显著的特点：

(1) 抽象性。业务流程图只具体表示一项或几项业务的处理流程；而数据流程图完全舍去具体的组织机构、工作场所、人员、物质流，只剩下数据的存储、流动、处理、使用的情况，将系统的各种业务处理过程用数据联系起来，形成一个整体，从而能反映出系统内部错综复杂的联系。

(2) 概括性。它以现状调查的各种图表为依据，抽去图中组织机构、数据载体、处理工作等具体的物理内容及处理细节，只描述数据来源、流向、处理功能和数据流。这样可以摆脱原系统中一些实际问题对设计的限制，有利于设计出合理的系统结构。由于数据流程图简明、清晰，不涉及技术细节，容易让用户理解，因此数据流程图是系统分析人员与用户进行交流的有效工具，也是系统设计的主要依据。

3. 数据流程图的常用符号

在数据流程图中，采用如表 4-1 中所列的四种符号。

表 4-1　数据流程图中的基本图形符号

符　号	内　容	符　号	内　容
（外部实体符号）	外部实体表示系统以外与系统有联系的人或事物,用 S 标识	标识 功能描述	数据处理表示对数据的逻辑处理,即对数据的转换,用 P 标识
标识　文件名	数据存储表示数据存储的地点,即数据存储的逻辑描述,用 D 标识	→　数据流	数据流表示数据信息的传输方向,用 F 标识

1) **外部实体(数据源或终点)**

外部实体是指不受所描述的系统控制,独立于系统而存在的,但又和系统有联系的实体,它表示数据的来源和去向,它可以是某个人员、组织、某一信息系统或某种事物。系统开发不能改变这些外部实体本身的结构和固有属性。确定系统的外部实体,实际上就是明确系统与外部环境之间的界限,从而确定系统的范围。

外部实体的编号可写在左上角,在绘制数据流程图时,为了避免在数据流程图上出现线条交叉,同一外部实体可在不同位置多次出现,这时要在外部实体符号的右下方画小斜线,以表示重复,如图 4-6 所示。

图 4-6　重复的外部实体

2) **数据处理**

数据处理是对输入的数据进行加工、交换与输出数据流的逻辑处理过程。处理功能名称应是逻辑功能的简明表达,如编制供应计划、查询库存量、打印报表等。每个数据处理都应取一个名字表示它的含义,并规定一个编号用来标识该处理在层次分解中的位置。处理功能的编号,常写于其上方,并用分隔线与处理过程分隔开,名字中必须包含一个动词,例如"录入""查询""打印"等。

数据的转换方式有两种:一是改变数据的结构,例如将数组中各数据重新排序;二是产生新的数据,例如对原来的数据总计、求平均值等。

3) **数据存储**

数据存储是指逻辑上要求存储的数据的地点,不考虑具体数据的存储介质和技术手段。数据存储的编号常写在左边,并用分隔线与数据存储名称分开。同外部实体一样,为避免数据流线的交叉,允许在同一图中出现相同的数据存储,这时应在重复出现的数据存储左侧多加一条竖线,如图 4-7 所示。

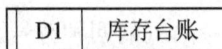

D1　库存台账

图 4-7　重复的数据存储

　　文件是存储数据的工具，从文件流入或流出数据流时，数据流方向是很重要的。如果是读文件，则数据流的方向应从文件流出，写文件时则相反；如果是又读又写，则数据流是双向的。在修改文件时，虽然必须首先读文件，但其本质是写文件，因此数据流应流向文件，而不是双向。例如图 4-8 中，检查合理性数据处理时，只从库存账目数据存储中读出库存信息与领料单核对，所以数据流从数据存储流出，箭头指向加工。

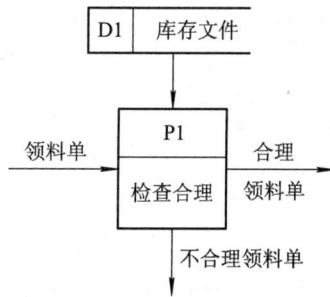

图 4-8　检查合理性数据处理

4) 数据流

　　数据流是指与所描述系统数据处理功能有关的各类数据的载体，是各处理功能输入和输出的数据集合。数据流用带有名字的具有箭头的线段表示，名字称为数据流名，表示流经的数据，箭头表示流向。有时还会出现双数据流，即用双箭头线表示的情况。数据流由一组确定的数据组成。例如"电子发票"数据流，它由品名、规格、单位、单价、数量等数据组成。数据流可以从加工流向加工，也可以从加工流进、流出文件，还可以从源点流向加工或从加工流向终点。如更新缴费情况数据，需要先读出原缴费情况数据，根据实际缴费、退费情况更新该数据后，再写入缴费情况数据中。这时数据经过读出和写入两个方向流动，其表示方法如图 4-9 所示。

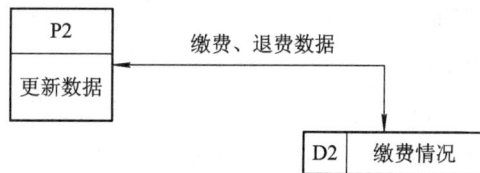

图 4-9　双向数据流

　　对数据流的表示有以下约定：

　　(1) 对流进或流出文件的数据流不需标注名字，因为文件本身就足以说明数据流；而别的数据流则必须标出名字，名字应能反映数据流的含义。

　　(2) 数据流不允许同名。

　　(3) 两个数据流在结构上相同是允许的，但必须体现人们对数据流的不同理解。

　　(4) 两个加工之间可以有几股不同的数据流，这是由于它们的用途不同，或它们之间没有联系，或它们的流动时间不同，如图 4-10(a)所示。

(5) 通常不允许数据双向流动。

(6) 数据流程图描述的是数据流而不是控制流。如图 4-10(b)中，"职工档案"只是为了激发加工"计算工资"，是一个控制流而不是数据流，所以应从图中删去。

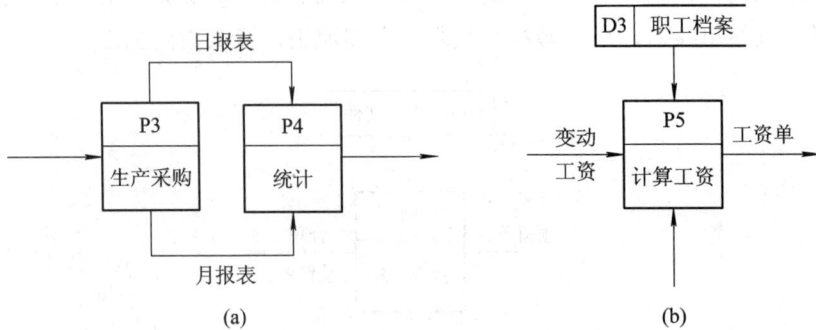

图 4-10　简单数据流程图举例

4. 绘制数据流程图的原则

绘制数据流程图一般遵循"由外向里"的原则，即先确定系统的边界或范围，再考虑系统的内部；先画数据处理的输入和输出，再画数据处理的内部。具体而言，绘制单张数据流程图应遵循以下原则：

(1) 一个数据处理的输出数据流不应与输入数据流同名，即使它们的组成成分相同。

(2) 保持数据守恒。一个数据处理中所有输出数据流中的数据必须能从该数据处理的输入数据流中直接获得，或者说是通过该数据处理产生的数据。

(3) 每个数据处理必须既有输入数据流，又有输出数据流。

(4) 所有的数据流必须以一个外部实体开始，并以一个外部实体结束。

(5) 外部实体之间不应该存在数据流。

5. 数据流程图的绘制步骤

(1) 确定系统的输入和输出。

这一步即确定系统的边界。在系统分析初期，系统的功能需求等还不是很明确，为了防止遗漏，先将范围定得大一些，把可能有的内容全部都包括进去。依据"系统从外界接受什么数据""系统向外界送出什么数据"等画出数据流程图的外围。

(2) 由外向里画系统的顶层数据流程图。

系统边界确定后，越过边界的数据流就是系统的输入或输出，将输入与输出用数据处理符号连接起来，并加上输入数据来源和输出数据去向，就形成了顶层图。

(3) 自顶向下逐层分解，绘出分层数据流程图。

一般将层号从 0 开始编号，采用自顶向下、由外向内的原则。画 0 层数据流程图时，分解顶层流程图的系统为若干子系统，决定每个子系统间的数据接口和活动关系，并用数据流将这些子系统连接起来形成本层数据流程图。依此类推，对上一层的系统进行分解形成下一层数据流程图，直到数据流程图中的系统无法再分解时停止。

6．顶层数据流程图

数据流程图的绘制，采取自顶向下逐步求精的方法，即先把整个系统当做一个处理功能来看待，画出最粗略的数据流程图；然后逐层向下分析，把粗略图再分解为详细的低层次的数据流程图。

1) 顶层数据流程图的一般形式

任何系统，无论多么复杂，顶层数据流程都可粗略地表达为一种形式，如图 4-11 所示。若系统中具有全系统共享的数据存储，可表示在顶层数据流程图中，部分处理功能共享的数据可在低层次数据流程图中表达。

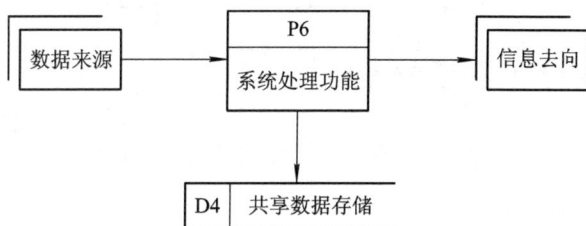

图 4-11　顶层数据流程图的一般形式

2) 顶层数据流程图的绘制

应先根据系统可行性分析确定的范围和目标、用户的需求，划定系统的界面。界面内的，作为具体分析的系统；界面外的、与系统有数据联系的部门和事物，则视为外部实体。例如，某公司财务管理的顶层数据流程分析如图 4-12 所示。

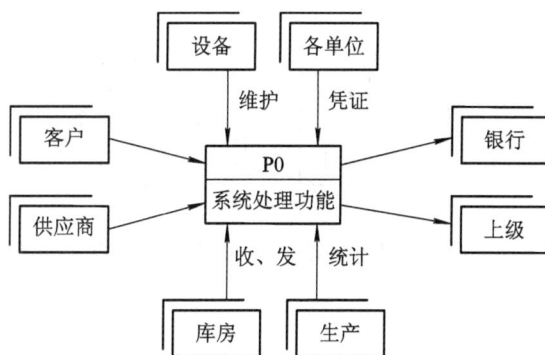

图 4-12　财务管理顶层数据流程图

7．低层次数据流程图

在顶层数据流程图的基础上，将处理功能(逻辑功能)逐步分解，可得到不同层次的数据流程图。用分层次的数据流程图来描述原系统，把系统看作一个统一的整体，进行综合的逻辑描述。首先要划定系统的边界，分析系统与外界的信息联系。上述公司财务管理的第二层数据流程分析如图 4-13 所示，第三层数据流程分析如图 4-14 所示。

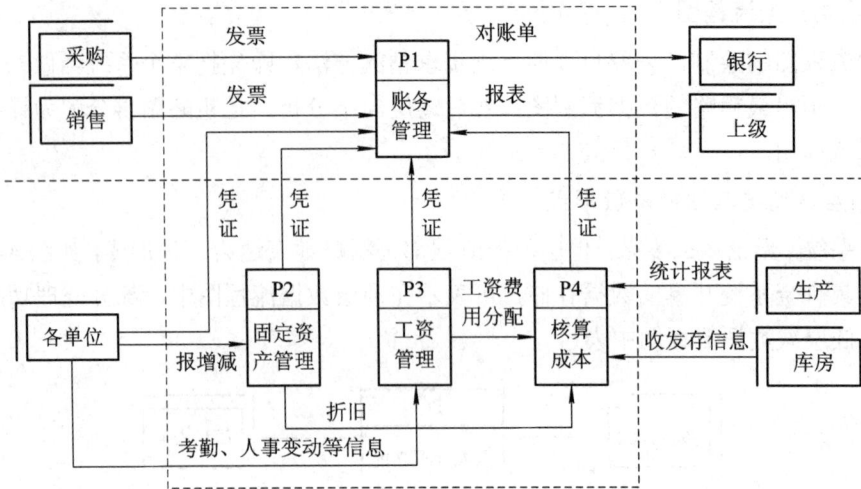

图 4-13　财务管理系统第二层数据流程图

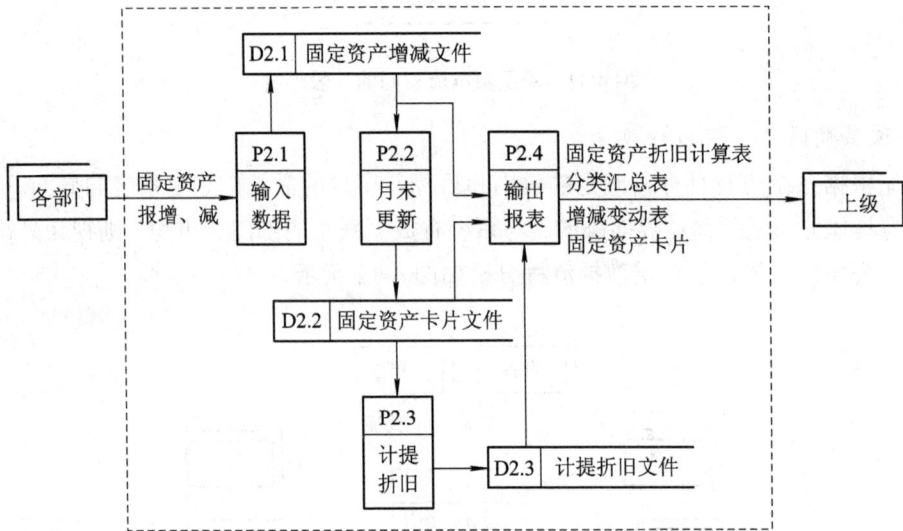

图 4-14　财务管理系统第三层数据流程图(固定资产管理)

8. 数据流程图的作用

(1) 系统分析员用这种工具自顶向下分析系统信息流程;

(2) 可在图上画出计算机处理的部分;

(3) 根据逻辑存储,进一步作数据分析,可向数据库设计过渡;

(4) 根据数据流向,定出存取方式;

(5) 对应一个处理过程,可用相应的程序语言来表达处理方法,向程序设计过渡。

数据流程图可通过基本符号直观地表示系统的数据流动、数据处理、数据存储等过程,但它不能表达每个数据和数据处理的具体、详细的含义,这些信息需要用"数据字典"和"数据处理逻辑说明"来描述。

4.4.3　数据调查

一个成功的系统从来不是人们凭空想象出来的。无论整个系统是购买、引进还是由开发过同类系统的人员开发出来，它都是凝结了管理者多年的管理经验和设计者艰辛劳动的产物。熟知用户企业的实际情况、业务状况、问题焦点，以及建立新系统的真正需求是什么等，始终是进行系统分析的关键环节。

1．数据调查的内容

数据调查主要包括以下内容：

(1) 收集原系统全部输入单据(如入库单、收据、凭证)、输出报表和数据存储介质(如账本、清单)的典型格式。

(2) 弄清各环节上的处理方法和计算方法。

(3) 在上述各种单据、报表、账本的典型样品上或用附页注明制作单位、报送单位、存放地点、发生频度(如每月制作几张)、发生的高峰时间及发生量等。

在上述各种单据、报表、账册的典型样品上注明各项数据的类型(数字、字符)、长度、取值范围(指最大值和最小值)。

2．数据的来源

信息系统所涉及的基础数据可以通过企业管理信息系统后台数据库直接获取，而电子商务网站其内部系统往往包括网站管理系统、产品采购管理系统、商品销售系统、客户服务管理系统、仓储管理、财务系统等。不论系统是否自己开发，一般来说公司都会拥有深度的管理权限，也有能力直接从数据库查询信息。例如，物流信息系统所涉及的数据可通过跨组织的管理模式调查获得，如图 4-15 所示。

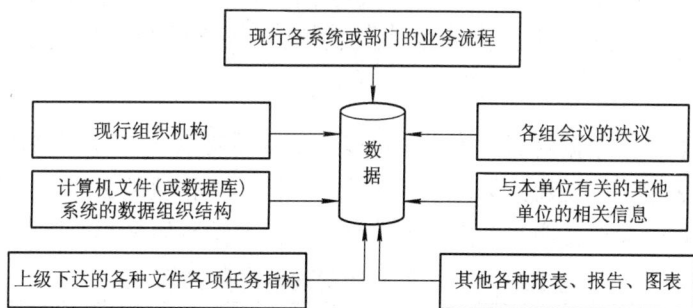

图 4-15　物流信息系统数据来源

4.4.4　**数据字典**

为了对数据流程图中的各个元素做出详细的说明，有必要建立数据字典。所谓数据字典是以特定格式记录下来的、对系统的数据流程图中各个基本要素(数据流、加工、存储和外部实体)的内容和特征所作的完整的定义和说明。其作用是对数据流程图上的每个成分给予定义和说明，目的是进行数据分析和归档，是数据库/数据文件设计的依据，同时也是对数据流程图的重要补充和说明。

数据字典的内容是对数据流程图中的数据项、数据结构、数据流、数据处理、数据存储和外部实体等六个方面进行具体的定义。数据流程图配以数据字典，就可以从图形和文字两个方面对系统的模型进行完整的描述。

1. 数据项

数据项也称数据元素，是具有独立逻辑含义的最小数据单位，也是不可再分的数据单位。数据字典中对其定义包括：数据项的名称、编号、数据类型，数据项的取值范围，数据项的长度。"基本工资"数据项的定义如表 4-2 所示。

表 4-2　数据项定义

数据项编号	I1003
数据项名称	基本工资
数据类型	数字
取值范围	200～9999
长度	7 字节

2. 数据结构

数据结构是由若干数据项构成的数据组合，它描述了某些数据项之间的关系。一个数据结构可以包括若干数据项或(和)数据结构(可以递归)。数据字典中对其定义包括：数据结构的名称、编号、数据结构的组成。"工资计算文件"数据结构的定义如表 4-3 所示。

表 4-3　数据结构定义

数据结构编号	IG3.3
数据结构名称	工资计算文件
数据结构的组成	职工号+姓名+基本工资+固定津贴+独生子女费+交通补贴+事假扣款+病假扣款+加班补贴+资金+应发工资+水电、房租费和其他扣款+实发工资

3. 数据流

数据流表明系统中数据的逻辑流向，可以是数据项或数据结构。数据字典中对其定义包括：数据流的名称、数据流的编号、数据流的来源、数据流的去向、数据流的组成、数据流量、高峰流量及简要说明等。固定资产管理信息数据流如表 4-4 所示。

表 4-4　固定资产管理信息数据流

系统名：　财务管理信息系统		编号：　　F02		
条目名：　固定资产报增、减		别名：		
来源：各单位		去处：P2.1		
数据流的组成：固定资产编号+固定资产类别+固定资产名称+部门+数量+备注				
数据流量：5 次/日		高峰流量：		
简要说明：				
修改记录：	记录人	李伟	日期	2018 年 12 月 30 日
	审核人	陈强	日期	2018 年 12 月 31 日

4. 数据处理

数据处理仅对数据流程图中最底层的处理逻辑加以说明。数据字典中对其定义包括数据处理的名称、数据处理编号、功能的简要说明、有关的输入和输出、处理过程、处理频率。固定资产报增减数据处理如表 4-5 所示。

表 4-5　固定资产报增减数据处理

系统名：　财务管理信息系统			编号：　　P2.1		
条目名：　输入固定资产增、减数据			别名：		
输入数据流：固定资产报增、减			输出数据流：处理过的数据 D2.1		
数据流的组成：固定资产报增、减数据录入，要求录入数据正确					
处理频率：5 次/日					
简要说明：根据本部门的实际状况，报增减的请求输入到固定资产增减文件，到月末更新固定资产卡片文件，以及输出报表提交至上级主管部门。					
修改记录：		记录人	李伟	日期	2018 年 12 月 30 日
		审核人	陈强	日期	2018 年 12 月 31 日

5. 数据存储

数据存储主要描述该数据存储的结构及有关的数据流、查询要求，是数据流动的暂停或永久保存的地方。数据字典中对其定义包括数据存储的编号、数据存储名称、主关键字、记录组成、相关联的处理、简要说明。固定资产增减数据存储如表 4-6 所示。

表 4-6　固定资产增减数据存储

系统名：　财务管理信息系统		编号：　　D2.1		
条目名：　固定资产增减文件		别名：		
存储组织： 每一条增减请求为一条记录	记录数： 约 500 条		主关键字： 记录 ID	
记录组成(项名)：记录 ID+固定资产编号+固定资产名称+处理要求+固定资产状况				
相关联的处理：P2.1，P2.2，P2.4				
简要说明：				
修改记录：		记录人	李伟	日期	2018 年 12 月 30 日
		审核人	陈强	日期	2018 年 12 月 31 日

6. 外部实体

外部实体是数据的来源和去向。在数据字典中主要说明外部实体产生的数据流和传给该外部实体的数据流，以及该外部实体的数量。数据字典中对其定义包括外部实体编号、外部实体名称、简述、输入的数据流、输出的数据流等。各部门外部实体如表 4-7 所示。

表 4-7　各部门外部实体

系统名：ㅤ财务管理信息系统		编号：ㅤ　D2.1		
条目名：ㅤ部门表		别名：		
输入数据流：		输出数据流：F02		
简要说明：各部门根据实际情况及时将固定资产的使用情况进行反馈。				
修改记录：	记录人	李伟	日期	2018 年 12 月 30 日
	审核人	陈强	日期	2018 年 12 月 31 日

4.5　描述处理逻辑的工具

数据流程图中比较简单的计算性的处理逻辑可以在数据字典中做出定义，但还有不少逻辑上比较复杂的处理，有必要运用一些描述逻辑功能的工具来加以说明。下面介绍能简单地描述逻辑功能的几种工具。

4.5.1　决策树

当某个动作的执行不是只依赖于一个条件，而是和若干个条件有关时，如果仍然用结构化语言表达，可能要使用多层判断语句，结构会较复杂，不能一目了然。在这种情况下使用决策树比较合适。决策树又称判断树，是用来表示逻辑判断问题的一种图形工具。它用"树"来表达不同条件下的不同处理，比用语言的方式更为直观。图 4-16 是决策树的一般形式，左边为决策结点，从左向右依次排列各种条件，左边的条件比右边的优先考虑。根据每个条件的取值不同，树可以产生很多分支，各分支的最右端即为不同的条件取值状态下采取的行动(也称策略)。

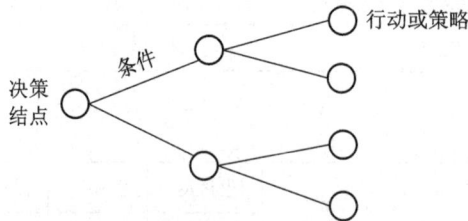

图 4-16　决策树的一般形式

例如，某公司对销售客户的折扣政策为：购货在 5 万元以上的顾客，如果最近 3 个月无欠款，则折扣率为 10%；虽然有欠款但与公司已经有 5 年以上的交易关系，则折扣率为 5%，否则折扣率为 2%；对于年购货在 5 万元以下的顾客，则没有折扣，其决策树如图 4-17 所示。

图 4-17　折扣政策决策树

通过分析得知：该折扣政策取决于三个条件：年购货额、支付信用和与公司业务往史，依据以上条件可采取四种不同的奖励政策，具体表示方法如图 4-18 所示。

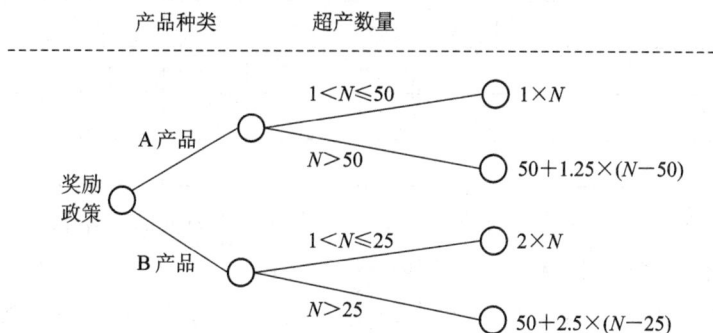

图 4-18　奖励政策决策树

决策树的优点是清晰和直观，明确在各种条件的不同取值状态下应当采取的行动；缺点是当条件多，而且互相组合时，不容易清楚地表达判断过程。

4.5.2　决策表

决策表也称判断表，也是一种表达逻辑判断的工具，它以表格的形式给出各种条件的全部组合以及在各种组合下应采取的行动。当条件的个数较多。每一条件的取值有若干个、相应的动作也很多的情况下，使用决策表比决策树更加有效和清晰。

决策表分成四大部分，左上角为条件说明，左下角为行动说明，右上角为各种条件的全部组合，右下角为各种条件组合下采取的行动。如表 4-8 所示。

表 4-8　决策表格式

条件说明	条件的组合
行动说明	采取的行动

决策条件和可能采取的组合有多个。如果有 N 个条件，每个条件可取两个值，条件组合就可能有 $2N$ 种，假如每个条件可取多个值，组合情况会更多。因此，实际使用时往往只列出主要的组合情况，而把其余情况作为"其他"统一处理。

当条件和行动的个数比较多，条件组合关系较复杂时，用决策表来反映判断过程，比用决策树表示要简单、明确。表 4-9 关于某公司折扣政策决策表中列举了三种不同条件组合下采取不同行动的实例。表中 Y 表示满足所列条件，N 表示不满足条件，√ 对应于采取的行动。

表 4-9　某公司折扣政策决策表

条件和行动 ＼ 各种条件组合	1	2	3	4	5	6	7	8
C1：购货额≥5 万	Y	Y	Y	Y	N	N	N	N
C2：最近 3 个月无拖欠	Y	Y	N	N	Y	Y	Y	Y
C3：与本公司交易≥5 年	Y	N	Y	N	Y	N	Y	Y
A1：折扣率 10%	√		√					
A2：折扣率 5%				√				
A3：折扣率 2%					√			
A4：无折扣					√	√	√	√

通过折扣决策表可以看出，当顾客的年购货额小于 5 万元时，不管其他两个条件是否成立，结果都是无折扣。也就是说，与其他两个条件无关。同理，第一列和第二列也可合并为一列。因此，为了简化管理，将部分组合进行合并，具体做法如表 4-10 所示。

表 4-10　优化折扣决策表

条件和行动 ＼ 各种条件组合	1	2	3	4
C1：交易额≥5 万	Y	Y	Y	N
C2：最近 3 个月无拖欠	Y	N	N	—
C3：与本公司交易≥5 年	—	Y	N	—
A1：折扣率 10%	√			
A2：折扣率 5%		√		
A3：折扣率 2%			√	
A4：无折扣				√

4.5.3　结构化设计语言

用语言叙述是描述一个逻辑判断过程的最自然的工具，但自然语言有不确切、不精炼之处。因此，在自然语言的基础上发展了一种规范化的结构化语言，它是由结构化程序设计思想启发而来的，是介于形式语言和自然语言之间的一种语言，主要作用是解决自然语言描述不准确的问题。结构化语言允许三种基本语句，即简单的祈使语句、判断语句、循环语句。在结构化语言中使用三类词汇，即祈使句中的动词、数据字典中定义的名词以及某些逻辑表达式中的保留字。

(1) 顺序结构中的祈使语句应包含一个动词及一个宾语，表示要进行的处理(包括输入、输出及运算等)，如"输入人事变动信息"、"输入考勤记录"、"计算工资"等。

(2) 判断结构有两种表示形式，可与决策树、决策表的表达方式相对应。

> If　条件 1
>
> ...
>
> Else
>
> ...
>
> End

图 4-17 的决策树可用结构化语言表达如下：

> 如果　年购货额≥5 万元
>
> 　　　如果　最近三个月欠款=0
>
> 　　　　　则　折扣=0.1
>
> 　　　　　否则　如果　与公司业务史≥5
>
> 　　　　　　　则　折扣=0.05
>
> 　　　　　　　否则　折扣=0.02
>
> 　否则　…

(3) 循环结构是指在条件成立时，重复执行某处理，直到条件不成立时为止，如：

> 在工资变动数据输入时，对每一个职工：
>
> 输入考勤数据
>
> 输入扣款数据

直至所有职工变动数据输入完为止。

4.6　系统分析报告

系统分析阶段的成果就是系统分析报告，系统分析报告是系统设计的依据，是与用户交流的工具，是应用软件的重要组成部分。系统分析报告形成后必须组织各方面的人员(包括领导、管理人员、专业技术人员等)一起对已形成的逻辑方案进行论证，尽可能地发现其中的问题、误解和疏漏。对于问题、疏漏要及时纠正，对于有争议的问题要重新核实原始调查资料或进一步地深入调查研究，对于重大的问题甚至可能需要调整或更正系统目标，重新进行系统分析。只有系统分析报告经过系统开发工作的领导部门审查批准后才能进行下一阶段的工作。

一份好的系统分析报告不但能够充分展示前一阶段调查的结果，而且还能全面地反映系统分析的结果——新系统的逻辑方案，这是非常重要的。

1. 系统分析报告的作用

系统分析报告的作用主要表现在以下两个方面：

(1) 系统分析报告是系统分析阶段的工作成果，它反映了这一阶段调查分析的全部情况。

(2) 经审议后的系统分析报告成为有约束力的指导性文件，成为用户与技术人员之间的技术合同，是系统设计阶段工作的前提和出发点，是进行系统设计的依据。

2. 系统分析报告的内容

作为系统分析阶段的技术文档，系统分析报告通常包括引言、项目概述、实施计划三个方面的内容。

1) 引言

(1) 目的：简述开发当前管理信息系统的目的、编写本系统分析报告的目的。

(2) 项目背景：如开发委托单位、承办单位、主管部分、系统现状等。

(3) 引用：列出本项目的相关上级批文、任务书，以及编写本说明书时的参考文件、标准、资料等参考文献。

(4) 术语：列出本说明书中的专业术语及解释。

2) 项目概述

(1) 项目的主要工作内容。简要说明本项目在系统分析阶段所进行的各项工作的主要内容。这些是建立新系统逻辑模型的必要条件，而逻辑模型是系统分析完成的核心工作(初步调查和可行性报告的内容可根据具体情况确定是否写入)。

(2) 组织情况简述。组织情况简述主要是对分析对象的基本情况作概括性的描述，包括如下内容：组织的结构(即组织结构图)；组织的目标、组织的工作过程和性质；业务功能(即组织结构与业务功能之间的关系表)；对外联系、组织与外部实体间的物质及信息交换关系，研制系统工作的背景等。

(3) 新系统目标和开发的可行性。

① 系统的目标，即系统拟采用什么样的开发战略和开发方法；

② 当前参与系统开发的人员情况(包括开发组成员、技术水平、经验及能力、分工等)；

③ 资金需求预算(包括计划投入总费用、投入费用分配情况等)；

④ 开发计划进度安排(包括总时间、阶段划分及各阶段工作内容等)；

⑤ 系统计划实现后各部分应该完成什么样的功能，某些指标预期达到什么样的程度，有哪些工作是原系统没有而计划在新系统中增补的等。

(4) 现行系统调查。新系统是在现行系统基础上建立起来的。设计新系统之前，必须对现行系统调查清楚，掌握现行系统的真实情况，了解用户的要求和问题所在。

基本调查内容包括现行系统的目标、主要功能、组织结构、用户需求、组织与外部实体之间的物质及信息交换关系、研制系统工作的背景等。详细调查的内容包括原系统信息处理情况、信息流动情况、各个主要环节对业务的处理量、总的数据存储量、处理速度要求、主要查询和处理方式、现有的各种技术手段等。以数据流程图和数据字典为主要工具，说明现行信息系统的概况，此部分所占的篇幅可能比较大，可以在报告中作为附件形式。但是由它们得出的一些主要结论，如主要的业务量、总的数据存储量和处理速度等，应列在报告正文中。

(5) 新系统的逻辑模型。通过对现行系统的分析，找出现行系统的主要问题所在，进行必要的改动，即得到新系统的逻辑模型。对这些变动所带来的结果和影响做出客观全面的介绍，既要指明这些变动将带来的收益，也要指明变动将对组织的哪些部分产生影响，对组织的工作方式及人员配置产生什么影响，为将来建立一套与新系统相配套的管理制度与运行体制做好准备工作。新系统逻辑方案是系统分析报告的主体，主要包括以下内容：

① 新系统拟定的业务流程及业务处理工作方式。提出明确的功能目标，并与现行系统进行比较分析，重点突出计算机处理的优越性。

② 新系统拟定的数据指标体系和分析优化后的数据流程，各个层次的数据流程图、数据字典和处理说明，以及计算机系统将完成的工作部分。

③ 出错处理要求。

④ 其他特性要求。例如系统的输入、输出格式，以及启动和退出等。

⑤ 遗留问题。根据目前条件，指出一些暂时不能满足的用户要求或设想，并提出今后解决的措施和途径。

3) 实施计划

(1) 工作任务的分解。根据调查和分析确定各子系统开发的先后次序，对开发中应完成的各项工作，按子系统(或功能模块)划分，指定专人分工负责。

(2) 进度。给出各项工作的预定开始日期和结束日期，规定任务完成的先后顺序及完成的界面，可用 PERT 图或甘特图表示进度。

(3) 预算。逐项列出本项目所需要的劳务及经费的预算情况，包括各项工作所需人力及办公费、差旅费、资料费等。

3．系统分析报告的审议

系统分析报告是系统分析阶段的技术文档，也是这一阶段的工作报告，是提交的一份工作文件。系统分析报告一旦审议通过，则成为有约束力的指导性文件，成为用户与技术人员之间的技术合同，成为下阶段系统设计的依据。因此，系统分析报告的编写很重要。它应简明扼要，抓住本质，反映系统的全貌和系统分析员的设想。它的优劣是系统分析人员水平和经验的体现，也是系统分析人员对任务和情况了解程度的体现。

对系统分析报告的审议是整个系统研制过程中的一个重要的里程碑。审议应由研制人员、企业领导、管理人员、局外系统分析专家共同进行。审议后，系统分析报告就成为系统研制人员与企业对该项目共同意志的体现，系统分析作为一个工作阶段，宣告结束。若有关人员在审议中对所提方案不满意，或者发现研制人员对系统的了解有比较重大的遗漏或误解，就需要驳回，重新进行详细调查和分析。审议时也有可能发现条件不具备、不成熟，导致项目中止或暂缓。一般来说，经过认真的可行性分析之后，不应该出现驳回情况，除非情况有重大变动。

上面提到的局外专家，指研制过类似系统而又与本企业无直接关系的人。他们一方面协助审查研制人员对系统的了解是否全面、准确，另一方面审查提出的方案，特别是对方案实施后会给企业的运行带来的影响做出估计，这种估计需要借助他们的经验。

◆◆◆ 本 章 小 结 ◆◆◆

系统分析的本质是通过对现有系统的描述和分析来回答未来系统"要做什么"的问题，按其内容可以分为目标分析、需求分析和功能分析，最后完成新系统逻辑方案的设计，形成系统分析报告。

新系统的开发往往来自于对原系统的不满，在系统开发之前，应根据组织的战略目标和用户要求，对原系统存在的问题进行识别，对要开发的系统进行可行性分析，明确系统开发的必要性和可行性，包括经济可行性、技术可行性、管理可行性和社会可行性，形成可行性分析报告。详细调查主要针对现行系统的管理业务和数据流程进行，以便完整掌握现行系统的现状，找出存在的问题和薄弱环节，产生数据流程图，为进一步的系统化分析作准备。运用决策树、决策表和结构化设计语言等工具能够描述处理逻辑功能。系统分析主要是在详细调查的基础上，找出不合理的业务流程和数据流程，进而提出新系统的逻辑模型。

◆◆◆ 复 习 思 考 题 ◆◆◆

一、选择题

1. 系统分析的首要任务是(　　)。
　　A. 尽量使用户接受分析人员的观点　　B. 正确评价当前系统
　　C. 彻底了解管理方法　　D. 弄清用户要求。

2. 系统分析报告的主要作用是(　　)。
　　A. 系统规划的依据　　B. 系统实施的依据
　　C. 系统设计的依据　　D. 系统评价的依据

3. 数据字典的建立是在(　　)。
　　A. 系统分析阶段　　B. 系统设计阶段
　　C. 系统实施阶段　　D. 系统规划阶段

4. 在生命周期法中，系统分析阶段主要解决的问题是(　　)。
　　A. 确定项目是否可行　　B. 确定系统"做什么"
　　C. 如何实现系统功能　　D. 验证系统的正确性

5. 可行性分析的内容包括(   )。

    A. 业务上的可行性、管理上的可行性、决策上的可行性

    B. 技术上的可行性、业务上的可行性、管理上的可行性

    C. 经济上的可行性、技术上的可行性、管理上的可行性

    D. 经济上的可行性、业务上的可行性、管理上的可行性

6. 对一个企业供、销、存管理信息系统而言, (   )是外部实体。

    A. 仓库   B. 计划科

    C. 供应科   D. 销售科

7. 数据流程图中的外部实体是指(   )。

    A. 本系统的单位或人员   B. 本系统外的单位或人员

    C. 输入的凭证单据   D. 输出的凭证单据

8. 绘制数据流程图指的是绘制(   )。

    A. 新系统的数据流程图

    B. 原系统的数据流程图

    C. 新系统和原系统的数据流程图

    D. 与计算机处理有关部分的数据流程图

9. 实际上, 系统分析的结果就是要给出系统的(   )。

    A. 物理设计   B. 总体设计

    C. 逻辑设计   D. 系统设计

10. 数据流的具体定义是(   )。

    A. 数据处理流程图的内容   B. 数据字典的内容

    C. 新系统边界分析的内容   D. 数据动态特性分析的内容

11. 决策表由(   )几方面内容组成。

    A. 条件、决策规则和应采取的行动   B. 决策问题、决策规则、判断方法

    C. 环境描述、判断方法、判断规则   D. 方案序号、判断规则、计算方法

12. 处理功能分析常用的方法有: 决策树、决策表和(   )。

    A. 结构化语言   B. 数据字典

    C. 数据功能格栅图   D. E-R 图

13. 系统结构化分析和设计的要点是(   )。

    A. 由顶向下   B. 由底向上

    C. 集中   D. 分散平等

14. 数据字典的内容不包括(   )。

    A. 数据流   B. 处理逻辑

    C. 数据管理机构   D. 数据存储

15. 下面的叙述(   )最准确地概括了结构化方法的核心思想。

A. 由分解到抽象　　　　　　　　B. 自顶向下，由细到粗，逐步抽象

C. 自下而上，由抽象到具体　　　D. 自顶向下，由粗到细，逐步求精

二、判断题

(　　) 1. 系统分析工作的基本任务是依照用户提出的具体要求，确定管理信息系统的系统目标；建立一个从成本效益上讲是可行的、合理的系统模型。

(　　) 2. 管理信息系统是一个"人机"合成系统，但计算机并不一定是管理信息系统的必要条件。

(　　) 3. 系统功能需求仅来源于用户需求。

(　　) 4. 系统分析报告是系统设计的基础。

(　　) 5. 作为一个分析员不但要具备技术知识，而且要熟悉企业的业务知识。

(　　) 6. 在数据流程图中，外部实体是数据的输入来源与输出去向。

(　　) 7. 系统分析报告是系统设计的基础。

(　　) 8. 信息系统对组织的影响巨大，而组织的变动却对信息系统毫无影响。

三、业务题

1. 某工厂成品库管理的业务过程如下：

成品库保管员按车间送来的入库单登记库存台账。发货时，发货员根据销售科送为的发货通知单将成品出库并发货，同时填写三份出库单，其中一份交给成品库保管员，由他按此出库单登记存台账，出库单的另外两联分别关销售科和会计科。试按以上业务过程画出业务流程图。

2. 请绘制供应科编制材料供应计划的数据流程图，处理过程如下：

(1) 计算生产材料用量。供应科根据生产科提供的生产计划和工艺科提供的材料消耗定额，计算出各种产品的材料需要量，经分类和合并后，得到生产材料用量表，这个表除保存自用外，还要复制送厂部

(2) 计算材料净需用量。根据生产材料用量和库存文件中材料期初库存和储备定额等数据计算材料净需用(采购)量表，并保存。

(3) 制订采购资金计划。根据材料净需用量表中需要采购的各种材料数量，及库存文件中各种材料的价格计算采购所需资金，形成采购资金计划，并送财务科。

3. 某货运站的收费标准：若收件地点在本省，则快件每公斤 6 元，慢件每公斤 4 元；若收件地点在外省，则在 25 公斤以内(包括 25 公斤)快件每公斤 8 元，慢件每公斤 6 元；如果超过 25 公斤时，快件每公斤 10 元，慢件每公斤 8 元。试绘制确定收费标准的决策树。

4. 移动通信公司为促进业务的发展发行各种优惠卡，其中包括金卡、银卡和普通卡三种，用户可以依据其信用度享受不同额度的透支。其中金卡、银卡和普通卡允许透支的额度分别为 1000 元、500 元和 100 元。发生的规则如下：从未发生过话费拖欠，且每月通话费在 300 元(含)以上者可获金卡，每月通话费在 150 元(含)以上者可获银卡，低于 150 元者可获普通卡；发生过话费拖欠，能在规定时间内补清欠款，每月通话费在 300 元(含)以上

者可获银卡，每月通话费在 150 元(含)以上者可获普通卡；发生过话费拖欠，并未能在规定时间内补清欠款，无论每月话费多少均不能获得优惠卡。请根据以上描述决策的逻辑关系绘制出决策树。

四、思考题

樱桃真的少了吗？

Ben & Jerry's 公司位于美国佛蒙特旅店的沃特伯里，每天生产的冰淇淋和冰冻酸奶酪，运往美国和其他十多个国家数万个食品杂货店里。每一品种产品信息都会先被输入到 Oracle 数据库中，然后被小心翼翼地予以追踪。在仔细组织信息的基础上，Ben & Jerry's 使用由 Business Objects 公司提供的复杂的数据挖掘工具。

例如，销售人员能够很容易地通过监视销售情况来判定公司的销量冠军产品 Cherry Garcia 牌冰淇淋。负责消费者事务的部门甚至能将每星期内收到的几百个电话和电子邮件同精确的冰淇淋品脱数量相互关联。如果投诉集中在某一特定批次上，负责消费者事务的部门就能通过深入挖掘找到为对应产品提供诸如牛奶或鸡蛋等配料的供应商。

在一个特别的实例中，Ben & Jerry's 公司收到了大量的投诉，投诉其产品 Cherry Garcia 牌冰淇淋中的樱桃含量不足。投诉来自于世界各地，说明这不是某一个地区的问题。公司通过使用 Business Objects 的商务智能工具持续挖掘，判定生产流程及配料使用是符合要求的，没有异常之处。

最后问题找到了，是由于装 Cherry Garcia 牌冰淇淋的盒子上贴的是冰冻酸奶酪的图片，而冰冻酸奶酪的樱桃含量要高于冰淇淋。于是简单地更换了包装盒上图片就解决了问题。

Ben & Jerry's 公司运用数据库技术，组织、储存并处理大量的事务信息。事务信息记录了公司每件事务的细节，例如产品采购、员工雇佣、货物收据等，这对一个公司极其重要。

由此，大多数公司借助数据挖掘工具(和数据仓库)传递筛选事务信息以及需求，强大的信息能协助企业进行有效的决策。

问题：

(1) 一个典型的杂货店需要收集和保存哪些详细的事务信息？

(2) 你需要哪种类型的个人事务信息？做何用途？如何管理这些信息？

第5章

管理信息系统的设计

内容提要 ✍

1. 理解系统设计的任务；
2. 掌握系统设计的原则；
3. 了解结构化设计的基本思想；
4. 掌握模块内聚和模块耦合的概念以及各等级的特点；
5. 掌握代码的种类；
6. 掌握概念结构设计和应用；
7. 熟悉数据库设计的全过程。

本章关键词 📖

系统设计(System Design)

模块化(Module)

数据库设计(DataBase Design)

逻辑结构(Logical Structure)

关系模型(Relational Model)

物理结构(Physical Structure)

在管理信息系统的开发中，系统分析给出了新系统的逻辑方案，定义了系统"做什么"的问题。而系统设计则要在此基础上按逻辑模型的要求，设计出系统的物理方案，即解决"怎么做"的问题。

5.1　系统设计概述

5.1.1　系统设计的任务

系统设计也称为系统的逻辑设计，是指在一定的投资范围内设计出能承担确定的功能、满足环境及其他约束条件的性能最好的物理系统。它的目的是将系统分析中所确定的新系统需求说明，运用信息技术的观点重新进行定义，并转换为实体的管理信息系统描述，进而为系统实施阶段准备好实施方案和必要的技术资料。系统分析与系统设计的过程如图 5-1所示。

图 5-1　系统分析与系统设计的过程

在系统设计阶段，主要任务是在前一阶段系统分析的基础上，进一步明确新系统如何满足管理系统的要求。系统设计要考虑系统的灵活性、可行性、经济性。

各种技术和实施方法中权衡利弊，精心设计，合理使用各种资源，最终勾画出新系统的详细设计方案。具体而言，系统设计的任务主要包括以下几个方面：

(1) 功能结构设计：将整个系统划分为具有独立性的模块，以便于系统实施阶段的程序设计。

(2) 物理配置方案设计：构建一个信息系统实现的物理平台。

(3) 代码设计：是实现计算机管理的一个前提条件，制定人和机器的共同语言，使系统通过代码完成鉴别、分类和排序等功能。

(4) 数据库设计：将现实问题转化为计算机世界的问题，为系统实施提供具体依据。

系统设计结束时，要完成系统设计报告，通过此报告进一步为系统实施人员提供完整、清晰的文档依据，以保证系统实施的顺利进行。

5.1.2　系统设计的原则

系统设计的优劣直接影响新系统的质量及经济效益。系统设计应在保证实现逻辑模型的基础上，尽可能地提高系统的各项性能，系统设计应遵循以下几项原则：

(1) 系统性原则。系统是作为一个整体而存在的。因此，在系统设计中要从整个系统的角度进行考虑，系统的代码要统一，设计规范要标准，传递语言要尽可能一致，对系统的数据采集要做到数出一处、全局共享，使一次输入得到多次利用，实现数据或信息的全局共享。重要的是要制定相应的设计规范，指导和规范设计的全过程。

(2) 独立性原则。子系统的划分必须使得子系统内部功能、信息等各方面的凝聚性较好，每个子系统或模块相对独立，尽量减少各种不必要的数据调用和控制联系，采用模块化结构，提高数据、程序模块的独立性，使各子系统间的数据依赖性减到最低限度。子系统之间的联系尽量减少，联系较多的部分列入子系统内部，将来调试、维护和运行都是非常方便的。

(3) 可靠性。系统的可靠性是指系统抵御外界干扰的能力及受外界干扰时的恢复能力。一个成功的管理信息系统必须具有较高的可靠性，在错误干扰下不会发生崩溃性瘫痪，具备检错、纠错能力，称量系统可靠性指标有系统的平均无故障时间、平均维护时间。平均无故障时间是指前后两次发生故障的平均时间，反映了系统安全运行时间。平均维护时间是指发生故障后平均所用的修复时间，反映系统可维护性的好坏。

(4) 用户友好性。用户友好性是指系统操作使用方便、灵活、简单，具有容易被用户接受和使用的能力，用户友好表现在：各种凭证、单据输入层次清晰、方便；用户界面风格一致，并提供多种灵活的选择方式；用户能得到系统提供的有关程序功能、输入方式、运行姿态及出错的多种提示和帮助。

5.2　系统总体结构设计

系统总体结构设计是在系统分析的基础上，结合组织的实际情况，对新系统的结构形式进行的设计。结构化系统设计技术是在结构化程序设计思想的基础上发展起来的一种用于复杂系统结构设计的技术。结构化系统设计的基本思想是采用分解的方法，将系统设计成由相对独立、功能单一的模块组成的结构，它是以系统的逻辑功能和数据流关系为基础，根据数据流程图和数据字典，借助于一套标准的设计准则和图表工具，通过"自上而下"和"自下而上"的反复，把系统逐层划分为多个大小适当、功能明确、具有一定独立性且容易实现的模块，从而把复杂系统的设计转变为多个简单模块的设计，使系统开发的复杂度降低。由于组成系统的模块彼此独立，功能明确。因此，能够对模块进行单独维护和修改，而不会影响系统中的其他模块。由此可见，合理地进行模块分解和定义，是结构化设计的主要内容。它运用一套标准的设计准则和工具，采用模块化方法，进行新系统控制层次关系和模块分解设计。结构化系统设计的核心是模块分解设计，模块化显著提高了系统的可修改性和可维护性，同时，为系统设计工作的有效组织和控制提供了方便条件。

5.2.1　子系统的划分原则

为了便于今后系统开发和系统运行，系统的划分应遵循如下几点原则：

(1) 子系统要具有相对独立性。子系统的划分必须使得子系统内部功能、信息等各方面的凝聚性较好。在实际中我们都希望每个子系统或模块相对独立，尽量减少各种不必要的数据调用和控制联系，并将联系比较密切、功能近似的模块相对集中，这样对于以后的搜索、查询、调试和调用都比较方便。

(2) 要使子系统之间数据的依赖性尽量小。子系统之间的联系要尽量减少，接口要简单、明确。一个内部联系强的子系统对外部的联系必然很少，所以划分时应将联系较多者列入子系统内部。相对集中的部分均已划入各个子系统的内部，剩余的一些分散、跨度比较大的联系，就成为这些子系统之间的联系和接口。这样划分的子系统，将来调试、维护和运行都是非常方便的。

(3) 子系统划分的结果应使数据冗余较小。如果忽视这个问题，则可能会使相关的功能数据分布到各个不同的子系统中，大量的原始数据需要调用，大量的中间结果需要保存和传递，大量计算工作将要重复进行。从而使得程序结构紊乱，数据冗余，不但给软件编制工作带来很大的困难，而且系统的工作效率也会大大降低。

(4) 子系统的设置应考虑今后管理发展的需要。子系统的设置仅依靠系统分析的结果是不够的，因为现存的系统由于这样或那样的原因，很可能没有考虑到一些高层次管理决策的要求。

(5) 子系统的划分应便于系统分阶段实现。信息系统的开发是一项庞大的工程，它的实现一般都要分期分步进行，所以子系统的划分应能适应这种分期分步的实施。另外，子系统的划分还必须兼顾组织机构的要求(但又不能完全依赖于组织，因为目前情况下我国在进行体制改革，组织结构相对来说是不稳定的)，以便系统实施后能够符合现有的情况和人们的习惯，更好地运行。

(6) 子系统的划分应考虑到各类资源的充分利用。各类资源的合理利用也是系统划分时应该注意到的。一个恰当的系统划分应该既考虑有利于各种设备资源在开发过程中的搭配使用，又考虑到各类信息资源的合理分布和充分使用，以减少系统对网络资源的过分依赖，减少输入、输出、通信等设备压力。

5.2.2　系统功能结构设计

从设计任务的角度看，系统功能结构设计属于系统的总体结构设计范畴。主要任务是根据系统的总体目标和功能，将整个系统划分为具有独立性的子系统和模块。正确处理模块之间的调用关系，合理安排模块内功能结构设计的问题，是模块结构的关键。

1. 模块

把一个系统分解成若干彼此独立，且又具有一定联系，能够完成某个特定任务的组成部分，这些组成部分就称为功能模块，简称模块。

一个模块的规模可大可小。它可以是一个程序，也可以是程序中的一个程序段或一个函数、过程或子程序。模块一般具有输入与输出、逻辑功能、程序代码和内部数据四个要素。前两个要素是模块的外部特性，后两个要素是模块的内部特性。

(1) 输入与输出。模块的输入来源和输出的去向都是同一个调用者，即一个模块从调用者处取得，进行加工后再把输出返回调用者。

(2) 逻辑功能。逻辑功能指模块把输入转换成输出所做的工作。

(3) 程序代码。程序代码指用来实现模块功能的程序。

(4) 内部数据。内部数据指仅供该模块本身引用的数据。

自顶向下模块化程序设计中模块设计应遵循"高内聚，低耦合"的原则，并做到三点：

一是独立性，系统中各模块须尽可能互相独立，减少信息交叉，以便于对每个模块进行独立开发；二是简洁性，系统中的底层模块只需完成一项独立的功能；三是共享处理，可以供多个模块引用的共享模块，须集中放置在一个高层模块中，供各模块引用。

2. 模块化结构

模块化结构方法是将系统分成若干个模块，每个模块完成一个特定的功能。这种结构不一定是树型的，每个模块应尽可能相对独立于其他模块。在模块化结构中，每个模块之间的关联是无序的。这些模块汇集起来组成一个整体(即系统或子系统)，用于完成指定功能。

在结构化设计中，往往采用层次结构和模块化结构相结合的方式，将系统分成若干层次，并定义每个层次的功能和层次间的信息关系，然后再使用"自顶向下"的设计方法划分成相对独立的模块。这样，经过层层分解，可以把一个复杂的系统分解成多个规模较小、功能单一、易于建立和修改的功能模块。每一个模块都有自己的输入、处理过程和输出结果。低层模块可以被高层模块调用，可以按照从上到下的顺序访问各模块。模块化结构示意图见图 5-2。

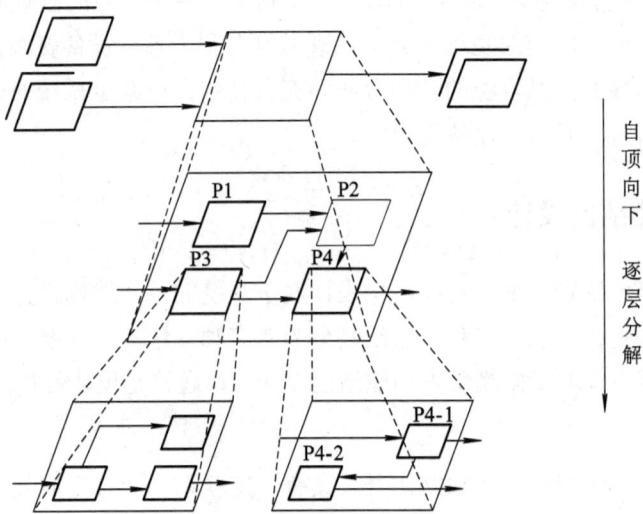

图 5-2　模块化结构示意图

系统功能模块结构设计是要根据系统分析的调查分析和新系统逻辑功能要求，以及组织的实际情况来对新系统的总体功能模块结构进行设计。

为了保证管理信息系统与企业功能组织结构之间的相对独立性，子系统(模块)的划分是从信息的角度来划分的。管理信息系统的各子系统可以看作系统目标下层的功能。系统功能分解过程就是一个由抽象到具体、由复杂到简单的过程。所谓功能结构图，就是按功能从属关系画成的图表，图 5-3 就表示协同数据发布系统的总体功能结构图，图中每一个方框称为一个功能模块，所以功能结构图也称模块结构图。功能模块可以根据具体情况划分得大一点或小一点。分解得最小的功能模块可以是一个程序中的一个处理过程，而较大的功能模块则可能是完成某一任务的一组程序。

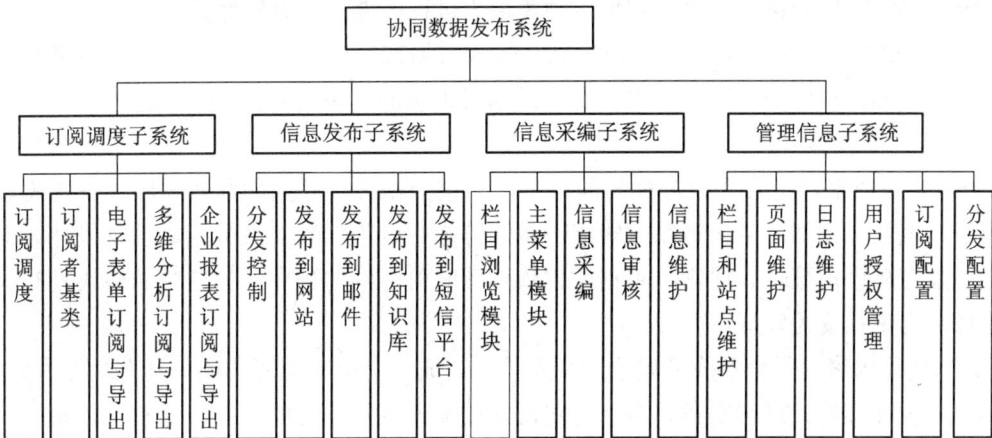

图 5-3　协同数据发布系统的总体功能结构图

总体结构设计主要是划分管理信息系统的子系统(模块)。常用的子系统划分与当前的功能部门对应。有一个独立的功能管理部门，就有一个管理信息子系统。当管理部门的组织机构或职责范围调整时，会导致该管理信息子系统需重新设计。

3. 模块分解设计的基本原则

系统结构设计和程序结构设计，最终都一定归结为模块的分解和设计。简单地说，模块的分解设计包括内部设计和外部设计，即定义模块内部逻辑构成和设计模块间的相互连接关系。因此，模块分解和设计的合理性直接决定了系统质量。那么，模块分解的独立性和设计的合理性可以通过模块内聚和模块耦合的概念来阐述。

1) 模块内聚

模块内聚是衡量一个模块内部各组成部分间整体统一性的指标，描述了一个模块功能专一性的程序。根据模块的内部构成情况，内聚可以划分为以下七个等级：

(1) 偶然内聚。完成几个关系比较松散的任务的模块具有偶然内聚性。例如，为了节省空间，将几个模块中共同的语句抽出来放在一起组成一个模块，该模块就具有偶然内聚性。在这种模块中，由于各成分之间没有实质性的联系，所以很难理解、测试、修改和维护。这种模块的内聚程度最低。

(2) 逻辑内聚。完成几个在逻辑上相互有关的任务的模块具有逻辑内聚性。例如，专门负责输出出错信息、用户账单、统计报表等各类数据的模块具有逻辑内聚性。这种模块不易修改，因为各项任务共用部分程序成分，修改其中的一项任务的完成过程将会影响其他任务的完成。对逻辑内聚模块的调用，常常需要有一个功能控制开关，其内聚程度较差。

(3) 时间内聚。完成几个必须在同一时间内进行的任务的模块具有时间内聚性。例如，负责紧急事故处理的模块，必须在同一时间内完成关闭文件、接通警铃、发出出错信息、保护各检测点的数据和进入故障处理程序等项任务，内聚程度为中等偏下。

(4) 过程内聚。如果一个模块内部的各个组成部分的处理不相同，但他们受同一控制流支配，决定它们的执行次序，则称这种模块为过程内聚，内聚程度为中等。

(5) 数据内聚。所有各成分都使用同一输入数据或产生同一输出数据的模块具有信息内聚性。例如，利用同一数据生成各种不同形式报表的模块具有信息内聚性，内聚程度为中上。

(6) 顺序内聚。所有各成分都与同一个功能紧密相关、并且必须按顺序执行的模块具有顺序内聚性。例如，由构造系数矩阵、求矩阵逆、解未知数等成分构成的求线性方程解的模块具有顺序内聚性。通常，根据数据流程图映射得到的程序结构图中的模块具有这种内聚性，内聚程度为较好。

(7) 功能内聚。所有各成分属于一个整体、完成一个单一功能的模块具有功能内聚性。例如，读凭证文件、打印发货单等，它对确定的输入进行一定的处理，输出可以预期的结果。这是一种最理想的内聚方式，独立性最强。

内聚程度的高低标志着模块构成的质量，从而直接影响了系统设计的质量。在模块分解设计中，为了达到较高的模块质量，总是尽量使其内聚程度较高，其中以功能内聚最为理想。

2) 模块耦合

模块耦合，是衡量一个模块与其他模块在连接形式和接口复杂性方面相互作用关系的指标，标志着系统结构设计的质量。模块耦合程度的高低直接影响了系统可修改性和可维护性。在一般情况下，耦合程度，说明系统各组成模块间联系越简单，则每个模块的独立性就越强，就越容易独立地进行设计、修改和维护。可以把模块耦合划分为以下三种类型：

(1) 数据耦合。如果一个模块访问另一个模块，相互传递的信息以参数形式给出，并且传递的参数完全是数据元素，而不是控制元素，这种关系称为数据耦合。系统中至少必须存在这种耦合，因为只有当某些模块的输出数据作为另一些模块的输入数据时，系统才能完成有价值的功能。

(2) 控制耦合。如果一个模块把控制数据传递到另一模块，对其功能进行控制，即为控制耦合。由于较多的控制标志影响了模块的独立性，使系统维护工作更加复杂。所以，在系统设计中，应该避免或减少控制耦合。

(3) 内容耦合。当某个模块直接使用保存在另一模块内部的数据或控制信息，或转入另一模块时引起的耦合称为内容耦合。这种关系使得模块间的联系过分紧密，常常给后期的开发和维护工作带来不利的影响。

耦合是影响软件复杂程度的一个重要因素，在软件设计过程中，应尽量使用数据耦合，少用控制耦合，完全不用内容耦合。

内聚是从功能角度来度量模块内的联系，耦合是软件结构中各模块之间相互连接的一种度量，耦合强弱取决于模块间接口的复杂程度、进入或访问一个模块的点以及通过接口的数据。软件设计中经常使用耦合度和内聚度来衡量模块独立的标准。内聚和耦合是软件工程中的概念，是判断设计好坏的标准，主要是面向对象的设计，只有"高内聚低耦合"才是最优的设计。

5.2.3　设备和网络的配置

在确定了系统的划分后，就可以考虑各子系统的设备(主要是计算机和网络设备)配置问题，以及如何将这些分布的设备和任务、功能、数据资源等集中统一管理。换句话说，就是到了应该考虑计算机系统结构和配置的时候了。

下面讨论在确定网络和设备配置时应考虑的问题和选择的指标。

1．设备选配的依据

确定网络和计算机设备配置的原则最重要的有两点：一是应完全根据系统调查和系统分析的结果来考虑硬件配置和系统结构，即管理业务的需要决定系统的设备配置；二是要考虑到实现上的可能性和技术上的可靠性，这是设计方案是否可靠的基础，也就是说根据实际管理业务和办公室地理位置来考虑配置设备。这是新系统考虑硬件结构的基本出发点。一般来说确定设备配置应考虑的有如下几点：

(1) 根据实际业务需要考虑这个管理岗位是否要专配计算机设备(如打印机等)。

(2) 根据实际业务要求确定计算机及外部设备的性能指标，如速度、性能、功能、价格等。

(3) 根据办公室物理位置分布和有无联机数据通信的要求，决定是否需要与网络连接以及连接的方式。

(4) 根据调查估算的数据容量确定网络服务器或主机存储器的最低下限容量。一般将实际调查估算数据总容量的 3～5 倍作为网络服务器或主机存储器下限配置容量，而以数据分析中对通信频度的估算作为确定网络传输介质的最起码指标。

(5) 根据实际业务要求和用户对软件工具的掌握程度确定新系统拟采用的软件工具。

2．网络选择的指标

购买网络时需选择的指标有多项，而选取这些指标的依据只能是实际管理业务的需求和开发者对这项技术掌握的熟练程度。下面简单地列出其主要指标项。

模拟网络最大的好处是方便、便宜、快捷。数字网络是指直接传送数据信号的网络，它一般都是系统管理程序和分布式数据库管理系统，使用方便，可靠性高，缺点是价格与安装工程量较前者都略大一些。如选用数字网络，还需考虑如下问题：

(1) 网络的基本属性指标。网络的基本属性指标一般有三个方面，即按网络传输数据所用的频带、传输的范围、使用的范围来分。

① 网络所使用的数据通信频带，一般有基带网和宽带网两种。大部分用于传递文本数据的总线型微机局域网络都是基带型(传输介质采用双绞线、同轴电缆等)。如果是考虑多媒体信息传输或是其他用途，则应考虑是否选用宽带网(节点之间用同轴电缆或光纤连接，可以通过多个传输频道，同时传送数据、语音以及视频信号，频道之间用频率区分)。

② 网络的传输范围，一般有局域网和广域网两种。对于组织内部的信息系统而言，只要考虑本系统选用的局域网，以及如何通过广域网与其他系统相连的方式即可。

③ 网络用途，一般有专用网和公共网两种。

(2) 传输介质和速率指标。网络数据的传递速度一般是由传输介质所决定的。目前所使用的网络传输介质大致有同轴电缆、光纤和双绞线三种。

(3) 网络的拓扑结构。

(4) 网络协议。

(5) 网络管理软件。网络管理软件是决定网络功能好坏的关键，一般网络管理软件包括分布式数据库系统、网络运行管理系统、文件管理系统、网络协议以及网络安全保密系统等。

(6) 网络的访问规则。网络的访问规则是指网络控制器如何询问网络上各工作站或节点有无通信请求的一种形式。

(7) 通信方式。通信方式是指网络内数据的传输方式，通信方式一般有广播方式、点对点方式和通过服务器进行数据交流三种。

(8) 网络配件指标。网络配件指标包括接口、Modem、中继器、网桥、网关、集线器和路由器等几方面。

3. 设备选择的指标

在满足实际业务需要的前提下，只要资金许可，应购置技术上成熟的、性能好的和价格较高的计算机系统。一般根据如下几个方面来评定：

(1) 技术上是否可靠；

(2) 维修是否很方便；

(3) 新老系统能否兼容，本系统外系统能否兼容；

(4) 非标准的系列不宜选取；

(5) 性价比越高越好；

(6) 使用是否方便；

(7) 可扩充性，今后扩充系统或升级是否方便；

(8) 对工作环境的要求(如温度、湿度、防尘度等)是否很高。

5.3 系统详细设计

在总体结构设计的基础上，详细设计的任务是要比较详细地设计每个模块的工作过程，进行过程设计。它的目标是为系统程序员提供详细的资料，使他们利用这些资料能设计出符合要求的程序。详细设计主要包括代码设计、数据库设计、输出和输入设计等。

5.3.1　代码设计

日常生活中，人们会接触到各种各样的代码，如邮政编码、电话号码、身份证号、学号等。代码是代表事物名称、属性、状态等的符号，为了便于计算机对信息的处理，一般用数字、字母或它们的组合来表示。通过代码，有利于建立统一的管理信息语言，可以提高通用化水平，实现信息资源共享，有利于节约人力、加快处理速度及检索效率等。代码设计是实现信息管理的一个前提条件，其主要任务就是要提供信息系统所需使用的代码标准。

1. 代码的功能

(1) 帮助对数据进行鉴别和使用。从现实世界到机器处理，需要将原来不能准确描述的信息，唯一地加以标识，例如在人事档案管理中，员工的姓名是难以避免重名的，代码是鉴别编码对象的唯一标志，便于数据的存储。

(2) 便于数据管理，提高工作效率。按编码对象的属性或特征(如工艺、材料、用途等)以及按编码对象发现(或产生)的时间、所占有的空间等规则编制的代码能够显示数据的分类、检索和统计，从而提高系统的处理效率。

(3) 提高数据的全局一致性。客观事物可能存在一物多名或者多物一名的现象，以客观事物的名称标记客观事物，容易引起数据的二义性，可以利用有效合理的代码对数据进行统一管理，系统所用代码应尽量标准化，有利于提高系统的整体统一性。一般企业所用大部分编码都有国家或行业标准，另外一些需要企业自行编码的内容，都应该参照其他模块化分类和编码的形式来进行。

代码设计在系统分析阶段就应该开始。由于代码的编制需要仔细调查和多方协调，是一项很费事的工作，需要经过一段时间，在系统设计阶段才能最后确定。

2. 代码的种类

代码设计就是确定代码的种类和结构。代码的种类很多，目前常用的编码归纳起来有如下几种形式。下面结合图书销售公司库存管理系统的代码设计举例说明。

(1) 顺序码。顺序码，是一种用连续数字代表项目名的编码，通常从 1 开始。代码短而简单，记录定位方法简单，易管理，但没有逻辑基础，本身不能说明任何信息的特征，新增加的代码只能列在最后，删除则造成空码。适用于项目比较少、项目内容长且时间不变动的编码。例如，在图书销售公司库存管理系统中，仓库代码、出入库类型代码、人员代码均可采用顺序码。

(2) 区间码。区间码把数据项分成若干组，每一区间代表一个组，码中数字的值和位置都代表一定意义，如身份证号码、邮政编码。依据代码做信息处理较可靠，检索、分类和排序方便，但码的长度与它的分类属性有关，故有时会造成长码，维护困难。例如，在图书销售公司库存管理系统代码设计中，诸如单据编码、客户编码、供应商编码等适合采用区间码。以客户编码"21"为例，针对客户的类型和采购情况的不同，在库存管理系统中有关客户编码较适合采用区间码，其结构如表 5-1 所示。

表 5-1　客户编码的代码设计

客户类型(第一位)		采购总量(第二位)	
代码标识	代码内容	代码标识	代码内容
1	批发单位	1	<9999 元
2	零售单位	2	10000～30000 元
		3	30000～50000 元
		4	>50000 元

(3) 助记码。助记码是把直接或间接表示编码对象属性的某些文字、数字、记号原封不动地作为编码。见码知意，易记、易理解，但随着编码数量的增加，其位数亦需增加，给处理带来不便。适用于物质的性能、尺码、重量、容积、面积和距离等。例如，在图书销售公司库存管理系统中，可将各数据项名称的汉语拼音首字母作为数据项编码。以"商品名称"为例，用"SPMC"来表示。

(4) 组合码。组合码是把编码对象用两种以上编码进行组合，可以从两个以上的角度来识别、处理的一种编码。它可以由多个数据项/字段构成，每个数据项/字段分别表示分类体系中的一种类别。代码容易进行大分类、增加编码层次，可以从多方面去识别，做各种分类统计非常容易，但位数和数据项个数较多。例如，以商品编码"GLSW20190001"为例，针对库存商品品种众多的特点，在图书销售系统中有关商品编码较适合采用组合码，其结构如表 5-2 所示。

表 5-2　商品编码的代码设计

代码层次	第一层代码	第二层代码	第三层代码	第四层代码
代码区间意义	图书大类	图书小类	出版时间	图书编号
代码标识	GL	SW	2019	0001
代码内容	管理类	商务类	2019 年出版	图书编号 0001

5.3.2　数据库设计

随着信息技术的发展和应用环境的多样性，数据库设计已经成为建立数据库及其应用系统的重要组成部分。具体地说，数据库设计是指对于一个给定的应用环境，构造最优的数据库模式，建立数据库及其应用系统，能够有效地存储和管理数据，满足用户的应用需求。因此，数据库设计是数据库在应用领域的主要研究课题。

数据库设计的全过程包括用户需求分析、概念结构设计、逻辑结构设计、物理结构设计、数据库的实施和数据库的运行和维护六个阶段。其基本操作步骤如图 5-4 所示。

阶段	流程	依据
用户需求分析阶段	用户需求分析	← 数据流程图
概念结构设计阶段	E-R 图设计	← 转换规则
逻辑结构设计阶段	E-R 图转换为关系数据模型	
	数据模型规范化	← 规范化规则
	设计数据视图	
物理结构设计阶段	存储结构设计	← 具体 DBMS 要求
	存取方法等设计	
数据库实施阶段	数据库实施	
数据库运行与维护阶段	数据库运行与维护	

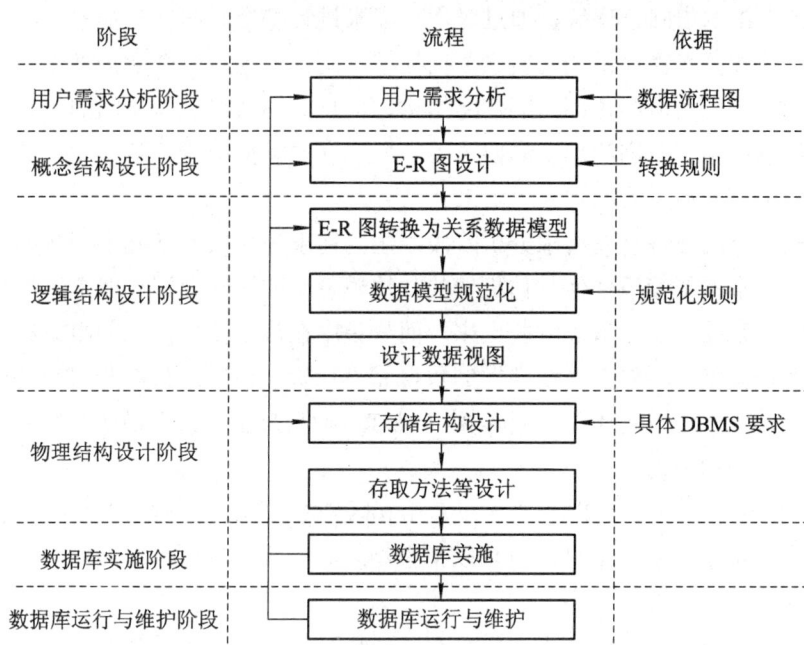

图 5-4　数据库设计的基本步骤

1. 用户需求分析

用户需求分析是数据库设计的起点,需求分析是否充分、准确直接决定了信息系统是否能达到用户的满意,并影响到数据库结果是否合理使用。这一阶段是系统分析员和用户共同收集数据库所需要的信息内容和用户对处理的要求加以规格化和分析,以书面形式确定下来,作为以后验证系统的依据。

在分析用户要求时,要确保用户目标的一致性。其中用户的应用需求主要包括信息要求和处理要求两个方面。信息要求指目标系统涉及的所有实体、属性以及实体间的联系等,包括信息的内容和性质,以及由信息需求导出的数据需求。处理要求指为得到需要的信息而对数据进行加工处理的要求,包括处理描述,发生的频度、响应时间以及安全保密要求等。

(1) 数据要求。数据要求指根据用户需要从数据库中导出的信息要求,包括对数据内容、来源去向、性质、取值范围和数据存储等的要求。

(2) 处理要求。处理要求指为了满足用户信息需求要做的处理功能、处理方式和响应时间等。

(3) 安全性和完整性要求。安全性和完整性要求指进一步明确数据的有效性、安全性、完整性和冗余性等条件。

需求分析是整个设计过程的基础,是最困难、最耗费时间的一步。作为基础的需求分析是否做得充分、准确,决定了在其上构建数据库的速度与质量。需求分析做得不好,甚至会导致整个数据库设计返工重做。

2. 概念结构设计

用户要求描述的现实世界,一般称为一个"项目",如工厂的生产管理、商场的物流配送管理或者图书馆的借阅管理等，通过对用户需求进行综合、归纳与抽象，建立并形成了一个独立于具体数据库管理系统的概念数据模型，此模型也是整个数据库设计的关键。这个概念模型应反映现实世界各部门的信息结构、信息流动情况、信息间的互相制约关系以及各部门对信息储存、查询和加工的要求等。所建立的模型应避开数据库在计算机上的具体实现细节，用一种抽象的形式表示出来。

概念结构设计的任务是在需求分析阶段产生的需求说明书的基础上，按照特定的方法把它们抽象为一个不依赖于任何具体机器的数据模型，即概念模型。概念模型使设计者的注意力能够从复杂的实现细节中解脱出来，而只集中在最重要的信息的组织结构和处理模式上。概念数据模型，主要在系统开发的数据库设计阶段使用，是按照用户的观点来对数据和信息进行建模，利用实体关系图(又称为 E-R 模型)来实现。它描述系统中的各个实体以及相关实体之间的关系。

(1) 实体(Entity)。实体是指客观存在并相互区别的事物，实体可以是人，也可以是物或抽象的概念；可以指事物本身，也可以指事物之间的联系，如一名教师、一名学生、学生的一次选课、一次借书。

(2) 属性(Attribute)。属性是指实体具有某些特性，每一个特性都称为属性，如：学生实体可由学号、姓名、性别、年龄、系别等属性构成。其中可以唯一标识实体的属性称为主键，如学生实体的学号可作为学生实体的主键。

(3) 联系。现实世界的事物总是存在着这样或那样的联系，这种联系必然要在信息世界中得到反映。在信息世界中，事物之间的联系可以分为实体内部的联系和实体之间的联系。实体有个体和总体之分，如学生和班级，员工和部门等。个体和总体之间存在某种联系，其联系方式可分为三类：

① 一对一联系(1∶1)。学校里一个班级中有一个正班长，而一个正班长只在一个班级中任职，则班级与班长之间具有一对一联系。

② 一对多联系(1∶n)。一个班级中有若干名学生，而每个学生只在一个班级中学习，则班级与学生之间具有一对多联系。

③ 多对多联系(m∶n)。一门课程同时有若干名学生选修，而一名学生可以同时选修多门课程，则课程与学生之间具有多对多联系。

信息模型最常用的表示方法是实体-联系方法，该方法由 P. P. S Chen 于 1976 年提出，其方法是用 E-R 图来描述某一组织的信息模型。E-R 图主要是由实体、属性和联系三个要素构成的，其基本图形符号如表 5-3 所示。

表 5-3　E-R 图的基本图形符号

图形符号	含　义	图形符号	含　义
▭	表示实体	◇	表示实体间联系
⬭	表示实体或联系的属性	——	连接以上三类图形，构成具体概念模型

在考察了客观事物及其联系之后，即可着手建立 E-R 模型。在模型设计中，首先根据分析阶段收集到的材料，利用分类、聚集、概括等方法抽象出实体，再根据实体的属性描述其间的各种联系。图 5-5 是图书销售公司库存管理系统的 E-R 模型，为了图示简明起见，图中未画出属性。

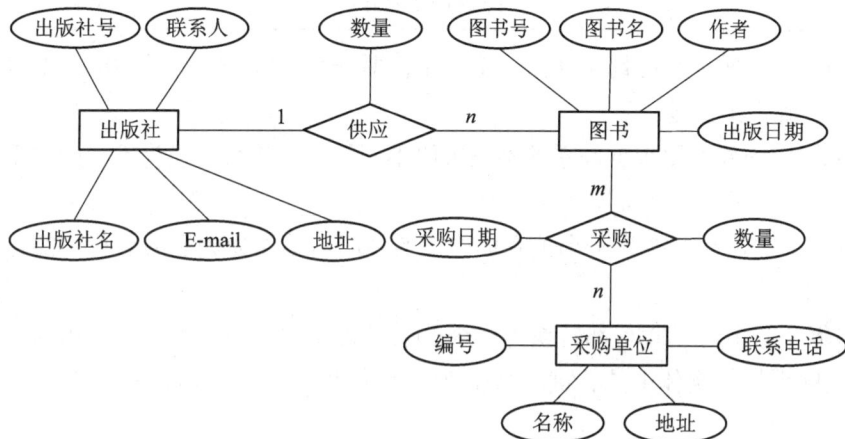

图 5-5　图书销售公司库存管理系统 E-R 模型

E-R 模型是对现实世界的一种抽象，它抽取了客观事物中人们所关心的信息，忽略了非本质的细节，并对这些信息进行了精确地描述。E-R 图所表示的概念模型与具体的 DBMS 所支持的数据模型相独立，是各种数据模型的共同基础，因而是抽象和描述现实世界的有力工具。

3. 逻辑结构设计

逻辑结构设计的主要工作是将现实世界的概念数据模型设计成数据库管理系统所支持的数据模型，即适应于某种特定数据库管理系统所支持的逻辑数据模式，一般是转换为关系模型。与此同时，可能还需为各种数据处理应用领域产生相应的逻辑子模式。从逻辑设计导出的数据库结构是 DBMS 能接受的数据库定义，这种结构有时也称为逻辑数据库结构。逻辑结构设计是将概念结构转换为某个 DBMS 所支持的数据模型，并对其进行优化。

关系模型是对客观事物及其联系的数据化描述。在数据库系统中，对现实世界中数据的抽象、描述以及处理等都是通过关系数据模型来实现的。关系模型是数据库系统设计中用于提供信息表示和操作手段的形式构架，是数据库系统实现的基础。

关系模型是建立在数学概念的基础上，应用关系代数和关系演算等数学理论处理数据库系统的方法。从用户的观点来看，在关系模型下，数据的逻辑结构是一张二维表，每一个关系为一张二维表，相当于一个文件。实体间的联系均通过关系进行描述。例如表 5-4 用 m 行 n 列的二维表表示了具有 n 组学习情况。每一行相当于一条记录，用来描述一个实体。

表 5-4　关系数据模型的"供应"关系

出版社号	图书号	数量
001	GLSW20180001	3500
002	GLSW20180005	2800
003	JYXQ20190003	1900

E-R 图中每个实体相应地转换为一个关系，即一个二维表，该关系应包括对应实体的全部属性，并确定出主键。

对 E-R 图中的联系要根据联系的不同采取不同的手段将其转换为不同的关系，具体规则如下：

(1) 每一个实体都转换为一个关系模式，实体的名称作为关系的名称，实体的属性就是关系的属性。

(2) 将每一个多对多联系都转换为一个关系模式。联系的名称为关系的名称，联系的属性由相关联系的各实体中的关键属性(能唯一地标识出一个实体的属性)和发生该联系所具有的属性组成。

(3) 将每一个一对多和一对一的联系都转换为一个关系模式，也可以不单独转换为一个关系模式，只需在联系的"*n*"端实体所对应的关系模式中加入"1"端实体的关键属性即可。

根据上例中图书销售公司库存管理系统的概念模型可转换为如下关系模型：

出版社表(出版社号，出版社名，联系人，E-mail，地址)；

图书表(图书号，图书名，作者，出版日期，出版社号，数量)；

采购单位表(编号，名称，联系电话，地址)；

采购情况表(编号，图书号，数量，采购日期)。

4．物理结构设计

逻辑结构设计是面向用户的，而物理结构设计是面向计算机的。数据库物理设计阶段的任务是根据特定数据库管理系统所提供的多种存储结构和存取方法等依赖于具体计算机结构的各项物理设计措施。物理设计主要包括两个方面，一是确定所有数据库文件的名称及其所含的名称、类型和宽度；二是确定数据库文件需要建立的索引，在什么上建立索引等。这一阶段的工作成果是一个完整的能实现的数据库结构。高效的物理数据库结构既能为系统节省存储空间，又能提高存取速度。

数据库存储设计一般包括字段名称、数据类型、字段长度和备注说明等项目，表 5-5、表 5-6、表 5-7 以图书销售公司库存管理系统部分逻辑设计为依据来设计数据库存储结构。

(1) 图书表：存储有关图书的信息，主码为图书号，其他属性都依赖于主码。

(2) 采购单位表：存储有关采购单位的信息。主码为编号，其他属性都依赖于主码。

(3) 采购情况表：存储有关采购的信息。主码为采购单位编号和图书号的组合，其他属性都依赖于主码。

表5-5　图　书　表

字段名称	数据类型	字段长度	说　明
图书号	文本	20	主码
图书名	文本	50	
作者	文本	20	
出版日期	日期/时间	8	
出版社号	文本	2	
数量	数字	4	

表5-6　采购单位表

字段名称	数据类型	字段长度	说　明
编号	文本	10	主码
名称	文本	30	
联系电话	文本	20	
地址	文本	50	

表5-7　采购情况表

字段名称	数据类型	字段长度	说　明
编号	文本	10	编号和图书号的组合
图书号	文本	20	为采购情况表的主码
数量	数字	4	
采购日期	日期/时间	8	

5. 数据库的实施

数据库的实施主要是根据逻辑结构设计和物理结构设计的结果，在计算机系统上建立实际的数据库结构、导入数据并进行程序的调试。用具体的 DBMS 提供的数据定义语言(DDL)，把数据库的逻辑结构设计和物理结构设计的结果转化为程序语句，然后经 DBMS 编译处理和运行后，实际的数据库便建立起来了。目前的很多 DBMS 系统除了提供传统的命令行方式外，还提供了数据库结构的图形化定义方式，极大地提高了工作效率。

根据物理设计的结果产生一个具体的数据库和它的应用程序，并把原始数据装入数据库。实施阶段主要有建立实际数据库结构、装入试验数据对应用程序进行调试、装入实际数据三项工作。

6. 数据库的运行和维护

数据库的运行分为两个阶段，首先进行试运行，通过以后才正式启动数据库系统，标志着数据库设计与应用开发工作的结束和维护阶段的开始。

当有部分数据装入数据库以后，就可以进入数据库的试运行阶段。数据库的试运行对于系统设计的性能检测和评价是十分重要的, 因为某些 DBMS 参数的最佳值只有在试运行中才能确定。由于在数据库设计阶段, 设计者对数据库的评价多是在简化了的环境条件下进行的, 因此设计结果未必是最佳的。在试运行阶段, 除了对应用程序做进一步的测试之外, 重点执行对数据库的各种操作, 实际测量系统的各种性能, 检测是否达到设计要求。如果在数据库试运行时, 所产生的实际结果不理想, 则应回过头来修改物理结构, 甚至修改逻辑结构。

数据库系统投入正式运行, 意味着数据库的设计与开发阶段基本结束, 运行与维护阶段开始。数据库的运行和维护是个长期的工作, 是数据库设计工作的延续和提高。

在数据库运行阶段, 完成对数据库的日常维护, 工作人员需要掌握 DBMS 的存储、控制和数据恢复等基本操作, 而且要经常性地涉及物理数据库、甚至逻辑数据库的再设计。因此数据库的维护工作仍然需要具有丰富经验的专业技术人员(主要是数据库管理员)来完成。

需要指出的是, 这个设计步骤既是数据库设计的过程, 也包括了数据库应用系统的设计过程。在设计过程中把数据库的设计和对数据库中数据处理的设计紧密结合起来, 将这两个方面的需求分析、抽象、设计、实现在各个阶段同时进行, 相互参照, 相互补充, 以完善两方面的设计。事实上, 如果不了解应用环境对数据的处理要求, 或没有考虑如何去实现这些处理要求, 是不可能设计完成一个良好的数据库结构的。

5.3.3　输入输出设计

输入输出设计是系统设计的重要部分, 系统设计的目标是满足用户的要求, 一个好的输入输出设计可以为用户和系统带来良好的工作环境, 也可以为管理者提供简洁明了、有效的管理和控制。

1. 输入设计

输入设计承担着将系统外的数据以一定格式送入计算机的任务。输入设计需要考虑三个方面的问题: 输入设备、数据输入方式和数据校验。

1) 输入设计的原则

(1) 最小量原则。在保证满足处理要求的前提下, 使输入量最小, 从而出错机会越少, 花费时间越少, 数据一致性越好。

(2) 简单性原则。输入的准备、输入过程应尽量容易, 输入形式应尽量接受原始处理, 以减少错误的发生。

(3) 早检验原则。对输入数据的检验尽量接近原数据发生点, 使错误能及时发现并得到改正。

(4) 少转换原则。输入数据尽量用其处理所需形式记录, 以免数据转换时发生错误, 其他的统计、计算交给计算机系统完成。

2) 输入设计的内容

(1) 确定输入数据内容。确定输入数据项名称、数据内容、精度、数值范围等。

(2) 确定输入数据的输入方式。采用联机终端输入或是脱机输入。数据的输入方式与数据发生地点、发生时间、处理的紧急程度有关。若发生地点远离计算机，发生时间是随机的，又要求立即处理，则采用联机终端输入。对于数据发生后不需要立即处理的，可采用脱机输入。

(3) 确定输入数据的记录格式。记录格式是人际之间的衔接形式，十分重要，设计得好，容易控制工作流程，减少数据冗余，增加输入的准确性，并容易进行数据的校验，这是输入设计的主要内容之一。

(4) 输入数据的正确性校验。输入设计最重要的问题是保证输入数据的正确性。选择正确性校验方法，对输入数据进行必要的检验，是保证输入正确的重要环节。

2. 输出设计

输出信息的使用者是用户，所以输出的内容与格式等是用户比较关心的问题。因此，在设计过程中，开发人员必须深入了解用户要求，及时与用户充分协商。输出设计的主要工作和基本步骤包括确定输出类型、输出内容、输出格式和输出方式等。

1) 输出设计的内容

输出设计是指由计算机对输入的原始数据进行加工处理，使之具有一定的格式，提供给管理者使用。因而输出是管理者直接面对的事物，往往具有固定的格式和数据要求，具有直观性，并直接反映了用户要求。输出的要求往往决定对输入的需求。例如，在设计一张报表时，报表中需要的数据就是在输入阶段要提供的数据。

输出设计的主要内容如下：

(1) 输出信息的内容。输出信息的内容包括输出数据项、位数和数据形式。

(2) 输出信息的格式。输出信息的格式包括报表、凭证、单证和公文等。

(3) 输出信息使用方面的内容。输出信息使用方面的内容包括使用者、使用目的、报表量、有效期、日期时间、密级等。

(4) 输出设备。输出设备包括打印机、显示终端、绘图仪等。

(5) 输出介质。输出介质包括输出到磁盘还是光盘或是输出用纸等。

2) 输出设计的方法

(1) 以报表的形式提供信息输出。这种方式可以表示详细的数据。

(2) 以图形的形式提供信息输出。图形信息可以给出比例或综合发展趋势的信息，可以提供比较信息。

为了提高系统的规范化程度和编程效率，在输出设计上应尽量保持输出内容和格式的一致性，即同一内容的输出，对于屏幕、打印机、文本文件和数据库文件应具有一致的形式。打印输出时，根据纸张设置格式，使用已印有表头和文字说明等格式的专用纸，可直接套打。通用白纸需要打印表头、格式及说明信息。

例如，在图书销售公司库存管理系统中，系统的输出主要有：商品信息表、库存账、库存盘盈盘亏统计表、库存报表等。库存管理系统提供输出的目的是提供用户工作所需的信息，系统主要采取屏幕即时显示输出和报表打印输出。此外，对于生成的报表，还可以输出到 Excel 中进行保存，图书库存信息报表如表 5-8 所示。

表 5-8　图书库存信息报表

图书库存信息报表					
					2019-12-31
图书号	图书名	作者	出版日期	出版社号	数量
GLSW20180001	管理学	李明	2018-10	001	3500
GLSW20180005	管理信息系统	张红	2018-11	002	2800
JYXQ20190003	项目管理	陈皓	2018-09	003	1900
					共 1 页，第 1 页

系统提供了报表打印输出功能，可以根据用户需求设计打印出各种报表，使库存管理员方便地管理库存信息，也能为高级管理者提供决策依据。表 5-9 显示了系统中的库存商品盘点报表的打印格式。

表 5-9　库存盘点报表

库存盘点表							
打印日期：2018-12-31　　打印时间：09:35　　盘点日期：2019-12-31							
序号	图书号	图书名	作者	盘点数量	账面数量	差额	差额原因	备注
1	GLSW20180001	管理学	李明	2018-10	8100	8000	
2	GLSW20180005	管理信息系统	张红	2018-11	6500	6500	
3	JYXQ20190003	项目管理	陈皓	2018-09	7200	7200	
							共 1 页，第 1 页

3. 用户界面设计

用户界面是人机对话的窗口，设计时应尽量保持友好、方便使用、易于操作的原则，避免繁琐、花哨的界面。例如，在设计菜单时应尽量避免菜单嵌套层次过多和每选择一次还需确认一次的设计方式，菜单两、三级就够了。用户界面设计包括菜单方式、会话管理方式、操作提示方式和操作权限管理方式等。

1) 菜单方式

菜单是管理信息系统功能选择操作最常用的方式。特别是对于图形用户界面，菜单集中了系统的各项功能，直观、易操作。菜单的形式可以是下拉式或弹出式菜单，也可以是按钮选择方式等，财务管理子系统的功能菜单如图 5-6 所示。

财务处理	成本管理	财务计划	专项基金	销售利润	内部银行	← 一级菜单
日常账务处理	数据输入	财务计划	固定资产折旧	销售资金	年度资金分配	
银行账务处理	成本核算	利税计划	设备改造资金	在途资金	资金使用情况	
查询检索	定额成本	流动资金计划	基本建设资金	销售成本	借贷处理	← 二级菜单
文件维护	成本计划	计划执行分配	外资自留资金	应付税金	利率计划	
科目设定	成本分析	资金分配计划	新产品研制费	征收应付账	资金调拨	
账务平衡	系统修改					
往来收支财务						

图 5-6　财务管理子系统的功能菜单

菜单设计应注意以下几点：

(1) 菜单设计时应和系统的划分结合起来，尽量将一组相关的菜单放在一起。同一层菜单中，功能尽可能多，菜单的层次尽可能少。

(2) 一般功能选择性操作最好让用户一次就进入系统，避免让用户选择后再确定形式。对于一些重要的操作，如执行删除操作，应提示用户确定。

(3) 菜单设计在两个相近的功能之间选择时，使用高亮度或强烈的颜色，使它们的变化醒目。

下拉菜单的好处是方便、灵活，便于统一处理。在实际系统开发时，编制一个统一的菜单程序，而将菜单内的具体内容以数据的方式存于一个菜单文件中，使用时先打开这个文件，读出数据信息，这个系统的菜单就建立起来了。按这个方法，只要在系统初始化时简单输入几个汉字，定义各自的菜单项，一个大系统的几十个菜单就都建立起来了。

2) 会话管理方式

在系统运行中，当用户操作错误时，系统要向用户发出提示或警告性的信息；当系统执行用户操作指令遇到两个以上的可能时，系统提示用户进一步地说明；系统定量分析的结果通过屏幕向用户发出控制性的信息等。通常是系统开发人员根据实际系统的操作过程将会话语句写在程序中。

在开发决策支持系统时，也常常会遇到大量的具有一定因果逻辑关系的会话。这类会话反映了一定的因果关系，具有一定的内涵，是双向式的。对于这类会话，可以设计成数据文件中的一条条记录。系统运行时，根据用户的会话回答内容，执行相应的判断，从而调出下句会话，显示出来。这种会话不需要更改程序，只需对会话文件记录更改即可。但是它的分析判断过程复杂，一般只用于少数支持决策、专家系统或基于知识的分析推理系统中，会话管理方式如图 5-7 所示。

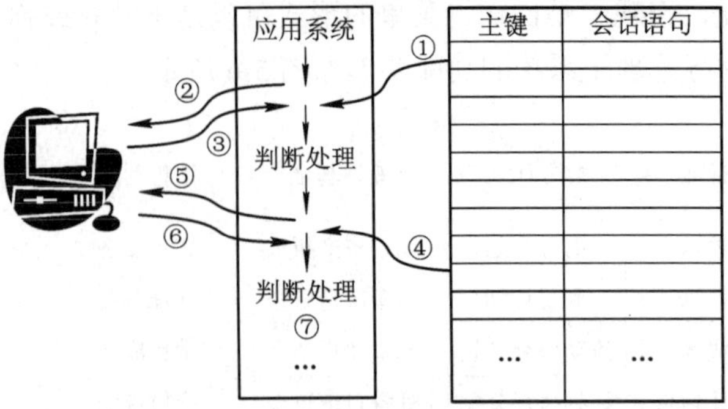

图 5-7　双向式会话管理方式

3) 操作提示方式与操作权限管理方式

为了方便用户使用，系统应能够提供相应的操作提示信息和帮助。在操作界面上，常常将提示以小标签的形式显示在屏幕上，或者以文字显示在屏幕的旁边，还可以将系统操作说明输入系统文件，建立联机帮助。

为了保证系统的安全，可以控制用户对系统的访问。可以设置用户登录界面，通过用户名和口令及使用权限来控制对数据的访问。

5.4　系统设计报告

系统设计阶段的最终成果是系统设计报告。系统设计报告主要说明了系统设计的指导思想、采用的技术方法和设计的结果。系统设计报告一般由引言、系统设计内容及新系统实施计划三部分组成。

1．引言

引言用于说明新系统的名称、目标和功能要求；阐明系统的开发背景，包括项目开发者、用户、涉及的其他系统或机构及其关系；阐述系统环境及限制，主要有系统软件、硬件及运行环境限制，保密性限制等。

2．系统设计内容

系统设计内容部分要求阐明系统设计的主要方案内容。

(1) 总体结构设计。这部分说明新系统的结构形式和可利用的资源。用结构图表示系统模块的层次结构，说明主要模块的名称、功能。

(2) 代码设计。这部分阐述所设计种类的代码、功能，相应的编码表，使用范围，使用要求及对代码的评价等。

(3) 数据库设计。这部分说明数据设计的目标、主要功能要求、性能需求规定、运行环境要求(设备、支撑软件等)、逻辑设计方案、物理设计方案等。

(4) 输入输出设计。这部分说明输入的项目、主要功能、输入要求、输入的承担者、输入校验方法；阐明输出的项目、主要功能；接收者、输出的数据类型与设备、介质、数值范围、精度要求等；阐述系统的所有用户界面。

(5) 物理系统配置方案设计。这部分说明系统工作模式(集中式系统或分布式系统)设计、硬件选择(价格、配置和功能等)、计算机网络平台设计(网络互联结构、通信介质的选择等)、计算机软件设计(网络操作系统、数据库管理系统等)。

3. 新系统实施计划

系统设计报告书还要说明下一步实施工作的计划安排。实施计划主要包括对新系统的工作任务进行分解，即对项目开发中的各项工作(包括文件编制、用户培训等)按层次进行分解，制定对每项工作任务的要求及各项工作的进度要求，做出各项实施费用的估算及总预算。

系统设计报告书要经领导批准，并得到用户的认可。

本 章 小 结

系统设计的任务主要包括功能结构设计、物理配置方案设计、代码设计和数据库设计。系统设计也称为系统的逻辑设计，这一阶段的任务是在前一阶段系统分析的基础上，进一步明确新系统如何满足管理系统的要求。总体设计对系统功能进行规划，给出系统的逻辑结构。代码设计是为了实现全局数据的统一，代码结构要合理，有助于纠错。数据存储设计是根据所选择的具体数据库系统，进行数据库设计。输入/输出设计为用户提供方便的人机交互手段，为管理人员提供实用、快捷的信息。系统设计阶段的成果是系统设计报告，为系统实施阶段的工作提供具体的方案。

复 习 思 考 题

一、选择题

1. 在系统开发中，系统设计阶段的任务主要应回答拟开发的系统(　　)。
    A. 目标是什么　　　　　　　　B. 做什么
    C. 怎么做　　　　　　　　　　D. 做得怎样
2. 系统设计阶段工作的依据是(　　)。
    A. 总体规范方案报告　　　　　B. 系统设计报告
    C. 系统分析报告　　　　　　　D. 系统实施报告
3. 邮政编码是一种(　　)。
    A. 缩写码　　　　　　　　　　B. 助记码
    C. 顺序码　　　　　　　　　　D. 区间码

4. 学生学号前 4 位为入学年份，接着 3 位为所在院系代号，再接着是 1 位所在班级代号，最后 2 位为学生编号，总共 10 位数字代码。根据此代码的主要特点，此码属于(　　)。

　　A. 顺序码　　　　　　　　　　　B. 层次码

　　C. 合成码　　　　　　　　　　　D. 助记码

5. 某大学的学生学号(共 7 位)按如下规定生成：前两位表示年级，中间两位表示系，后三位表示顺序号。例如：1804026 表示 2018 年入学，在计算机系，第 26 名注册，这种代码属于(　　)。

　　A. 顺序码　　　　　　　　　　　B. 层次码

　　C. 系列顺序码　　　　　　　　　D. 矩形码

6. 模块的分解应使每个模块(　　)。

　　A. 外部互相之间的信息联系紧密　　B. 执行更多的功能

　　C. 内部处理相对独立　　　　　　　D. 内部自身联系紧密

7. 部门实体与员工实体之间存在(　　)的关系。

　　A. 多对一　　　　　　　　　　　B. 一对多

　　C. 多对多　　　　　　　　　　　D. 一对一

8. 部门实体与员工实体之间，部门实体处于(　　)方。

　　A. 一　　　　　　　　　　　　　B. 多

　　C. 不一定　　　　　　　　　　　D. 以上三者

二、判断题

(　　) 1. 信息系统是否进行的决策性文件是可行性报告。

(　　) 2. 系统开发是系统建设中工作任务最为繁重的阶段。

(　　) 3. 系统建设中面临问题的主要原因是缺乏科学的、有效的系统规划。

(　　) 4. 系统开发是系统建设中工作任务最为繁重的阶段。

(　　) 5. 结构化系统开发方法的每一个阶段都有明确的工作目标。

(　　) 6. 在系统设计阶段的任务概括地讲是解决了系统"做什么"的问题。

(　　) 7. 分析阶段要回答的问题则是系统"怎么做"的问题。

(　　) 8. 系统开发进入实质性阶段是始于可行性分析报告批准后。

(　　) 9. 企业进行信息系统建设首先要进行可行性分析论证。

三、业务题

1. 某厂生产多种产品，每种产品又要使用多种零件，一种零件可能装在多种产品上。每种零件由一种材料制造，每种材料可用于不同零件的制作，有关产品、零件、材料的数据字段如下：

产品：产品号，产品名，产品单价

零件：零件号，零件名，单重，单价

材料：材料号，材料名，计量单位，材料单价要求：

(1) 请画出产品、零件、材料的 E-R 图；

(2) 请将该 E-R 图转换为关系数据模型。

2．某科研项目管理系统的要求如下：

(1) 可随时查询科研项目的编号，名称、经费，来源等；

(2) 可随时查询职工的姓名、性别、职称，年龄，在项目中担任的工作等情况；

(3) 可随时查询职工所属部门的部门名称，办公地点等情况；

(4) 每个职工可参与多个科研项目，每个科研项目可以有多个职工参加。

试画出它的 E-R 图，并写出关系模型。

第6章

管理信息系统的实施

内容提要 ✍

1. 掌握系统实施的主要内容;
2. 了解程序设计的方法;
3. 掌握系统测试的方法;
4. 掌握系统转换的主要方式;
5. 掌握管理信息系统维护的主要内容;
6. 了解系统评价的主要内容。

本章关键词 📖

系统实施(System Implement)

结构化程序设计(Structured Programming)

系统测试(System Test)

系统转换(System Transformation)

系统维护(System Maintenance)

系统评价(System Evaluation)

6.1　系统实施概述

经过系统分析和系统设计阶段,已经得到了有关系统的全部设计信息,接下来的工作就是将文档中的逻辑系统变成真正能够运行的物理系统,系统实施是系统开发工作的最后一个工作阶段,作为系统的物理实现阶段,对系统的质量、可靠性和可维护性等有着十分重要的影响。因此,必须制订系统实施计划,确定系统实施的方式、步骤及进度、费用等,以保证系统实施工作的顺利进行。主要的任务有物理系统的实施、程序设计、系统测试、系统转换、系统维护、系统评价等。

系统实施是一项十分复杂的系统工程，诸多因素都会影响系统实施的进程和质量，其中管理因素和技术因素的影响尤为突出。

1. 管理因素

系统实施涉及开发人员、测试人员、各级管理人员，大量物资、设备、资金和场地，涉及各部门及应用环境，十分复杂，如果没有强有力的管理措施，将无法进行。

实施管理的第一步就是要建立一个企业主要领导干部挂帅的领导班子。这个领导班子必须具有较大权利，能够调动各种人、财、物资源，制定整个企业的各种规章制度，重新规划企业的组织机构等。

各部门应积极协同开发人员的工作，这不仅仅表现在行动上，更应该从思想上提高对管理信息系统的认识，主动去理解系统，并正确对待管理信息系统即将给工作带来的变化。同时，人员培训是系统实施中的一项重要工作，培训质量的好坏直接关系到系统未来的效益，企业应予以重视。

2. 技术因素

(1) 数据整理与规范化。管理信息系统的成功实施，依赖于企业准确、全面、规范化的基础数据。系统的硬件、软件是可以花钱买到的，而企业的基础数据只有靠企业自己去整理和规范化，是金钱买不到的东西。管理信息系统是一个数据加工厂，没有高质量的数据原材料，是不可能有高质量的信息产品。

(2) 软硬件及网络环境的建设。建设管理信息系统的软件、硬件及网络环境是一项技术性高、工作量大的任务。软件、硬件及网络环境是管理信息系统运行的基础设施和平台，如其不能很好地工作，管理信息系统就不可能很好地工作。因此，它是企业应用的前提和基石。

(3) 开发技术的选择和使用。使用合适的系统开发工具是快速高效地实现管理信息系统的根本途径，它是直接影响管理信息系统实施的最重要的技术因素。

6.2　程　序　设　计

程序设计是指设计、编制调试程序的方法和过程，是管理信息系统开发过程中的重要组成部分。程序设计的任务是依据系统模块层次结构图、数据库结构设计、代码设计方案等将系统设计阶段得到的系统物理模型，用某种程序设计语言进行编码，以完成每个模块乃至整个系统的具体实现。

6.2.1　程序设计的目标

随着计算机应用水平的提高，软件愈来愈复杂，同时硬件价格不断下降，软件费用在整个应用系统中所占的比重急剧上升，从而使人们对程序设计的要求发生了变化。在过去的小程序设计中，主要强调程序的正确和效率，但对于大型程序，人们则倾向于首先强调程序的可维护性、可靠性和可理解性，然后才是效率。

(1) 可维护性。由于信息系统需求的不确定性，系统需求可能会随着环境的变化而不断变化。因此，就必须对系统功能进行完善和调整，对程序进行补充或修改。此外，由于计算机软硬件的更新换代也需要对程序进行相应的升级。

考虑 MIS 寿命一般在三年至十年时间，程序的维护工作量相当大。一个不易维护的程序，用不了多久就会因为不能满足应用需要而被淘汰，因此，可维护性是对程序设计的一项重要要求。

(2) 可靠性。程序应具有较好的容错能力，不仅正常情况下能正确工作，而且在意外情况下应便于处理，不至于产生意外的操作，从而造成严重损失。

(3) 可理解性。程序不仅要求逻辑正确，计算机能够执行，而且应当层次清楚，便于阅读。这是因为程序的维护工作量很大，程序维护人员经常要维护他人编写的程序，一个不易理解的程序将会给程序维护工作带来困难。

(4) 效率。程序的效率指程序能否有效地利用计算机资源。近年来，由于硬件价格大幅度下降，而其性能却不断完善和提高，程序效率已不像以前那样举足轻重了。相反，程序设计人员的工作效率则日益重要。提高程序设计人员的工作效率，不仅能降低软件开发成本，而且可明显降低程序的出错率，进而减轻维护人员的工作负担。此外，程序效率与可维护性、可理解性通常是矛盾的，在实际编程过程中，人们往往宁可牺牲一定的时间和空间，也要尽量提高系统的可理解性和可维护性，片面地追求程序的运行效率反而不利于程序设计质量的全面提高。为了提高程序设计效率，应充分利用各种软件开发工具，如 MIS 生成器等。

6.2.2　结构化程序设计

在系统分析与系统设计阶段，使用自顶向下的结构化系统设计思想，而在系统实施阶段则采用自底向上的逐步开发方法来实现整个系统。自顶向下的方法有利于从整体的角度理解系统，然后通过模块化将系统划分为各功能模块。这些功能模块在编程实现时则应采用结构化程序设计方法。

结构化程序的概念首先是为限制以往在编程过程中无限制地使用 goto 等跳转语句而提出的。跳转语句可以使程序的控制流程强制性地转向程序的任一处，如果一个程序中多处出现这种转移情况，将会导致程序流程无序可寻，程序结构杂乱无章。这样的程序不规范、可读性差，并且容易出错。尤其在管理信息系统的开发中，系统投入运行后还要不断地维护、更新、完善，更加要求软件的可读性和可维护性，这种结构和风格的程序是不符合管理信息系统开发要求的。为此提出了程序的三种基本结构：顺序结构、循环结构、选择结构。任何程序都可由这三种基本控制结构构成。

(1) 顺序结构。顺序结构表示含有多个连续的处理步骤，按照书写的先后顺序依次执行，如图 6-1 所示。在程序中经常使用的顺序结构语句有：赋值语句(=)、输入语句(Input)、输出语句(?)、注释语句(Note)等。

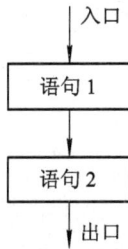

图 6-1　顺序结构

(2) 选择结构。由某个逻辑表达式的聚会决定选择两个处理加工中的一个，如图 6-2 所示。

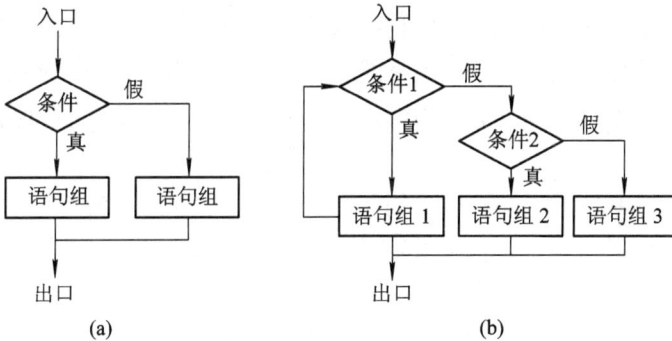

图 6-2　选择结构

(3) 循环结构。循环结构一般由一个或几个模块构成，程序运行时重复执行，直到满足某一条件为止，如图 6-3 所示。

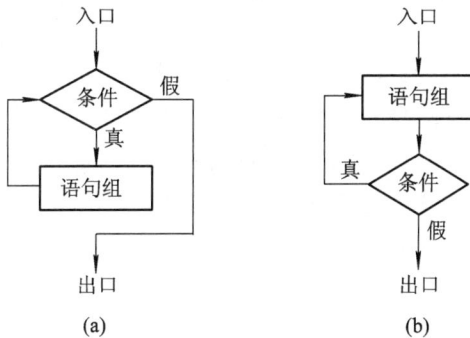

图 6-3　循环结构

6.3　系 统 测 试

系统测试也称系统调试，它是指在计算机上用各种可能的数据和操作条件对程序进行试验，找出可能存在的问题并加以修改，使其完全符合设计要求的过程。系统测试占用的时间、花费的人力和成本占软件开发很大的比例。统计表示，开发较大规模的系统，系统测试的工作量占整个软件开发工作量的 40%～50%。对于一些特别重要的大型系统，测试的工作量和成本更大。

6.3.1　系统测试的对象和目的

系统测试是对软件计划、软件设计、软件编码进行查错和纠错的活动，是管理信息系统开发周期中一个十分重要的过程。尽管在系统开发周期的各个阶段均采取了严格的技术审查，但仍然难免出现遗留差错，如果没有在投入运行前的系统测试阶段被发现并得到及时纠正，等到问题在系统运行过程中暴露出来时再纠正错误，那将会付出更大的代价。

系统测试的目的是以最少的人力和时间发现潜在的各种错误和缺陷。出于这个目的，系统测试不是要证明程序无错，而是要精心选取那些易于发生错误的测试数据，以十分挑剔的态度，去寻找程序的错误。应根据系统开发各阶段的需求、设计等文档或程序的内部结构精心设计测试用例，并利用这些用例来运行程序，以便分析错误的性质和确定错误的位置，并纠正错误。

系统测试是保证系统质量和可靠性的关键步骤，是对系统开发过程中的系统分析、系统设计和系统实施的最后复查。基于以上系统测试概念和目的，在进行系统测试时应遵循以下基本原则：

(1) 测试工作应避免由原来开发软件的个人或小组承担。测试工作应由专门人员来进行，会更客观、更有效。

(2) 测试不仅要确定输入数据，而且要根据系统功能确定预期输出结果。将实际输出结果与预期输出结果相比较就能发现程序是否有错误。

(3) 设计测试用例不仅要包括有效的输入数据，也要包含不合理、无效的输入数据。如果忽略了对异常、不合理、意想不到的情况进行测试，可能就埋下了隐患。

(4) 在测试程序时，不仅要检查程序是否做了该做的事，还要检查程序是否做了不该做的事。程序做了不该做的事，会影响程序的效率，有时会带来潜在的危害或错误。

(5) 应妥善保存测试计划和测试记录，作为系统文档的组成部分，为维护提供方便。

6.3.2　系统测试的方法

对软件进行测试的主要方法有人工测试和机器测试。人工测试采用人工方式进行，目的在于检查程序的表态结构，找出编译不能发现的错误。经验表明，良好的人工测试可以发现程序中 30%～70%的编码和逻辑设计错误，从而可以减少机器测试的负担。机器测试是将事先设计好的测试作用于被测试程序，对比测试结果和预期结果的差别以发现错误。机器测试只能发现错误的症状，不能进行问题的定位，而人工测试一旦发现错误，就能确定问题的位置、类型和性质。对于有些类型的错误，机器测试比人工测试有效，但对另一些类型的错误则人工测试更有效。因此，应根据实际情况来选择测试方法。

1．人工测试

人工测试是由测试人员手工逐步执行所有的活动，并观察每一步是否成功完成。人工测试是任何测试活动的一部分，在开发初始阶段软件及其用户接口还未足够稳定时尤其有效，因为这时自动化并不能发挥显著作用。即使在开发周期很短以及自动化测试驱动的开发过程中，人工测试依然具有重要的作用。人工测试主要有个人复查、小组走查和会审三种方法。

(1) 个人复查。源程序编完以后，直接由程序员自己进行检查。由于程序员心理上和思维上的惯性，一般不太容易发现自己的错误，自身对程序功能算法的理解错误也很难纠正。所以这种方式针对小型程序和模块的检查。

(2) 小组走查。一般由 3～5 人组成测试小组，小组成员应是从未介入过该软件设计工作的有经验的程序设计人员。在预先阅读过该软件资料和源程序的前提下，测试人员将测试数据沿程序的逻辑走一遍，监视程序的执行情况，发现程序中的错误。由于是人工方式，一般采用少量的、简单的测试用例进行检查。

(3) 会审。测试小组的成员与走查相似，要求测试成员在会审前仔细阅读软件有关资料，根据错误类型清单，填写检测表，列出根据错误类型要提问的问题。通过测试小组成员与程序员的提问、讲解、回答及讨论的各种交互过程，发现并纠正错误。同时，审定有关系统程序的功能、结构及风格等。

2．机器测试

机器测试是指在计算机上直接用测试用例运行被测试程序，以发现程序错误。机器测试有黑盒测试、白盒测试和灰盒测试三种方法。

(1) 黑盒测试。黑盒测试也称功能测试，注重于测试软件的功能性需求。测试者把程序看成是一个黑盒，即在完全不考虑系统内部结构的情况下运行系统，测试软件的外部特性，如图 6-4 所示。

图 6-4　黑盒测试

利用黑盒测试法进行动态测试时，只需要测试软件产品的功能，不需测试软件产品的内部结构和处理过程。黑盒测试共有两种基本测试策略：一是以系统通过测试为目标，设计测试用例，使其达到通过测试的目的；二是以使系统不能通过测试为目标，设计测试，以达到测试失败未通过测试的目的。

(2) 白盒测试。白盒测试也称结构测试，将软件看作一个透明的白盒子，按照程序的内部结构和处理逻辑来选定测试用例，对软件的逻辑路径及过程进行测试，检验程序中的每条通路是否都能按预定要求正确工作，如图 6-5 所示。

采用白盒测试法设计测试的方法有语句覆盖、条件覆盖、判断覆盖、条件组合覆盖等。白盒测试不仅要完成黑盒测试的测试内容，还要从系统内部的角度检查数据是如何从输入到达输出的。

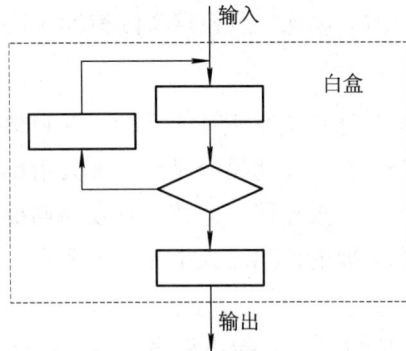

图 6-5　白盒测试

(3) 灰盒测试。灰盒测试是基于程序运行时的外部表现同时又结合程序内部逻辑结构来设计用例，执行程序并采集程序路径执行信息和外部用户接口的测试技术。灰盒测试介于白盒测试与黑盒测试之间，结合了白盒测试和黑盒测试的要素，它考虑了用户端、特定的系统知识和操作环境，它在系统组件的协同性环境中评价应用软件的设计。

6.3.3　系统测试过程

1．程序测试

程序测试指对所设计的程序进行语法检查和逻辑检查，测试程序运行的时间和存储空间的可比性。程序测试一般从代码测试和程序功能测试两个方面进行。程序的逻辑检查的方式是代码测试。通常需要编写各种测试数据，通过考察程序对正常数据、异常数据和错误数号输入的反应，检验程序执行的逻辑正确性，以及程序对各种错误的监测和处理能力。程序经过代码测试后，验证了它的逻辑正确性，但是否实现了规定的功能，尚未可知。因此，还应该测试其应用功能的需求，即面向程序的应用环境，考察是否达到了设计的功能和性能指标。

2．功能调试

通常系统总是由多个功能模块组成，而每个功能模块又是由一个或多个程序构成，因此，在完成对单个程序的测试以后，还应当将组成一个功能模块的所有程序按照其逻辑结构加以组合，以功能模块为单位，检查该功能模块内各程序之间的接口是否匹配，控制关系和数据传递是否正确，联合操作的正确性及模块运行的效率如何。

3．系统调试

系统调试指在实际环境或模拟环境中调试系统是否正常。主要检查各子系统之间接口的正确性，系统运行功能是否达到目标要求，系统的再恢复性等。其目的就是保证系统能够适应运行环境。一般从两个方面进行：

(1) 主控程序和调度程序调试。将所有控制程序与功能模块的接口"短路"，以某种联系程序代替原功能模块，验证控制接口和参数传递的正确性，并发现和解决资源调度过程中的效率等问题。

(2) 程序总调。将主控程序和调度程序与系统中的各功能模块以及所有程序联合起来进行整体调试。调试应对系统的各种可能的使用形态及组合进行考察，全面测试新系统的综合性能，以确认是否达到设计目标。

除了上述常规测试以外，有时根据系统需求还可进行一些特殊测试，如峰值负载测试、容量测试、响应时间测试、恢复能力测试等。另外，交付使用之前，还可进行实况测试，以考察系统在实际运行环境下的运行合理性与可靠性。

6.3.4　系统测试报告

系统测试完成后，需要对测试的具体情况及测试结果进行说明，形成的文档资料即系统测试报告。测试报告是把测试的过程和结果写成文档，并对发现的问题和缺陷进行分析，为纠正软件存在的质量问题提供依据，同时为软件验收和交付打下基础。一般测试报告由摘要和正文两部分构成，具体包括以下几项内容：

(1) 引言部分：介绍系统测试报告的具体编写目的、项目背景、系统简介、术语和缩写词解释以及参考资料。

(2) 测试介绍：包括测试用例的设计方法、测试方法、测试环境等。

(3) 测试执行情况：介绍测试参与人员时间、覆盖分析和系统缺陷统计与分析。

(4) 测试结论和建议：明确给出测试结论，并对系统存在的缺陷给出修改和完善的建议和意见。

6.4　系　统　转　换

在完成系统测试工作以后，即可将其交付使用。所谓交付使用是新系统与旧系统的交替，旧系统停止使用，新系统投入运行。整个交付过程要选择转换的方式，要进行用户的操作培训，系统转换的任务就是完成新老系统的平衡过渡。

6.4.1　系统转换前的准备工作

1. 数据整理与准备

数据整理与准备是指从旧系统中整理出新系统运行所必需的基础数据和资料，即将旧系统数据加工处理为符合新系统要求的格式。具体工作包括：历史数据整理、数据资料模式化、分类和编码、个别数据及项目的调整等，这部分的工作量十分巨大，应当提前做好准备，否则会影响系统转换的正常实施。数据整理和准备工作一般分为以下三个步骤：

(1) 数据的整理和准备。将旧系统中的数据进行整理，如果旧系统是手工处理的系统，常常会出现原始数据不全、冗余或与实际不符的情况，这就需要进行补充和修改。数据整理准备工作非常繁琐和费时，通常需要提前至系统分析阶段的后期逐步开始。

(2) 数据的转换。将整理好的原始数据按照数据库的要求转化为新系统所要求的数据格式，这项工作需要由了解数据库具体设计的专业人员协作完成。

(3) 数据的录入。将已经按照一定的格式转换好的数据录入(或导入)到计算机中，这项工作需要由熟悉计算机操作的人员完成，以确保数据录入的正确性。

2. 文档的准备

总体规划、系统分析、系统设计、系统实施、系统测试等各项工作完成后，应有一套完整的文档资料，这套资料记录了开发过程中的开发轨迹，是开发人员工作的依据，也是用户运行系统、维护系统的依据，因此文档资料要与开发方法相一致，并且符合一定的规范。在系统运行之前要将这套文档资料准备齐全，形成正规的文件。

3. 人员培训

人员培训是至关重要的实施活动。为了确保新系统正常、有效地运行，应当尽早组织有关人员进行必要的培训。培训关系到系统的成败。如果员工不能理解新系统的管理过程，不能确定新系统是否适用于他们的工作，那么他们可能会消极使用系统，甚至阻碍系统的推广。如果组织的管理人员不理解系统产生的报告以及系统如何影响其业务活动，不理解如何利用系统进行相关管理业务的处理及处理流程，将不能有效地利用系统为其管理决策服务。通过不同的方式，促进用户了解系统，将业务过程与系统流程良好地融合，避免由于用户不习惯使用新系统而使系统发挥不了作用。另一方面，培训过程也可以进一步了解用户的需求和建议，为维护工作积累材料。信息系统的正常运行需要对用户单位不同级别、层次的人员分别进行培训。

(1) 企业管理人员的培训。企业管理人员的理解和支持是新系统成功运行的重要条件。对企业管理人员的培训主要有以下主要内容：新系统的目标与功能；系统的结构及运行过程；对企业组织结构、工作方式等产生的影响；采用新系统后，员工必须学会新技术的要领；今后如何衡量任务完成情况等。

(2) 系统操作人员的培训。系统操作人员是管理信息系统的直接使用者。统计资料表明，管理信息系统在运行期间发生的故障大多数是由操作失误造成的。所以，对系统操作人员的培训应该是人员培训工作的重点。对系统操作人员的培训主要有以下内容：必要的计算机软件硬件知识；新系统的工作原理；新系统输入方式和操作方式的培训；简单错误及时处置知识；运行操作注意事项等。

(3) 系统维护人员的培训。对系统的维护人员来说，除了要具有良好的计算机软硬件知识外，还必须对新系统的原理和维护知识有深刻的了解。在较大的企业或部门中，系统维护人员一般由计算机中心的专业人员担任。对这类人员的培训可以在系统开发的开始阶段就进行，让他们参与到系统建设的整个过程，这样有助于他们了解整个系统，为后期维护工作打下良好的基础。

6.4.2 系统转换的方式

系统转换过程实际上是新旧系统交替过程，旧的系统被淘汰，新的系统投入使用。这种交替过程可以根据用户的要求、管理状况及转换过程中的进度情况调整速度选择不同的方式进行。主要的系统转换方式包括直接转换、并行转换和分段转换，如图 6-6 所示。

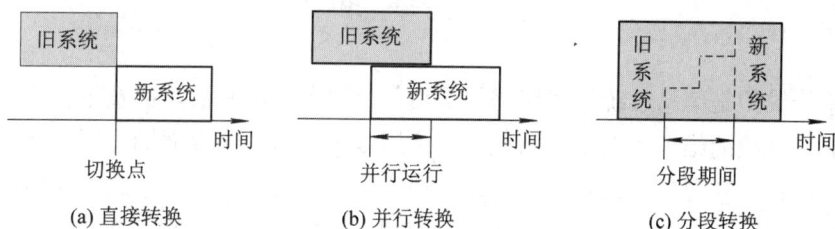

图 6-6 系统转换的主要方式

(1) 直接转换。直接转换是指在某一特定时刻，旧系统停止使用，同时新系统立即投入运行。这种方式简单，人员、设备费用很省，但风险较大。该方式一般适用于一些处理过程不太复杂，数据不很重要的场合。对于信息系统来说，如果要采用这种方式则事先要经过详细的测试和模拟运行，否则一旦运行失败，旧的系统已经停止运行，新系统又不能正常运转，中间没有过渡阶段，将直接影响到企业或组织的日常工作，严重的可能会导致企业或组织的瘫痪。

(2) 并行转换。并行转换是在新系统投入运行时，旧系统并不停止运行，各自完成相应的工作，与新系统并行工作一段时间后，进行对比、审核，确定新系统运行的结果与旧系统结果一致，才由新系统正式替代旧系统。这种方式需要双倍的人员、设备，费用和工作量较大，但系统运行的可靠性大大提高，风险较小。如银行、教务和一些企业的核心系统中，并行转换是一种经常使用的转换方式。

(3) 分段转换。分段转换是对上述两种转换的综合，即在新系统投入运行时，分阶段完成新旧系统的交替过程。这种方式是分期分批进行转换，保证了系统的可靠性，能防止直接转换产生的风险，与并行转换相比费用更低。这种转换要求子系统之间有一定的独立性，对系统的设计与实现都有一定的要求，不足之处是接口多。这种转换方式适合较大的系统，典型的如 ERP 系统。

系统初始化是新系统投入运行之前必须完成的另一个工作。所谓系统初始化，是指对系统的运行环境和资源进行设置，设定系统运行和控制参数，数据加载，以及系统与业务工作的同步调整等内容。其中数据加载是工作量最大且时间最紧迫的重要环节，因为必须在运行之前将大量的原始数据一次性输入到系统中，而且正常的业务活动中也会不断产生新的数据信息，它们也必须在新系统正式运行前存入系统。

新系统安装完毕、转换成功后，便正式投入运行。在系统运行的过程中，系统将由用户来进行操作、检验和审查，以确定系统在多大程度上实现了系统目标以及需要什么样的修改和完善。为修改系统现有的错误、满足新的要求而对系统硬件、软件、文档所做的修改都称为系统维护。系统也正是在不断的维护、评价和修改过程中逐步成熟起来的。运行和维护阶段是管理信息系统生命周期中时间最长的阶段，将一直持续到系统被新的管理信息系统替代。

6.5 系 统 维 护

信息系统维护是信息系统生存周期的最后一个阶段，所有活动都发生在系统交付并投入使用之后。系统的维护，就是在系统投入使用以后，对其生存周期内所出现的各种问题进行适当的解决，使得整个系统处于良好的运行状态。有时甚至为了改正潜藏的错误，扩充功能完善功能、结构翻新、延长系统寿命而进行各项修改和维修活动。有统计和预测结果表明，信息系统中硬件费用一般占35%、软件费用占65%，而软件后期维护费用有时竟高达软件总费用的80%。由此可见，系统维护在整个信息系统生命周期中的重要性。

6.5.1 系统维护分类

系统维护包括硬件设备的维护、应用软件系统维护和数据的维护。广义的系统维护包括硬件维护、数据维护、软件维护。狭义的系统维护仅包括软件维护。

1) 硬件维护

硬件的维护应由专职的硬件维护人员来负责。主要有两种类型的维护活动：一是定期的设备保养性维护，即保养周期可以是一周或一个月不等，维护的主要内容是例行的设备检查与保养。二是突发性的故障维修，即当设备出现突发性故障时，由专职的维修人员或请厂商来排除故障。这种维修活动所花的时间不能过长，以免影响系统的正常运行。为了提高硬件系统的可靠性，一般可采取双机备份的形式，即当一组设备出现故障时立即启动另一组备用设备投入运行，故障排除后再一次进入双机备份状态。

2) 数据维护

数据维护工作一般由数据库管理员来负责，主要负责数据库的安全性和完整性以及进行并发性控制。用户要向数据库管理员提出数据操作请求，数据库管理员负责审核用户身份，定义其操作权限，并以此负责监督用户的各项操作。同时，数据库管理员还要负责维护数据库中的数据，当数据库中的数据类型、长度等发生变化时，或者需要添加某个数据项、数据库时，数据库管理员要负责修改相关的数据库、数据字典，并通知有关人员。另外，数据库管理员还要负责定期出版数据字典文件及一些其他的数据库管理文件，以保留系统开发和运行的轨迹；当数据库出现硬件故障并得到排除后要负责数据库的恢复工作。

3) 软件维护

软件维护主要指系统中应用系统的维护。在系统测试阶段已经对应用程序进行了大量的测试和修改工作，为什么还要在系统运行过程中进行软件维护呢？其原因主要有以下几个方面：

(1) 从系统测试的原理来看，系统测试不能无穷尽地进行，并且整个测试过程并不能够把程序中的所有错误都检查出来，在系统运行过程中仍然会出现软件方面的错误，因此必须对其进行维护。

(2) 由于系统是服务于各项管理活动的，而管理活动要随着客观环境和管理需求的变化而变化，因此必然要求应用程序也要随之发生变化，以满足这种不断变化的需求。

(3) 由于硬件是不断发展的，相应的软件也要不断地更新。为了延长应用软件的寿命，保证软件质量，必须对应用软件进行维护，并且软件的寿命常常取决于维护的水平。

软件维护费用与开发费用的比例关系在不同的历史时期表现不同。20 世纪 70 年代维护费用约占开发费用的35%～40%，80 年代增长到40%～60%，90 年代又增长到70%～80%，甚至更多。系统开发期一般为 1～3 年，而维护期一般为 5～10 年，因此要充分重视应用软件的维护工作。

6.5.2　系统维护内容

系统维护的内容一般有以下几个方面：

(1) 正确性维护。正确性维护是指改正在系统开发阶段已经发生而系统测试阶段尚未发现的错误。据统计，这方面的系统维护工作量占整个维护工作量的 17%～21%。所发现的错误有的不太重要，不影响系统正常运行，其维护工作可随时进行；而有的错误非常重要，甚至会影响整个系统的正常运行，其维护工作必须制订计划，进行修改，并且要进行复查和控制。

(2) 适应性维护。适应性维护是指使应用软件适应外界环境的变化和管理需求变化而进行的修改。这方面的维护工作量占整个系统维护工作量的 18%～25%。由于目前计算机硬件价格不断下降，各类系统软件层出不穷，人们常常为改善系统硬件环境和运行环境而产生系统更新换代的需求；客观环境和管理需求的不断变化使得各级管理人员不断提出新的信息需求。这些因素都将导致适应性维护的产生。进行这方面的维护工作也要像系统开发一样，要有计划、有步骤地进行。

(3) 完善性维护。完善性维护主要是指对已有的软件系统增加一些在系统分析和设计阶段没有规定的功能与性能特征。这些功能对完善系统功能是非常必要的，其次，还包括处理效率和编写程序的改进。这方面的维护占整个维护工作的 50%～66%，比重较大，也是关系到系统开发质量的重要方面。这方面的维护工作除了要有计划、有步骤地完成外，还要注意将相关的文档资料加入到前面相应的文档中去。

(4) 预防维护。预防维护是指为了改进应用软件的可靠性和可维护性，为了适应未来的软硬件变化，主动增加预防性的新功能，以使应用系统适应各类变化而不被淘汰。这方面的维护工作量占整个维护工作量的 4%左右。

6.6 系统评价

管理信息系统投入使用后，要在日常运行管理工作的基础上对系统初始目标实现的程度，为管理、决策提供服务的情况进行全面的检验和分析，并根据运行的实际效果给出真实、客观的评价，写出评价报告。评价的目的是检查系统是否达到预期的目标，技术性能是否达到设计要求，系统的各种资源是否得到充分利用，经济效益是否理想，并指出系统的长处与不足，为以后的改进与扩展提出意见。

6.6.1 管理信息系统评价的内容

管理信息系统评价的主要内容一般是根据使用者的反馈以及对系统运行情况的观察，对系统的功能、性能和经济效益做出客观的评价，为系统维护和更新提供可靠依据。管理信息系统的目标是为企业管理人员提供信息服务，辅助与支持管理决策。投入使用一段时间后，可以从管理信息系统提供的信息质量和数量进行考察，以确定系统目标的实际完成情况。

(1) 系统为使用者提供的信息服务，包括系统规模的大小和系统功能的多少。系统规模的大小，包括系统的功能结构和软、硬件配置情况等。系统功能的多少，包括是否完成了系统的全部目标、系统功能的程度、系统功能的操作复杂程度以及系统功能实现的结果应用情况等。

(2) 系统为使用者提供信息服务的效率，包括数据处理能力、系统的质量和支出情况等。数据处理能力，包括系统响应时间、精确度、灵活性、交互方式的处理等。系统的质量，指系统满足业务处理需求的状况，包括可用性、可扩展性、通用性等。支出情况，包括花费的人力、物力及其他资源，花费的资源有无浪费情况，带来的经济效益如何等。

6.6.2 管理信息系统评价的指标体系

管理信息系统评价的目标是通过估计系统的技术能力、工作性能等来正确认识和评估当前的应用系统，为将来系统维护和更新指出方向，提供支持。由于影响管理信息系统优劣的因素很多，所以管理信息系统的评价首先要建立好评价体系。从不同的角度建立的评价体系也不尽相同。

(1) 系统性能指标。系统性能指标主要是评价计算机系统的性能，包括对软、硬件的综合评价，系统性能的评价，系统功能的评价等。

(2) 经济效益指标。经济效益包括直接经济效益和间接经济效益。直接经济效益是管理信息系统的运行直接产生的成本的降低和收入的提高所带来的效益。间接经济效益是通过改进组织结构及运作方式、提高人员素质等途径促使成本下降、利润增加而间接获得的效益。管理信息系统的经济效益重点体现在间接经济效益上。

(3) 社会效益指标。管理信息系统处在一定的社会环境中，受到环境的影响，不仅是一个技术系统，更是一个复杂的社会系统。管理信息系统的应用带来的社会效益体现在：使用管理信息系统缩短了业务处理的时间周期，对用户业务响应及时并带来了良好的信誉；掌握用户资料，采用各种互利政策带来了潜在收益；良好的适应性带来了与各厂商客户之间的和谐伙伴关系和其对企业的信任度等。

信息系统在运行与维护过程中不断地发生变化，因此评价工作不是一项一次性的工作，系统评价应定期地进行或每当系统有较大改进后进行。信息系统的第一次评价一般安排在开发完成并运行一段时间，进入相对稳定状态后。通常第一次评价的结论将作为系统验收的最主要的依据。

信息系统的评价工作由系统开发人员、系统管理与维护人员、系统用户、用户单位领导及系统外专家等共同参与，评价方式可以是鉴定或评审等，评价的结论以书面的评价报告或评价意见等提出。评价结论也是系统的重要文档，应予以收存归档，统一保管。

要特别指出的是，目前我国信息系统的评价有偏重计算机轻信息的倾向，计算机、通信网络等固然重要，但它们毕竟是工具，是信息系统的一个构件，信息系统好坏的评价依据主要是信息开发与利用的深度，这对企业的生存与发展发挥着重要的作用。

◆◆◆ 本 章 小 结 ◆◆◆

系统实施是管理信息系统开发工作的最后一个阶段，这个阶段的主要任务是建立计算机硬件环境和系统软件环境，编写和调试计算机程序，组织系统测试和各类人员的培训，选择恰当的方法完成系统的转换并最终交付使用。

系统实施的主要内容包括系统实施的计划、准备、组织与管理，按系统设计方案购置和建立计算机系统安装，数据整理与准备、系统测试、试运行及用户验收，以及相关人员的培训。

程序设计是指设计、编制调试程序的方法和过程，是管理信息系统开发过程中的重要组成部分。系统测试的方法有人工测试和机器测试，其中机器测试又分为黑盒测试、白盒测试和灰盒测试三种方法。系统转换过程实际上是新旧系统交替过程，旧的系统被淘汰，新的系统投入使用，主要的系统转换方式包括直接转换、并行转换和分段转换。系统维护的主要任务就是保证系统的正常运转，使系统的资源得到有效运用，并使系统的功能在运行中不断得到完善和扩充，以提高系统的效率和延长系统的生命周期。人员培训至关重要，按培训对象分主要分为对企业管理人员的培训、系统操作人员的培训和系统维护人员的培训。

◆◆◆◆ 复 习 思 考 题 ◆◆◆◆

一、选择题

1. 在银行的核心系统中，新旧系统的转换方式通常采用(　　)。

    A. 直接转换　　　　　　　　　　B. 并行转换

    C. 分段转换　　　　　　　　　　D. 定时转换

2. 新系统取代旧系统，风险较大的转换方法是(　　)。

    A. 平行转换法　　　　　　　　　B. 直接转换法

    C. 逐步转换法　　　　　　　　　D. 逐个子系统转换法

3. 系统转换的任务是(　　)。

    A. 测试系统　　　　　　　　　　B. 将总体设计转换为详细设计

    C. 验收系统　　　　　　　　　　D. 保证新老系统平稳而可靠的交换

4. 在系统开发过程中，企业管理人员直接参与执行的工作包括系统分析和(　　)。

    A. 系统运行、评价　　　　　B. 系统调试

    C. 编写程序　　　　　　　　D. 系统设计

5. 计算机设备的购置应在(　　)。

    A. 系统开发之前　　　　　　B. 系统分析阶段

    C. 系统设计阶段　　　　　　D. 系统实施阶段

6. 系统实施中的系统切换方式以下说法不正确的是(　　)。

    A. 直接切换　　　　　　　　B. 并行切换

    C. 分段切换　　　　　　　　D. 分时切换

7. 程序设计的任务是(　　)。

    A. 画出程序框图　　　　　　B. 实现数据库设计

    C. 编出实现系统功能的源程序　D. 给出程序任务书

8. 对于大型程序设计来说，首先应强调的是(　　)。

    A. 运行效率　　　　　　　　B. 可维护性

    C. 开发成本　　　　　　　　D. 使用方便

二、判断题

(　　) 1. 信息系统维护的工作就是纠正系统的错误。

(　　) 2. 在系统转换方式中，直接转换方式比较适合设备和人员培训费用较少、属于低风险的方式。

(　　) 3. 系统测试的目的就是要证明程序没有错误。

(　　) 4. 系统转换的方式有多种，其中最安全的是直接转换。

(　　) 5. 系统测试的目的就是要证明程序没有错误。

第 7 章

信息系统的管理

内容提要 ✍

1. 了解信息系统管理的主要内容;
2. 了解信息系统项目管理的内容;
3. 了解系统运行管理的内容;
4. 了解信息系统文档管理的主要工作;
5. 了解影响信息系统安全的主要因素及安全控制措施。

本章关键词 📖

项目管理(Project Management)

运行管理(Operation Management)

文档管理(Document Management)

安全管理(Security Management)

管理信息系统开发工作结束,企业验收启用新系统后,对系统运行进行管理和维护就成了企业信息化工作的主要任务。管理信息系统运行的目标是使管理信息系统真正符合企业管理人员管理决策的需要,向企业管理人员提供必要的信息,为管理工作服务。为了达到管理信息系统使用的优良效果并延长管理信息系统的使用寿命,必须加强对管理信息系统的日常管理。管理信息系统运行和维护工作会随着系统的使用持续进行。管理信息系统投入运行后还要不断对系统的运行情况进行评价,为系统维护、更新和完善提供依据。

7.1　信息系统运行管理的组织机构

随着信息技术的发展,目前具有一定规模的企业都设置了信息管理部门,该部门全面负责企业信息管理工作。

7.1.1　信息系统管理机构

目前各类大小组织中负责管理信息系统运行的部门大多是网络中心、信息中心、数据处理等。信息管理职能部门常见的有以下几种形式，如图 7-1 所示。

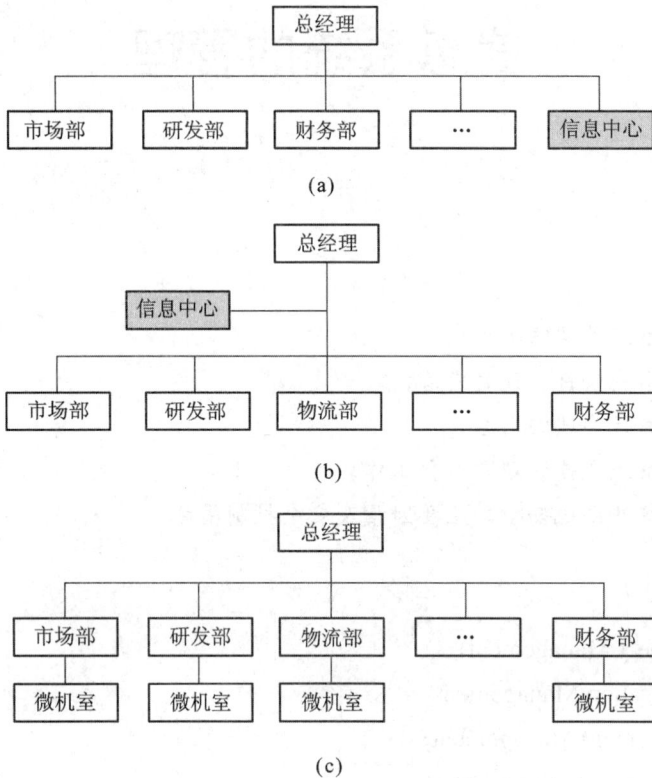

(a)

(b)

(c)

图 7-1　信息系统管理的组织结构

(1) 企业信息中心与其他职能部门属于同一级管理层。这种组织结构方便整个企业各部门进行信息资源共享与信息交流，但是信息中心的决策能力较弱，不能很好地发挥决策辅助功能，该组织结构示意图如图 7-1(a)所示。

(2) 信息中心在总经理之下，其他中层职能部门之上。这种组织结构既有利于信息资源的共享与传递，也能更好地为决策提供信息服务和支持，但由于信息中心的特殊地位，容易造成脱离管理或服务较差的现象，该组织结构示意图如图 7-1(b)所示。

(3) 各职能部门不设立信息中心，在各业务需要的部门设立专用计算机。这种组织结构中各职能部门的微机室处理的业务相对集中，由专人管理和操作，有利于职能部门内部对信息进行处理与管理。但这种组织结构缺乏统一的管理，对企业各部门间的信息共享与数据通信不利，并且容易出现数据冗余等现象，该组织结构示意图如图 7-1(c)所示。

由于企业规模大小不同，目前我国各企业内的信息管理部门在结构和人员组成上存在一定的差别，规模大的分工较细，一般按部、中心、组来划分。人员的组成以信息管理与信息系统、计算机专业的人才为主。图 7-2 所示的是企业信息管理部门的主要分支机构。

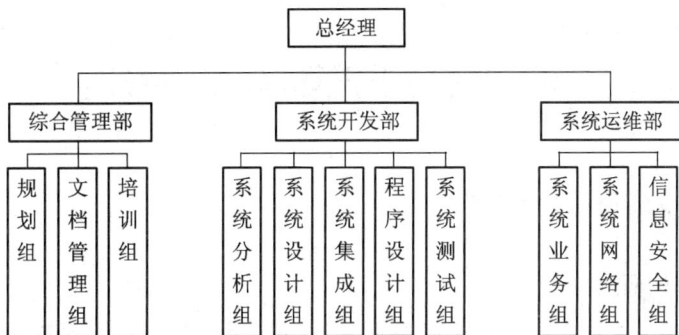

图 7-2　企业信息系统管理部门的设置

信息主管(Chief Information Officer，CIO)全面管理信息化建设，向组织的最高领导负责。CIO 一般由组织的高层决策人士来担任，其地位如同企业的副总经理，有的甚至更高。综合管理部门负责综合性工作，包括信息化规划、为各业务部门提供培训、信息化各项工作的文档管理，以及进行信息管理部门的内部事务管理等。系统开发部承担信息系统的开发、升级以及业务部门的业务更新、调整，按项目开发阶段划分为系统分析组、设计组、集成组、程序设计组和测试组等。系统运维部负责保证信息系统的正常运行与维护，业务组负责与业务部门沟通，解决与业务相关的问题，网络组负责网络的建设和管理，保证网络的正常运行，信息安全组主要负责与信息系统安全有关的问题。

7.1.2　信息系统管理人员与职责

信息管理部门的主要职责是管理正在开发或实施的信息系统项目；负责信息系统的正常运行和维护；建立和实施企业信息系统使用的指南和制度；向企业各业务部门提供信息技术服务；支持企业战略目标的实现。其中信息主管的主要职责是：

(1) 在企业主管的领导下，主持制订、修改企业信息资源开发、利用和管理的全面规划。

(2) 主持管理信息系统开发建设。

(3) 审批企业信息管理有关规章制度、标准、规范并监督实施。

(4) 负责信息管理与信息技术人员的招聘、选拔与培养。

(5) 负责企业信息资源开发、利用与管理所需资金的预算与筹措。

(6) 参与企业高层决策。

企业信息系统管理的中层、基层管理人员有：系统分析员、系统设计员、程序员、系统文档管理员、硬件维护员、软件维护员、数据库维护员和网络维护员等，此外还包括企业中承担重要的信息管理任务的组织机构，如计划、统计、产品与技术的研究与开发、市场研究与销售、生产与物资管理、标准化与质量管理、人力资源管理、宣传与教育、政策研究与法律咨询等部门的分管信息的负责人。

7.2　信息系统开发的项目管理

7.2.1　信息系统项目管理概述

1. 项目管理的概念

项目是为实现一个特定的目标，限定在一定时间内，有效利用资源(时间、资金、人力设备、材料和能源等)来完成的一次性任务。

项目管理是指在一定资源，如时间、资金、人力、设备、材料、能源、动力等约束下实现项目既定目标，对项目全过程进行计划、组织、指挥、协调和控制的管理活动。

2. 项目管理的特征

项目管理与传统的业务管理相比，其最大的特点是注重综合性的管理，可以跨部门进行，而且有严格的时间期限，即项目管理是通过不完全确定的过程，在确定的期限内提供不完全确定的产品。项目管理有如下特征：

(1) 项目管理的对象是项目。项目管理是针对项目的特点而形成的一种管理方法，特别适用于大型的、复杂的工程。

(2) 系统工程思想贯穿项目管理的全过程。

(3) 项目管理的组织具有一定的特殊性。项目管理中有团队的概念，围绕项目本身组织人力资源。团队是临时性的，团队也是柔性的。

(4) 项目管理的体制是基于团队管理的个人负责制，项目经理是整个团队中协调、控制的关键岗位。

7.2.2　信息系统开发项目的特点

与一般技术项目相比，信息系统项目有以下特点：

(1) 系统的目标不精确。对于信息系统的开发，在许多情况下，客户一开始只有一些初步的功能要求，给不出明确的想法，提不出非常确切的信息要求。信息系统项目的任务范围很大程度上取决于项目组所做的系统规划和需求分析。由于客户方对信息技术的各种性能指标并不熟悉，所以，信息系统项目所应达到的质量要求更多地由项目组来定义，而客户只能是尽可能地审查和确认。

(2) 用户的需求不断被激发。尽管已经做好了系统规划、可行性研究，签订了较明确的技术合同，但是随着系统分析、系统设计和系统实施的进行，客户的需求会不断被激发，被不断地进一步明确，导致项目进度、费用、程序以及与其相关的文档经常需要修改。

(3) 项目团队决定信息系统的成败。信息系统开发项目是智力密集型项目，受人力资源影响最大，项目组的结构、项目组成员的责任心和能力对项目的成功与否起决定作用。

由于信息系统开发的核心成果——应用软件是不可见的逻辑实体，如果人员发生流动，对于不深入掌握软件知识或缺乏信息系统开发实践经验的人员，是不可能在短时间里做到无缝承接信息系统的后续开发工作的。为高质量地完成项目，必须充分发掘项目组成员的才能和创造精神，不仅要求他们具有一定的技术水平和工作经验，而且还要求他们具有良好的心理素质和责任心。

7.2.3 信息系统项目管理内容

与其他项目的管理一样，信息系统项目的管理也涉及项目研制中的计划制订、进度估计、资源使用、人员配备、组织机构、质量监控等许多问题。鉴于信息系统项目的上述特点，我们重点介绍一下信息系统项目的计划管理、人员管理和质量管理。

1. 计划管理

为了避免信息系统严重超出预算和拖延进度，信息系统项目应事先编制好各方面的计划，比如进度计划、费用计划、人员安排计划等。除了这些与项目密切相关的实质性计划外，为了信息系统建设的顺利进行，还要编制一些保证性计划，比如质量保证计划、风险管理计划等。

信息系统的项目计划可以是全过程计划，也可以是阶段性计划或子系统计划。鉴于信息系统项目的特点，为了使项目团队富有成效地开展工作，项目的全过程计划应该尽可能制订得留有一定余量和弹性，而阶段性计划和子系统计划则可以按照近期精细、远期概略的方法展开。这样，随着项目的开展，后期客户的要求和期望会越来越具体，越来越明确，阶段性计划和子系统计划可以随之精细化，而全过程计划则能保持大体上的稳定。

2. 人员管理

一个项目要成功，制订计划是必不可少的，但构成项目组的人员是关键，项目的管理，归根结底是人的管理。人力成本通常都是信息系统项目成本构成中最大的一块，这就要求我们对人力资源从成本上去衡量，尽量使人力资源的投入最小；人力资源作为资本，我们又要尽量去发挥资本的价值，使人力资源的产出最大。

1) 系统开发的组织机构与分工

(1) 系统开发领导小组。其由企业的一把手负责，与系统相关的副总(如财务、营销、生产、产品开发、物料供应等)一起组成领导小组，负责新系统开发的行政组织和领导工作。该小组具有权威的作用，行使涉及机构调整、人员、设备的调配，规章制度的制定，资金的使用，项目管理以及对系统开发做出重要决策的权力。

(2) 系统开发工作小组。其负责系统开发工作的组织和实施。该小组在系统开发领导小组的领导下，具体执行系统开发的过程。技术负责人在小组中起主导作用，主持系统分析、建立逻辑模型、总体设计及系统实施与转换等重要的开发环节。小组中可以根据人员的构成情况和开发进程的需要，进一步组织系统分析与设计小组、管理模型开发小组、程序设计小组、测试小组、试运行小组等。

2) 系统开发的人员组成与职责

(1) 系统分析人员。系统分析员又称系统分析师，主要承担系统的调查与分析工作，往往来自专业开发机构，经过专业训练，对计算机、管理信息系统、现代管理理论和实践都有比较丰富的知识，知识面广，善于学习不同行业系统的业务知识，有很强的负责精神，善于与不同的人员进行讨论，交流思想，有较强的组织工作能力。

(2) 系统设计人员。系统设计人员负责系统的设计工作，称为系统设计师。参与系统开发的总体设计、模块设计及各种具体的物理设计工作。具有熟练的计算机专业知识，掌握建立管理信息系统的技术基础，责任心强，熟悉系统实施与转换的一般技术方法。

(3) 程序员。程序员负责系统程序设计、调试和转换工作。要求精通程序设计语言与编程技巧，掌握系统测试的原理和方法，具有准确理解和贯彻系统分析与系统设计思想的素质和能力，善于学习和运用程序设计的新方法和新技术，有一定的美学修养。

(4) 操作员。操作员参与系统调试与转换工作，负责系统正常运行期间对系统功能的执行，包括数据的录入、删改、统计、打印输出、数据的备份与恢复等。要求有熟练的键盘操作技能，准确快速的汉字输入能力，掌握基本的硬件操作知识与操作系统命令，善于学习和掌握应用系统的功能结构和性能特点，遵守操作规程，有责任心。

(5) 其他人员。其他人员在系统开发及正常运行后的管理与维护中，可根据需要配备。例如，设备维护、文档资料管理以及网络系统管理等专门人员及兼职人员。

以上所有人员及其分工要根据实际情况而定。在我国，往往是一人承担多种角色，人员之间互有交叉、兼职也是常有的事。人员的组成涉及人才队伍的建设问题，必须引起足够的重视。

除此以外，开发项目还需要抽调管理人员参加工作。这是非常重要的，因为计算机业务部门对具体的问题不够熟悉，没有使用部门和管理人员参加配合，往往使设计脱离实际，不能很好地投入运行。另一方面，由于管理人员和计算机技术人员考虑问题的出发点不同，有时会发生矛盾。例如，技术人员总希望从技术角度上首先考虑如何提高机器运转效率，而管理人员则首先要求使用方便。这些矛盾需要经过项目管理来进行协调。

在开发系统的过程中，还会遇到系统设计员和用户的矛盾。计算机和用户的关系是计算机为用户服务，不是用户为计算机服务，这个看来简单的道理却并不容易做到。因为对计算机来说是简单的方案，往往意味着用户使用麻烦，甚至根本不愿意用，或简直就无法使用，从而使系统失败；而对用户来说是方便的，就意味着设计人员和程序员要用一套程序的功能才能满足用户的要求。为了解决这个问题，在项目管理上应采取措施加强设计人员和用户之间的联系和合作。

3. 质量管理

按照国际标准组织(ISO)的定义，质量是依靠特定的或暗指的能力满足特定需要的产品或服务的全部功能和特征。这个定义说明了质量是产品的内在特征，描绘了产品的观点。现代项目管理思想认为质量不仅要满足一定的规定要求，还应该满足客户的需求。信息系统质量管理方法主要有工程的方法和统计控制的方法。

(1) 工程的方法。"信息系统开发方法"可以狭义地理解为"一组为信息系统开发起工具作用的规程"。

按这些规程工作，可以有助于较合理地达到目标。规程由一系列活动组成，形成方法体系。信息系统是一项系统工程，必须建立严格的工程控制方法，要求开发组的每一位成员都遵守工程规范。

规范中要求必须实行阶段性冻结与改动控制。一个大项目可分成若干阶段，每个阶段都有任务和成果。在每个阶段末要"冻结"部分成果，作为下一阶段开发的基础，冻结之后不是不能修改，而是其修改要经过一定的审批程序，并且涉及项目计划的调整。这样一方面便于管理和控制工程进度，另一方面可以增强开发人员和用户的信心。

(2) 统计控制的方法。除了软件工程的方法以外，软件质量管理的另一个重要方法就是统计控制方法。它主要包括软件指标的定义和度量，确定均值和方差，绘制统计控制图，分析不稳定原因，进行改进，以及不断地提升能力靠近目标等。企业可借助于软件成熟度模型(CMM)提升软件的稳定性，提高软件开发能力，减少偏差。通过 CMM 鉴定，提供企业被认可的机会，提高外包的可能性，从而提高企业效益。

目前人们对信息系统项目提出的要求，往往只强调系统必须完成的功能和应该遵循的进度计划以及生产这个系统花费的成本，却很少注意在整个生命周期中信息系统应该具备的质量标准。这种做法的后果是：许多系统的维护费用非常高，为了把系统移植到另外的环境中，或者使系统和其他系统配合使用，都必须付出很高的代价。

信息系统的质量管理不仅仅是项目开发后的最终评价，而且是在信息系统开发过程中的全面质量控制。也就是说，不仅包括系统实现时的质量控制，也包括系统分析、系统设计时的质量控制；不仅包括对系统实现时软件的质量控制，而且还包括对文档、开发人员和用户培训的质量控制。

7.3　信息系统的运行管理

一个系统运行的好坏不但取决于系统设计开发的技术水平和系统运行人员的素质，更重要的是取决于管理水平的高低。从验收并启用信息系统开始，对系统进行管理就成了企业信息管理工作的主要任务之一。

7.3.1　系统运行管理的内容

系统维护的主要任务就是保证系统的正常运转，使系统的资源得到有效运用，并使系统的功能在运行中不断得到完善和扩充，以提高系统的效率和延长系统的生命周期。对系统的维护工作贯穿于系统整个运行期，维护工作的质量将直接影响到系统的使用效果。其主要包括硬件系统维护、软件系统维护和系统的日常维护。系统人员应根据管理信息系统运行的外部环境的变更和业务量的改变，及时对系统进行维护。

1. 硬件系统的维护

硬件系统的维护工作一般在硬件购置阶段就会同硬件提供厂商进行协议，共同完成系统维护工作。

(1) 硬件系统的更新。在进行硬件系统的更新时，由于要更换设备，且更换、调试所需时间不定，为使对系统的正常使用影响降到最低，在更新前需制订周密的更新计划，并与硬件供应商、企业内部有关业务部门及其他相关机构进行协调，做好充分的准备工作，争取在较短的时间内完成硬件系统的更新。

(2) 硬件系统的故障维修。对于突发性的硬件系统的故障，要在事前准备较多的备用设备，在系统出现问题时立即进行维修工作，防止由于硬件系统故障引起的系统应用中断，造成数据丢失等损失。

2. 软件系统的维护

(1) 程序的维护。程序维护指根据需求变化或硬件环境的变化对程序进行部分或全部的修改。修改时应充分利用原程序，修改后要填写程序修改登记表。并在程序变更通知书上写明新老程序的不同之处。

(2) 代码的维护。代码的维护(如订正、添加、删除等)应由代码管理小组(由业务人员和计算机技术人员组成)进行。变更代码应经过详细讨论，确定之后应书写清楚。为此，除了成立专门的代码管理小组外，各业务部分要指定专人进行代码管理，通过他们贯彻使用代码。这样做的目的是要明确管理职责，有助于防止和订正错误。

3. 系统的日常维护

(1) 数据维护。数据维护主要指在系统运行期间对数据进行有效的处理与管理。对数据的处理除了数据录入与检验需大量人工完成外，其他存储、备份、筛选、查询、输出、应用等操作都由操作人员选择功能而计算机自动完成。

(2) 突发性事件的处理。突发事件一般由于操作人员的失误操作、计算机系统突然断电或计算机病毒等不确定性因素引起。对于一般情况，操作员可以自行维护处理，但对于某些破坏力大、影响强烈的事件还需要专业人员进行处理，如硬盘遭到破坏无法读取数据等。

7.3.2　信息系统日常运行管理

系统运行的日常管理不仅仅是机房环境和设施的管理，更主要的是对系统每天运行的状况、数据输入输出、安全性与可靠性等及时准确地加以记录和分析处理。这些工作主要是由系统管理员来完成的。

系统投入使用后的日常运行管理包括：

1. 信息处理及服务

信息处理及服务主要包括数据收集、信息处理及信息服务等任务。

(1) 数据收集。数据收集包括数据被动接收/数据主动采集和数据批量转换等形式。高质量的数据，是信息系统有效工作的坚实基础。数据被动接收过程中的数据采集者可能是客户和其他人员，负责数据主动采集的主要是企业的业务人员，并且在行政上也不属于信息处理部门。因此，数据校验的质量控制工作是必不可少的。数据校验工作，应该由专业的信息系统管理人员完成，或者在较大的系统中，考虑设置专门的数据控制功能模块来完成。

(2) 信息处理。信息处理是信息系统的主要功能，它是按照企业或者信息系统规定的业务逻辑对收集的数据进行运算处理的过程，处理的结果将直接或间接用于信息服务。

(3) 信息服务。信息服务包括例行的数据更新、统计分析、报表生成、数据的复制和保存、与外界的定期数据交流等。这些工作，都是在系统研制中已经详细规定好的，操作人员应经过严格训练，清楚地了解各项操作规则，了解各种情况的处理方法。

上述任务构成信息系统日常管理的主体，企业信息系统的管理人员必须全面考虑这些问题，组织有关人员按规定的程序实施，并进行严格要求，严格管理。否则，信息系统是很难发挥其应有的实际效益的。

2. 系统运行情况的记录

整个系统运行情况的记录能够反映出系统在大多数情况下的状态和工作效率。因此，信息系统的管理人员应该从系统运行的一开始就注意积累系统运行情况的详细资料，对管理信息系统的运行情况一定要及时、准确、完整地记录下来。除了日常例行的正常运行记录外，更重要的是要及时记录下意外或特殊情况的处理结果，如意外停机、操作系统或数据库平台升级等。

系统运行情况记录主要包括以下五个方面的内容：

(1) 工作量记录。包括开机的时间，每天(周、月)提供的报表、录入数据的数量、系统中积累的数据量、修改程序的数量、数据使用的频率、满足用户临时要求的数量等反映系统的工作负担、所提供的信息服务的规划以及计算机应用系统功能的最基本的数据。

(2) 工作效率记录。系统为了完成设计所规定的信息处理工作，耗费的人力、物力及时间情况。此外，对用户的临时查询，系统正确数据的响应时间；系统在日常运行中，例行的操作所花费的人力是多少，消耗性材料的使用情况等。

(3) 系统服务质量记录。信息服务和其他服务一样，应保质保量，包括信息用户对所提供信息结果的准确程度、提供的方式是否满意，是否符合要求，信息提供得是否及时，临时提出的信息需求是否得到满足等，都在信息服务的质量范围内。

(4) 系统维护情况记录。系统中的数据、软件和硬件都有一定的更新、维护和检修的工作堆积。这些工作都要有详细的及时的记载，包括维护工作的内容、情况、时间、执行人员等。这不仅是为了保证系统的安全和正常运行，而且有利于系统的评价及进一步扩充。

(5) 系统故障记录。系统故障记录指对系统运行中的各种故障情况进行记录。记录的内容包括故障发生的时间、故障的设备、故障发生的环境、处理方式及结果、处理人员的姓名、善后处理的措施和原因分析等。记录应详尽、完整，且对大小故障都要进行记录。

7.4　信息系统的文档管理

信息系统的文档是系统开发过程的"痕迹"，是系统维护人员的指南，是开发人员与用户交流的工具。规范的文档意味着系统是按照工程化开发的，意味着信息系统的质量有了形式上的保障。文档的欠缺、文档的随意性和文档的不规范，极有可能导致原来的系统开发人员流动后，系统不可以维护、不可以升级，变成一个没有扩展性、没有生命力的系统。所以，为了建立一个良好的信息系统，不仅要充分利用各种现代化信息技术和正确的系统开发方法，同时还要做好文档的管理工作。

7.4.1　信息系统文档的类型

信息系统的文档有以下几种分类方法：

(1) 按照产生的频率，信息系统文档分为一次性文档和非一次性文档。一次性文档是指在系统开发过程中只产生一次的文档，如系统分析报告、系统设计说明书等；非一次性文档是指在系统开发过程中产生多次的文档，如需求变更申请书、维护修改建议书、信息系统运行日志等。

(2) 按照信息系统生命周期的阶段不同，信息系统文档可以划分为系统规划阶段文档、系统分析阶段文档、系统设计阶段文档、系统实现阶段文档和系统运行与维护阶段文档。系统规划阶段文档如系统可行性研究报告、项目开发计划书等；系统分析阶段文档如系统分析说明书等；系统设计阶段的文档如系统设计说明书、需求变更申请书等；系统实现阶段的文档如程序设计报告、系统测试报告、开发总结报告等；系统运行与维护阶段的文档如用户手册、操作手册与维护修改建议书等。

(3) 按照文档服务目的的不同，信息系统文档可以分为用户文档、开发文档与管理文档。用户文档主要是为用户服务的，如用户手册、操作手册、系统运行日志、系统维修建议书等；开发文档主要是为开发人员服务的，如系统分析说明书、系统设计说明书、程序设计说明书、系统测试计划及系统测试报告等；管理文档主要是为项目管理人员服务的，如可行性研究报告、项目开发计划、需求变更申请书、开发进度报告及开发总结报告等。

7.4.2　信息系统文档管理的主要工作

为了最终得到高质量的信息系统文档，在信息系统的建设过程中必须加强对文档的管理。文档管理应从以下几个方面着手进行：

1. 文档管理的制度化、标准化

文档管理必须形成一整套的文档管理制度，其内容包括：

(1) 明确必须提供文档的种类、格式规范。

(2) 明确文档管理人员。

(3) 明确文档的设计、修改和审核的权限。

(4) 制定文档资料管理制度。

根据这一套完善的制度最终协调、控制系统开发工作，并以此对每一个开发成员的工作进行评价。

2．文档管理的人员保证

项目小组应设文档组或至少一位文档保管人员，负责集中保管本项目已有文档的两套主文本。两套文本内容应完全一致，其中的一套可按一定手续办理借阅。

3．维护文档的一致性

信息系统开发建设过程是一个不断变化的动态过程，一旦需要对某一文档进行修改改，要及时、准确地修改与之相关的文档；否则将会引起系统开发工作的混乱。而这一过程又必须有相应的制度来保证。

(1) 项目组成员可根据工作需要在自己手中保存一些个人文档。这些文档一般是主文本的复制件，并注意和主文本保持一致，在做必要的修改时，也应修改主文本。

(2) 项目开发结束时，文档管理人员应收回开发人员的个人文档。发现个人文档与主文本有差别时，应立即着手解决。

(3) 在新文档取代了旧文档时，文档管理人员应及时注销旧文档。在文档内容有更改时，管理人员应随时修订主文本，使其及时反映更新了的内容。

(4) 主文本的修改必须特别谨慎。修改之前要充分估计修改带来的影响，并且按照提议、评议、审核、批准和实施等步骤加以严格的控制。

4．维护文档的可追踪性

由于信息系统开发的动态性，系统的某种修改是否最终有效，要经过一段时间的检验，因此文档要分版本来实现。而版本的出现时机及要求也要有相应的制度。

信息系统开发的产品是软件，即程序加文档。程序是供计算机执行的指令，对用户而言是"看不见、摸不着"的。程序执行的对与错，用户只有检查结果才知道。程序主要是供计算机"读"的。当然，打印出来的程序，人也可以读，但效率太低。读一份风格独特、注释不充分的程序，犹如读"天书"。没有规范的文档，程序不可能维护。可以说没有文档，就没有信息系统，文档是信息系统的生命线。

7.5 信息系统的安全管理

7.5.1 信息系统安全概述

随着信息技术的发展，管理信息系统在运行操作、管理控制、经营管理、战略决策等企业经济活动各个层面的应用范围不断扩大，并发挥着越来越重要的作用。但是，管理信息系统越发展，人们对其的依赖性就越强，管理信息系统的安全也就越来越重要，尤其是Internet在社会各领域的广泛应用，使得信息系统安全的概念发生了根本的变化。管理信息系统就像一把双刃剑，一方面它使企业能够更加有效地利用信息，另一方面也使得企业面临更加严峻的信息安全问题。因此，信息系统的安全管理是一项极其重要的管理工作。

信息系统安全是指组成信息系统的硬件、软件和数据资源不受自然和人为的有害因素的威胁和危害。信息系统安全内容主要包括如下几个方面：

(1) 实体安全。保证信息系统的各种设备及环境设施的安全。具体包括场地环境、设备设施、供电、电磁屏蔽、信息存储介质等。信息系统的实体安全是整个信息系统安全的前提。

(2) 软件安全。保证操作系统、数据库管理系统、网络软件、应用软件等软件及相关资料的完整性及可用性。具体包括软件开发规程、软件安全测试、软件的修改与复制等。

(3) 数据安全。防止数据被故意或偶然的泄露、破坏、更改，保证数据资源的保密性、完整性、有效性和合法性。具体包括输入、输出、身份认证、存取控制、加密、审计与追踪等方面。

(4) 运行安全。系统资源和信息资源的合法使用。具体包括电源、环境条件、人事、机房管理、出入控制、数据与存储介质管理，运行管理和维护等。

7.5.2　信息系统的安全特性

信息系统的安全特性包括信息的真实性、完整性、保密性、可用性和不可否认性五个方面，具体如下：

(1) 真实性。这一属性要求对信息输入、输出和处理的全过程都进行必要的识别和验证，确保信息的真实可靠。真实性是其他属性的前提条件，如果信息失去了真实性，反映的是不真实不可靠的情况，那么其他属性将变得没有任何意义，信息系统的安全也无从谈起。

(2) 完整性。这一属性要求信息没有在未授权的情况下被修改，确保信息在传输过程中保持一致。

(3) 保密性。这一属性要求信息没有在未授权的情况下被泄露，只有经过认证的人员才可以获取保密的信息。

(4) 可用性。这一属性要求合法用户及时、正确地取得所需的信息。

(5) 不可否认性。这一属性要求信息的传输、处理和存储过程有据可查，不能否认过去真实发生的对信息的访问和操作。

7.5.3　影响信息系统安全的主要因素

从目前的实际运行状况来看，信息系统本身存在着许多不完善的地方，如系统软件和应用软件设计存在缺陷，硬件系统存在缺陷，软硬件配置不当，安全管理制度不完善，人员管理不当等。这些缺陷的存在，使得信息系统面临各种安全威胁。

　　能够对信息系统安全造成危害的影响因素很多，按照安全威胁产生的原因，可以分为自然因素和人为因素两大类。

1. 自然因素

　　(1) 自然灾害：包括失火、地震、风暴、洪水、雷击和静电等灾害。

　　(2) 自然损坏：是指因系统本身的脆弱性而造成的威胁。例如，元器件老化及失效、设备故障、软件故障、保护功能差和整个系统不协调等。

　　(3) 环境干扰：如高低温冲击、电压降低或过载、震动冲击、电磁波干扰和辐射干扰等因素。

2. 人为因素

　　(1) 无意损坏：无意损坏是过失性的，是因人的疏忽大意造成的。如操作失误、错误理解、设计缺陷、软件 Bug 以及无意造成的信息泄露或破坏。

　　(2) 有意破坏：有意破坏是指直接破坏信息系统的设备或设施、盗窃资料及信息、非法使用资源、释放计算机病毒以及篡改系统功能等。

7.5.4　信息系统安全控制措施

　　针对日益严峻的信息系统安全威胁，可以从安全技术和安全管理两个方面进行安全防护。

1. 安全技术

　　(1) 安全协议。因为 TCP/IP 协议栈在设计和应用之初缺乏安全性考虑，致使在应用中存在的安全威胁越来越多，也越来越复杂。所以可以有针对性地采用一些安全技术，如数据加密技术、安全超文本传输协议和安全套接层协议等来保证数据传输的安全。

　　(2) 漏洞扫描和修补。漏洞扫描和修补也是降低信息系统安全威胁的有效手段，漏洞扫描是通过扫描等手段对指定的信息系统的安全脆弱性进行检测，发现可利用的漏洞的一种安全检测行为。而漏洞修补即通常所讲的"打补丁"，是在漏洞扫描和分析的基础上，结合技术和人工管理方式，建立一套有效的漏洞管理工作流程，对发现的漏洞及时进行修补，从根本上有效地阻止利用漏洞进行的各类攻击行为的发生。

　　(3) 入侵检测。通过收集和分析网络行为、安全日志、审计数据、其他网络上可以获得的信息，以及信息系统中若干关键点的信息，检查网络或应用中是否存在违反安全策略的迹象。这是一种主动的安全防护技术，可以及时发现局域网内的安全薄弱点和容易被攻击的网站目标，也可以通过对这些数据的分析挖掘，有重点地对局域网内的信息系统进行安全加固。

2. 安全管理

　　(1) 规章制度。建立和完善信息系统开发规范、服务器管理规范和信息系统运维管理规范等各种规章制度,对信息系统的管理分工明确责任到人,严格落实各项安全管理规范。

(2) 应急预案。一旦发生紧急安全事件,可以依据应急预案,按照预定流程,召集相应部门和人员进行调查处理,弄清问题产生的原因,并协调相关资源进行后期处理,避免同类事件的再次发生。

(3) 加强宣传和培训工作。在以上几项安全防护方案的基础上,应积极做好安全知识的宣传和培训工作,定期举办面向员工的信息安全讲座,定期对信息系统的技术负责人员进行安全技术培训。这些措施都有助于提高信息系统的整体安全防护水平,从而保障信息系统的顺利开展。

需要说明的是,大型的信息系统要想做到零缺陷几乎是不可能的,如果一个系统为了提高安全控制水平,设计了太多的密码、安全层次和授权,该系统使用起来将很不方便。设计系统时,需要把握系统开放和系统保护之间的关系。设计的信息系统既不要缺乏控制,又不要过度控制。

◆ ◆ ◆ 本 章 小 结 ◆ ◆ ◆

本章主要从信息系统运行管理的组织机构、信息系统开发的项目管理、信息系统的运行管理、文档管理以及安全管理五个方面介绍了信息系统管理的相关知识。项目管理是指在一定资源,如时间、资金、人力、设备、材料、能源、动力等约束下实现项目既定目标,对项目全过程进行计划、组织、指挥、协调和控制的管理活动。信息系统项目管理包括计划管理、人员管理和质量管理等;运行管理包括硬件系统的维护、软件系统的维护和系统的日常维护;文档管理包括文档管理的制度化和标准化、文档管理的人员保证、维护文档的一致性和可追踪性;安全管理包括实体安全、软件安全、数据安全和运行安全。

◆ ◆ ◆ 复 习 思 考 题 ◆ ◆ ◆

一、选择题

1. 系统文档的管理工作主要有(　　　)。

    A. 文档标准与规范的确定　　　　　　B. 文档编写的指导与督促

    C. 文档的收存、保管与借用手续的办理　　D. 以上全部

2. 针对日益严峻的信息系统安全威胁,可以从(　　　)方面进行安全防护。

    A. 规章制度和安全管理　　　　　　　B. 安全管理和安全技术

    C. 安全协议和应急预案　　　　　　　D. 加强宣传和入侵检测

3. 信息系统开发项目的特点有(　　　)。

    A. 系统的目标精确　　　　　　　　　B. 信息系统质量要求由客户来定义

    C. 用户的需求不断被激发　　　　　　D. 技术决定信息系统的成败

4. 系统运行情况记录不包括(　　　)。

  A. 系统服务质量记录　　　　　　　B. 工作量记录

  C. 系统故障记录　　　　　　　　　D. 员工考勤记录

5. (　　　)不是信息系统的安全特性。

  A. 真实性　　　　　　　　　　　　B. 完整性

  C. 整体性　　　　　　　　　　　　D. 不可否认性

6. 下列不属于配送系统的主要子系统的是(　　　)。

  A. 顾客订单子系统　　　　　　　　B. 库存补充子系统

  C. 资金管理子系统　　　　　　　　D. 账目维护子系统

7. 下列不属于影响管理者越来越注重于信息管理的企业生存环境变化原因的因素是
(　　　)。

  A. 国际经济影响　　　　　　　　　B. 技术的日益复杂性

  C. 员工素质的提升　　　　　　　　D. 社会的限制

8. 信息管理人员管理的主要无形资源是(　　　)。

  A. 人事　　　　　　　　　　　　　B. 物资

  C. 信息　　　　　　　　　　　　　D. 设备与能源

9. 管理系统中计算机应用的基本条件包括科学的管理基础、领导的支持与参与及
(　　　)。

  A. 报表文件统一　　　　　　　　　B. 数据代码化

  C. 建立组织机构　　　　　　　　　D. 建立专业人员队伍和培训

10. 在一般信息系统运行中,绝大部分信息错误是产生于(　　　)。

  A. 程序错误　　　　　　　　　　　B. 输出错误

  C. 操作错误　　　　　　　　　　　D. 原始数据的采集和输入错误

11. 系统调试时,当程序全部调试完成后,首先应做的事是(　　　)。

  A. 系统试运行　　　　　　　　　　B. 系统正式运行

  C. 编写程序文档资料　　　　　　　D. 系统交付使用

第8章

企业信息化与电子商务

内容提要 ✍

1. 掌握企业信息化的内涵及内容；
2. 了解电子商务流程框架。

本章关键词 📖

企业信息化(Enterprise Informationization)

管理创新(Management Innovation)

电子商务(Electronic Commerce)

8.1　企业信息化与管理创新

8.1.1　企业信息化的概念

经过 30 多年的发展，信息化已经成为一种必然的趋势和无法回避的现实。信息技术对经济的推动作用类似于工业革命。信息技术是改造传统工业体系研究、开发、设计、生产、管理和销售的工具，是创立新经济模式、新生活方式的手段。信息技术也是一种新的经济运行理念，通过对各行各业的渗透，极大地提高市场运行效率，降低成本。

1. 企业信息化的定义

企业信息化涉及许多相关学科，不同的学者从不同角度对企业信息化的概念进行了各种各样的概括，提出了各种不同的定义。综合各种有关企业信息化的定义，本书给出以下定义：企业信息化是指企业利用现代信息技术，通过对信息资源的深入开发和广泛利用，使企业资源合理配置，不断提高企业生产、经营、管理、决策的效率和水平，进而提高企业经济效益和企业市场竞争力的过程。

2. 企业信息化的内涵

1) 以信息技术为基础

企业信息化从某种角度来说，就是信息技术的广泛应用过程。从 20 世纪 50 年代到 90 年代，企业信息化大致经历了三个阶段：第一阶段(20 世纪 50—60 年代)，由于计算机技术的突破和发展以及企业竞争的需要，产生了以计算机技术为基础的各种企业信息技术应用系统；第二阶段(20 世纪 70—80 年代)，产生了包括技术信息系统、制造自动化系统、管理信息系统、质量信息系统在内的全面生产作业管理信息化系统和企业制造资源计划等；第三阶段(20 世纪 90 年代至今)，随着网络通信技术的飞快发展以及经济全球化的加速，信息资源的重要性日益突出，企业已不满足单纯信息设备和技术的应用，更迫切要求对信息资源的事例开发和广泛应用，因而产生了企业资源计划以及利用内外联网的客户关系管理、供应链管理、电子商务等。

2) 以信息资源开发为核心

信息资源是企业最重要的资源之一，开发信息资源既是企业信息化的出发点，又是企业信息化的归宿，在企业信息化体系中处于核心地位。随着信息化的深入，信息已成为企业继土地、资本、劳动力三大资源后的第四大战略资源，并且作为生产要素其重要程度将日益增大，并引起企业生产经营、组织机构、企业文化等方面一系列的变革。按照信息的来源分类，企业信息可分为内部信息和外部信息。企业内部信息是指企业内部经营管理和各个环节中积累的信息，包括生产计划、财务信息、产品设计信息、库存信息、人员信息等；企业外部信息是指存在于企业外部的、对企业经营活动产生影响，并且可以为企业所认知的各种信息，包括宏观经济信息、市场信息、经济者相关信息等。

许多企业已经认识到，未来的竞争是人才的竞争，是信息(知识)资源创造、扩散和使用效能的竞争，信息资源战略成为企业超常规发展的机会。

3) 信息化涵盖企业经营活动的各个方面

信息化作为一种时代进步的推动力，突破了信息科学和技术的范畴，涵盖了企业生产经营活动的各个方面和全部过程。从企业信息化的内容看，应该包括产品信息化、生产信息化、管理信息化、市场经营信息化和决策信息化。除了涵盖上述经营活动的全过程外，企业信息化还引起企业组织结构、企业文化和企业经营理念的巨大变革。

4) 信息化的目的是增强企业核心竞争力

企业信息化的根本动力是生产力的巨大进步，企业实施信息化的目的就在于增强企业核心竞争力，提高企业经济效益。信息技术对企业生产、管理和组织结构等具有很强的渗透力，通过形成差异产品或服务、改变竞争方式、扩大竞争领域、减少交易成本、促进产品和技术创新、提高管理效率、增强抗风险能力等方面，可以大大提高企业竞争力。

5) 企业信息化是一个过程

企业信息化不是一朝一夕能完成的，是一个循序渐进的过程。信息技术基本的作用是战术层次的，但随着它向企业经营各个环节的渗透，会逐渐产生战略性的影响，从作为自动化的工具和信息沟通的手段，到决策支持直至促使企业运作模式和组织结构的变化，这是一个相当漫长的过程。企业信息化发展的速度取决于两个因素：一是随着企业业务的发展而发展，而信息系统的发展，企业信息化水平的提高反过来又促进企业业务的发展；二是随着员工对数字化工具使用水平的提高而提高。通过图 8-1 可以看出，在企业信息化的过程中，由于受到众多因素的限制，信息化在提升企业竞争力方面呈现螺旋式上升趋势。

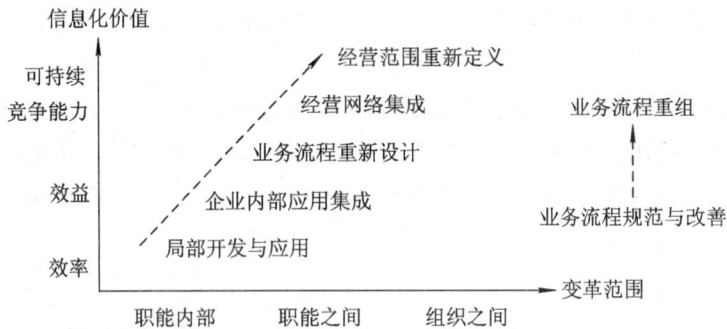

图 8-1　企业信息化螺旋式深化发展过程

8.1.2　企业信息化的内容

企业组织管理人员对所有层次上的需求信息进行界定，明确各领域所需的信息范围，再对信息收集的可行性进行分析，明确目前可收集信息和将来可收集信息的范围和途径。企业信息的采集可分为企业内部信息的收集和外部信息的收集。企业内部的信息包括企业生产经营领域内的各类信息，如企业生产设备情况、人员的劳动生产率、企业目前的资金状况、企业通信条件等。企业外部信息包括企业所处的社会环境信息(如政府政策、社会经济态势、信息技术的发展等)、竞争对手的信息(如市场份额的状况、竞争对手的竞争策略、竞争对手的经营状况等)以及顾客的信息(如顾客分布、顾客的爱好、顾客的产品需求等)。

企业信息化贯穿企业经营活动的全过程，不同类型、不同性质的企业，其信息化建设所包含的内容也不一样。以制造企业为例，企业信息化的内容主要包括生产过程信息化、流通过程信息化、管理决策信息化和组织结构信息化。

1) 生产过程信息化

生产过程信息化即形成以产品创新为核心、技术创新为动力，通过应用现代电子信息技术(如 CAD、CAM 等)解决加工过程中复杂问题的企业自动化生产信息运作系统，使生产要素的资源信息化、数字化，实现物质生产过程的优化和各生产要素的高效利用集成。生产过程信息化具体体现在：产品设计自动化生产过程自动化和设备智能化三个方面。

2) 流通过程信息化

建设企业适应外部经济、市场变化，可迅速灵敏反应的企业营销信息化系统，形成以市场应用为核心、市场创新为动力，企业内部与外部市场相沟通的企业市场信息体系，能够利用信息技术和信息资源不断为企业创造更多的贸易机会。具体体现在以下几个方面：

(1) 原材料采购、产品销售、售后服务。

(2) 形成及时搜集、处理、反馈原材料市场变化信息，保证原材料、能源供应渠道畅通，使采购工作有效进行的网络体系。

(3) 形成及时向外传播本企业产品市场销售信息及相关市场信息，保证产品销售渠道畅通和销售工作有效进行的网络体系。

(4) 建立本企业产品售后服务和有关技术服务信息网络。

3) 管理决策信息化

一是形成贯穿供、产、存、销的生产经营全过程的信息化管理。

二是形成对人、财、物、技术等生产要素分别施行管理，并使之相互紧密结合、有效发挥作用的全方位的信息化管理，对人流、物流、财流和技术流程交互衔接运作的信息化系统实现管理。

三是形成辅助决策支持决策实施的信息化系统。

4) 组织结构信息化

随着企业信息化的发展，扁平化企业组织结构应运而生，它能够实现信息迅速传递、决策准确及时，充分调动管理人员的积极性以提高管理效率。

8.1.3　信息化改变企业经营环境

1. 信息化对企业外部环境的影响

企业经营环境分为外部环境和内部环境，信息化对企业外部环境的影响主要表现在下列四个方面：

1) 大网络环境的形成

从外部环境来看，信息技术的发展使得整个世界越来越小，也就是所谓的"地球村"，这也意味着企业的竞争环境将由区域化向全球化发展，尤其是随着全球信息化的发展，经济全球化是大趋势，企业所处的宏观环境实际上已经不仅仅是通过信息技术连接起来的狭义的网络，而应该将技术环境与经济环境结合在一起考虑，形成一种大网络的概念，在这种大网络概念下来考虑企业的经营战略和企业管理模式。

2) 行业竞争结构的改变

根据竞争战略专家迈克尔·波特的观点，一个行业的竞争状况是由五种作用力决定的，作用力越强，行业的竞争也更加激烈。这五种作用力是：现有竞争者的竞争，潜在进入者的威胁，替代品的威胁，买方讨价还价能力，卖方讨价还价能力。互联网的广泛应用可以从多个方面改变行业竞争机构，也使得竞争更加激烈。在互联网上，顾客获取产品信息更为方便，可以对多种产品的价格、服务等进行分析，并且购买产品可以不再受时间和地理位置的限制，买方讨价还价能力自然会有很大提升，为了吸引和留住顾客，竞争者之间的竞争方式也将从传统的关注利润向关注顾客转移。因此，互联网时代是"客户定制规则"的时代。

3) 顾客需求行为的变化

互联网不仅为顾客了解产品提供了极大的方便，互联网本身也是一个理想的产品销售渠道。国外的相关研究也表明，在顾客服务方面，购物者对网上零售的满意度已经超过了传统购物方式。B2C 电子商务的发展，势必引起顾客消费模式和需求行为的变化，这种变化要求企业营销战略进行调整以适应新的市场环境。

4) 企业交易模式的改变与价值链的再造

信息技术逐渐渗透到企业价值链的各个环节，最为明显的是供应链和销售方式的重大变革，企业间电子商务发展的势头迅猛。B2B 交易的优越性不仅在于降低了交易成本，而且改变了传统的交易流程，缩短了交易时间，企业内部价值链扩展到连接企业的供应商和客户网络，企业通过电子商务强化的供应链，大大缩短了从接受订单、原材料采购到发货的周期，通过供应商、分销商和企业库存，实时共享，实现实时主动的生产计划等。

2. 信息化对企业内部环境的影响

信息技术不仅改变了企业的外部环境，企业内部的管理模式也将因此而发生重大变革，主要表现在组织结构、营销方式、内部协调、顾客服务等方面。

1) 组织结构的变革

在传统的管理模式中，随着企业规模的不断扩大，管理层次越来越深，组织结构越来越臃肿，结果造成管理流程复杂，管理效率低下，并且增大了管理成本，减弱了企业的竞争优势。信息技术在企业中的应用使得传统的等级管理向全员参与、模块组织、水平组织等新型组织模式转变，管理幅度可以冲破传统管理模式的限制，垂直的层级组织中大量的中间层已经没有必要，企业内部上下级之间的距离大为缩短，组织结构向扁平化方向发展。

2) 营销方式的扩展

互联网已经成为现代企业重要的营销工具，网络营销是企业整体营销战略中一个有机的组成部分，是以互联网为基本手段营造网上经营环境，而不仅仅是通过互联网来销售产品，网络营销的基本功能还包括提升品牌形象、增进顾客关系、改善顾客服务、网上市场调研等方面。互联网已经成为企业经营活动中必不可少的一部分，"鼠标加水泥"式的公司将逐渐在经济活动中发挥重要作用，这些公司并不将业务限制在网上，同时也用某些传统的营销方式在网下销售，将网络营销作为企业营销战略的补充，而不是完全依赖互联网，这也将是很长一个时期内企业的基本策略。

3) 内部协调方式的变革

基于互联网的管理方式使得企业内部沟通和协调不再受地理位置的限制，在"虚拟企业"、"在家上班"等这些时髦概念背后，揭示了传统管理职能的变迁。协调是管理工作的核心内容，传统的协调以面对面交流为主要手段，企业内部网和各种新型通信手段将改变这种交流模式，也使得内部协调更加高效，成本也更为低廉，这种协调方式也为区域性企业向全国甚至全球范围扩张提供了便利的条件。如著名的网上书店 Amazon，其管理层最初只有 3 个人，但却在短短的两年时间内发展成一个可以与大型企业相媲美的企业，这就是应用电子商务转变管理模式的优势所在。

4) 顾客服务方式的演进

由于获得新的顾客比留住老顾客的成本要高得多,因此,顾客服务对企业经营成败至关重要。传统的顾客服务方式主要为电话咨询、上门服务、开设服务网点等,但毕竟受到服务时间和地理位置等因素的影响,顾客服务难以做到十分完美,或者要花很大代价。互联网为企业提供了更加快捷、更加方便的顾客服务手段,比如电子邮件咨询、自助式的在线服务、即时通信工具等。研究表明,顾客对服务及时性的要求越来越高。现在,大多数顾客希望在 6 小时内获得关于顾客服务的询问,甚至为数不少的顾客在寻求获得满意的即时服务。一些服务领先的电子商务公司已经提出了"60 分钟内回复"的承诺,这在传统的顾客服务方式下是很难实现的。

8.2　电　子　商　务

电子商务正改变着竞争的形式、行动的速度、相互作用的效果、生产、客户与公司以及公司与供应商间的支付方式等。对如今大多数公司来说,电子商务包括在世界范围内的商业伙伴网络的支持下,全球客户联网交易的开发、营销、销售、运输、服务以及支付产品和服务费用的全部过程。电子商务系统依靠互联网资源和其他信息技术来支持流程中的每一个步骤,许多公司正从事着某种形式的电子商务活动。因此,发展电子商务已成为今天大多数公司的重要选择。

成功运作和管理电子商务活动所需的主要流程如表 8-1 所示,表中概括了电子商务流程框架的九个组件,这个框架是如今许多公司启动电子商务的基础。由于篇幅的限制,本小节只讨论其中的几个组件。

表 8-1　电子商务流程

组　件	主　要　流　程
访问控制与安全	(1) 访问控制；(2) 认证；(3) 安全措施
客户档案管理与个性化	(1) 客户档案管理；(2) 个性化；(3) 行为追踪
检索管理	(1) 按内容检索；(2) 按参数检索；(3) 按角色和规则检索
内容管理	(1) 动态生成内容；(2) 数据仓库
目录管理	(1) 定价计算；(2) 产品配置；(3) 目录生成
支付	(1) 购物车；(2) 支付手段支持；(3) 支付确认
工作流管理	(1) 购买过程自动化；(2) 文档管理；(3) 基于规则和角色的内容路径
事件通知	(1) 事件导向的交易信息；(2) 发送电子邮件；(3) 消息公告板；(4) 新闻组
协作与贸易	(1) 仲裁；(2) 谈判

8.2.1　访问控制与安全

在电子商务流程中，必须凭借用户识别、授权访问和强制的安全性，在参与者之间建立一个彼此信任的通道。例如，通过用户名和口令、密钥、数字证书及签名等措施建立消费者与电子商务网站间证明身份的机制，电子商务站点必须授权用户访问网站中为完成特定交易所需的网页。从事 B2B 电子商务的公司依靠安全的行业交易软件采购产品和服务，或允许注册用户利用 Web 交易门户网站访问贸易信息和应用软件。其他安全流程保护电子商务网站资源免受黑客和系统故障的威胁。

8.2.2　客户档案管理与个性化

一旦访问一个电子商务网站，客户档案管理过程就开始收集有关客户访问网站的行业及所选产品和服务的数据，并对客户的特点和偏好进行分析。客户档案管理利用用户注册信息、cookie 文件、站点行为跟踪软件和用户反馈等分析工具，用于识别每个用户，为用户提供个性化的网站浏览内容，向用户推荐产品和提供个性化广告等，这些都是一对一的营销策略。客户档案管理还被用于账户管理和支付中的用户身份识别，并为客户关系管理、市场营销规划和网站管理收集数据。

8.2.3　检索管理

有效的检索能够使顶级电子商务网站帮助客户寻找所想评估或购买的指定产品和服务。电子商务软件包可以包含网站搜索引擎，或从提供检索技术服务的公司购买定制的电子商务搜索引擎。搜索引擎可以整合几种检索技术，包括按内容(如产品描述)检索，或按参数(如按一个产品的多个属性高于或低于某个范围)检索等。

8.2.4　内容管理与目录管理

内容管理软件帮助电子商务公司开发、生成、传输、更新以及存储电子商务网站上的文本数据和多媒体信息。例如，BarnesandNoble 公司大股东之一的德国传媒大学的内容管理软件生成网页模板，使位于全球六个办公室的编辑能够轻松地发布和更新产品信息，也能对电子商务平台中的图书评论进行管理。

电子商务内容通常采用产品信息的多媒体形式，因此内容管理主要是生成和管理目录内容。例如，市值达到数十亿美元的工业零部件分销商 Grainger 公司，利用 CenterStage 的一套目录管理软件从 2000 多个供应商数据库中提取数据，为了便于 Web 应用，该公司将获取的数据标准化并翻译成 HTML 或 XML 格式，从而提高了网站(www.grainger.com)上多媒体网页的传输速度。

利用内容和目录管理软件与客户分析工具可以使用户端显示的网页内容个性化。例如，Travelocity 公司利用 OnDisplay 公司的内容管理软件，当用户在网上进行有关旅游方面的交易时，网站会向用户推荐个性化的其他旅游促销信息。

最后，内容与目录管理可以扩展到网站客户自助服务和公司产品大批量定制的产品配置流程，配置软件帮助客户选择、设置成品中最适合的一系列产品特性。例如，戴尔和思科等公司都利用配置软件向网上客户销售按订单制造的计算机和网络处理器。

8.2.5　工作流管理

利用工作流管理软件可以管理电子商务中的许多业务流程，并可以实现部分自动化。用于企业协作的电子化业务工作流系统，可以帮助员工完成基于知识库业务流程的结构化的工作任务。电子化业务和电子商务中的工作流管理建立在工作流软件引擎的基础上，其中包括要实现的业务流程的软件模型。工作流模型体现了一系列预定义的业务规则、利益相关者的作用、授权需求、路径选择、使用的数据库以及每个电子商务流程所需的任务序列。因此，工作流系统可以确保正确的交易、决策和活动，并且把正确的数据和文档传递给正确的员工、客户、供应商以及其他利益相关者。

在业务处理时，基于工作流的管理，将降低现有业务流程的成本，保持或提高流程的有效性。如图 8-2 所示介绍了企业电子商务采购系统的流程。

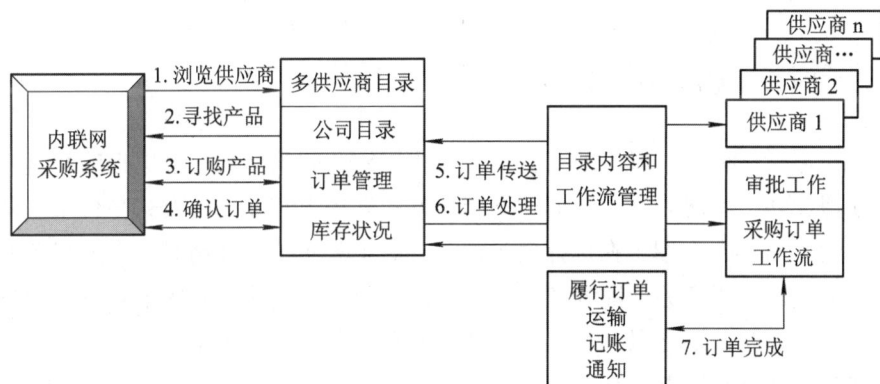

图 8-2　采购工作流程管理

8.2.6　事件通知

大多数电子商务应用软件都是事件驱动型系统，从一个新客户首次访问网站到支付和交货，以及从客户关系管理到供应链管理活动，系统对大量事件进行响应。事件通知(Event Notification)流程之所以在电子商务系统中能起到重要的作用，是因为客户、供应商、员工和其他利益相关者必须知道哪些事件在交易中会对自己造成影响。事件通知软件和工作流管理软件一起对所有的电子商务流程进行监控，记录相关事件以及无法预料的变化和产生问题之后，事件通知软件结合客户分析软件的功能，采用用户喜欢的信息推送方式(如电子邮件、公众号等)向所有重要的交易事件相关者发出通知，包括通知公司管理层，使他们能够监控员工对电子商务事件的响应以及客户和供应商的反馈。例如，在一个零售电子商务网站上采购产品时，会自动收到有关订单的电子邮件，包括订单状况信息、物流信息等。

8.2.7　协作与贸易

电子商务流程的协作与贸易功能支持客户、供应商和其他利益相关者，目的是完成电子商务交易所需的重要协作和贸易服务。互联网贸易服务还在商业贸易伙伴间提供协作支持。例如，Ariba 公司和 Commerce One 公司的 B2B 电子商务门户网站在企业网站之间提供协调、谈判及仲裁服务。另外，B2B 电子化业务非常依赖提供网上交易和拍卖服务的门户网站与互联网交易平台。因此，像 Free Markets 这样的公司所开发的网上拍卖和交易引发了许多大公司采购流程的革命。

8.3　电子商务应用问题

8.3.1　电子商务中的虚拟与实体

很多公司逐渐认识到，那些采取虚拟与实体相结合的策略来连接虚拟的和真实的世界的公司将获得成功。不同的公司应根据不同的方式来决定其互联网方式与传统运营模式之间的整合程度。图 8-3 介绍了在选择电子商务"虚拟与实体"战略时，企业权衡利益平衡问题的解决方式。电子商务管理者必须回答这样一个问题：我们是应该将虚拟业务与传统实体业务整合在一起，还是保持其分享的现状？某些公司已经实施了一系列整合战略和分享战略，找到了利益平衡点，对这一问题给出了答案。

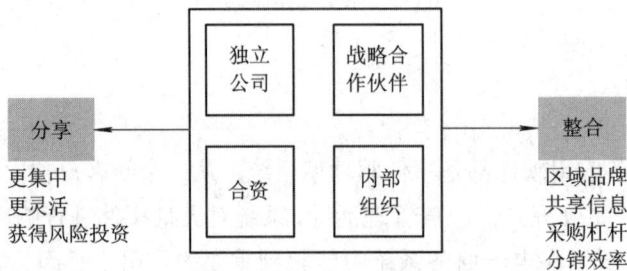

图 8-3　电子商务发展战略

1．电子商务整合

在网络经济的发展中，国内多采用 ERP 与电子商务整合，找准某一个环节或切入点，制定规模化的网络设施与电子商务规划，以提高工作效率和效益。

例如，办公用品零售商欧迪已将电子商务销售渠道(OfficeDepot.com)与其传统的业务运作完全整合到一起。利用专业呼叫中心和一个由 2000 多辆运输汽车组成的车队开展其目录销售业务。先进的信息系统将其 1825 家门店和 30 个仓库联网，该系统实时提供完整的客户、供应商、订单和产品存货数据。这些企业资源为利用目录和店铺来协调公司的电子商务活动与客户服务奠定了基础。这样，客户就可以在家、公司或店内信息终端登录官网进行购物，然后决定是到店里采购，还是要求送货上门。另外，网络化的电子商务应用软件与欧迪办公传统商店的整合帮助实体商店增加了交易量，同时也提高了生产率和订单量。

2．电子商务渠道选择

电子商务渠道是指一家公司为引导和管理它所从事的电子商务活动而建立的营销或销售渠道。如何把电子商务渠道与传统的销售渠道(零售和批发、目录销售、直接营销等)整合在一起，是实施电子商务战略时需要考虑的一个主要问题。表 8-2 概括了公司的管理层在做虚拟与实体决策以及电子商务渠道的开发过程中需要回答的一些关键问题。

表 8-2　开发电子商务渠道战略的关键问题

序号	问　　题
1	我们想接触的用户是谁？
2	我们需要这些用户采取什么行动？是了解我们，向我们提供他们的信息，进行询价，从我们的网站购买产品，还是通过其他渠道购买？
3	规划的电子商务渠道与其他渠道是否可能并存？
4	我们有生成、认可、发布和撤销内容的流程吗？
5	我们是否利用品牌形成新的渠道，是否需要改进这些渠道？
6	我们将如何在市场上推广电子商务渠道？

对于每个公司，每个行业或每种业务类型，并没有通用的虚拟与实体战略或渠道选择方式。电子商务无论采取整合还是分享方式，都有优点和缺点。因此，在进行虚拟与实体战略决策及电子商务渠道决策时，很大程度上取决于公司的独特业务运作是否为其电子商务渠道提供战略资源和战略能力，以支持能够盈利的商业模式。

8.3.2　顾客为中心的零售

互联网打破了时间、距离和形式的限制，使企业能够每年 365 天、每天 24 小时处理世界各地消费者的产品销售和服务交易。在特定情况下，它甚至可以把一个有形商品(软件包、CD、杂志等)转换成一个虚拟商品(可供下载的软件、音频视频、HTML 或电子杂志等)。电子商务的成功在于优化几个关键因素，包括选择与价值、性能与服务、形象与感觉、广告与促销、互动营销和个性化、社区关系、安全与可行性以及强大的客户交流等。

1) 选择与价值

公司必须以有竞争力的价格向网上购物者提供有吸引力的产品和服务，否则他们很快就会离开网站。但如果公司建立了高质量、令客户满意的保证和售前售后客户服务，那就不一定要将价格降至最低。

2) 性能与服务

人们不希望在网上商店浏览、选择或支付时等待时间过长，网站必须为访问和购买活动设计足够的服务器能力和网络容量，以避免网络阻塞。除了访问速度快和方便以外，网络购物和客户服务还必须有友好的界面，并向客户提供帮助。另外，向客户提供的产品应备有存货以便及时发货。

3) 形象与感觉

B2C 网站能够为客户提供有吸引力的网站店面、购物空间和多媒体产品目录，以及多种令人兴奋的购物体验——从音频、视频和移动的图形，到更简单、更舒适的外观。大多数零售电子商务网站能够让客户在产品区浏览、挑选并把产品放入购物车，客户准备支付订单时，再转到一个虚拟的收银台。

4) 广告与促销

有的网上商店在传统媒体上做广告，但大多数广告利用有针对性的和个性化的广告栏，把广告刊登在网页上，或者通过电子邮件进行促销。大多数 B2C 还向购物者提供物质奖励以鼓励其购买和再次光顾。有代表性的优惠措施包括优惠券、折扣和特价以及提供其他网络服务等。有时，一些网站也与友情链接的其他商家进行联合促销。许多商家还与众多其他网上零售商联合，通过互相刊登网络广告来扩大市场。表 8-3 对传统营销和电子商务营销购买流程的每个步骤所选择的主要媒体进行了比较。

表 8-3　传统营销和网络营销沟通的区别

沟通方式＼购买流程	传统市场沟通	网络市场沟通
知晓	电视广告、大众兴趣	点击广告、条幅广告、赞助广告
考虑	电视广告、大众兴趣	条幅广告
偏好	专业杂志、读物	小站点、宣传品、站点
采购	销售点促销、直接营销	每日特价、特价、首次购买激励
忠诚度	产品体验、买方俱乐部	电子邮件提醒、新闻通信、社交媒体

5) 互动营销和个性化

利用网页的交互特性以保持顾客的注意或者收集关于顾客口味和爱好的详细信息，并以一对一的方式促销。网站已成为关于顾客行为、偏好、需求和购买模式的详细信息的丰富的源泉，公司可以用来决定促销、产品、服务和价格。

通过访问者在线注册时主动提供的个人信息，或者利用电子商务软件跟踪访问者的活动来收集顾客信息，自动记录客户访问的细节，记录用户访问过的网站、访问页的类型、网站访问深度、访问时长、加入收藏，以及客户买了什么，并为当前客户和其他客户建立用户配置。利用专用工具分析这些顾客的偏好和行为特征，确定用户画像，有效发掘和培养潜在客户，优化个性化的购物体验。当再次访问网站时，网站可以提供特价产品，并引导客户访问可能感兴趣的内容。这种一对一的营销和建立关系的能力是个性化网上零售商的主要优势之一。

6) 社区关系

让有特别爱好的网络客户感觉自己属于志趣相投的独特群体中的一员，能够帮助企业建立客户忠诚度和客户价值。因此，基于良好的关系与有亲和力的社区、论坛、聊天室、朋友圈等以及相关网站的社区建立交叉链接。

7) 安全与可行性

作为一个成功的网站，客户的个人信息是安全的，未经授权不允许访问。网站是可靠的，确保广告宣传的产品和其他相关信息是可信的。网站能够按要求完成客户订单并在承诺的期限内发货，同时有良好的客户支持等，这些都是网上零售商可靠性的衡量标准。

8) 强大的客户交流

当越来越多的消费者改变购买习惯，即从实体商店购买方式转向在线购物时，需要提供与消费者持续地交流信息的渠道。无论网上购物多么方便，消费者仍然有许多问题需要得到解答，充分实现与客户的交互。

8.3.3 企业对企业电子商务：新的效率和关系

网络经济是发展以创新为主导的知识经济的必由之路。在这种情况下，电子商务一方面代表先进的生产力，另一方面也为中国企业的快速现代化提供了一个宝贵的契机。

按照参加交易的主体不同，电子商务可以分为企业与消费者之间的电子商务(B2C)、企业与企业之间的电子商务(B2B)、企业与政府之间的电子商务(B2G)、消费者与消费者之间的电子商务(C2C)、消费者与政府之间的电子商务(C2G)。

其中 B2B 是传统的电子商务中发展最快的一种形式，已经有了多年的历史，超过 80%的 B2B 电子商务通过增值网络上运行的电子数据交换，使企业间的标准业务由最初自动地交换文件，如采购订单、发票、运输通知等，转变为采用 EDI 标准(包括行业的电子文件的信息结构和信息项)进行文件交换。简单地说，B2B 就是把企业名录、商品目录放在网上，买方和卖方来交易，展现在人们面前的就是这样一个电子商务网站建构的电子市场。除此之外，B2B 还包括物流配送、应用服务提供商、外包解决方案、拍卖解决方案软件、内容管理软件、应用集成软件、网络商业软件、传统 ERP 公司等电子基础设施。B2B 的商务关系是构筑在高信任度的基础之上的，B2B 的大宗交易能够更大限度地发挥电子商务的潜在效益，并通过供应的集中、采购的自动化、配送系统的高效率而得以实现，整个过程无需代理介入，如图 8-4 所示。

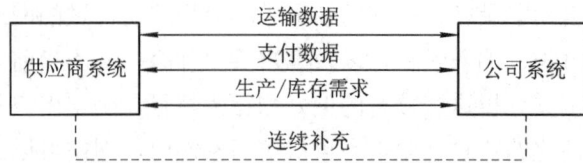

图 8-4 电子数据交换

例如，采购不只是采购物品和材料，而且还包括寻找货源、和供应商谈判、支付货款、合作运货安排等。企业现在可以应用网络选中最低成本的供应商，找到供应商的在线产品目录和供应商谈判，放置订单，做出支付，安排运输等。因特网和网络技术使企业能创造新的店面，向其他企业推销，它类似于 B2C 商务那样具有多媒体显示和互动特性。同样的，企业可用因特网技术去建立外联网(Extranets)或电子市场，连接其他企业以便进行采购和销售业务。外联网是内联网(Intranets)扩展到企业外部的授权用户的网络，它专门用于延伸协调公司间的业务过程，方便合作和供应链管理。这个网络为买家所拥有，它允许公司的供应商、分销商和其他企业伙伴共享产品设计和开发、市场、生产调度、库存管理及非结构化通信等，包括图形和电子邮件。

广大中小企业正处于升级转型阶段，在巨大的市场需求驱动下，各类 B2B 电商平台如雨后春笋般涌现，为中小企业的发展带来突破口。从早期的黄页信息展示，B2B 电商功能已逐步升级至供应链整合阶段。借助如阿里巴巴、慧聪网和一呼百应等 B2B 电商平台，中小企业可以把传统的线下交易电子化、数据化，同时减少中间流通环节，降低采购成本，提升交易效率，突破地域限制寻找到更多优质备选供应商，解决以往供应链信息不畅导致的种种问题。B2B 电商平台可以有效地整合供应链上下游资源，优化生产效率，如图 8-5 所示。

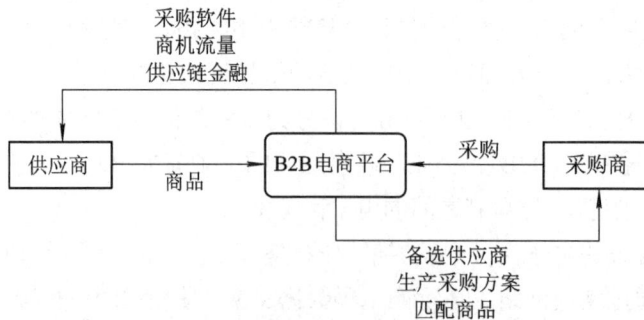

图 8-5 B2B 电商平台信息整合

阿里巴巴(1688.com)批发网拥有中国 B2B 交易的最大数据库，是全球企业间(B2B)电子商务的著名品牌，为数千万网商提供海量商机信息和便捷安全的在线交易市场，也是商人们以商会友、真实互动的社区平台，如图 8-6 所示。

图 8-6　B2B 电商平台的工作原理

8.3.4　案例：新零售

阿里"新零售"、京东"无界零售"、苏宁"智慧零售"，概念频出，让人眼花缭乱。新零售是以互联网+为依托，通过运用大数据、云计算、物联网、人工智能等技术手段，基于线上+线下+物流数据打通，其核心是以消费者为中心的会员、支付、库存、服务等数据的全面共享，从而实现线上线下深层次融合，对商品的生产、流通、展示、销售、售后等全过程进行升级，进而重塑业态结构与生态圈。

案例一　线上线下门店库存数据实时共享

马克华菲作为一家注重原创设计的本土服装公司，自创立以来，已延伸发展出五个不同风格、不同定位的产品品牌和一家潮流集合店，其各品牌在全国一二三线城市已布局了1500 余家门店，并分布于华南、华北等大区，形成了自营渠道与加盟分销商共同发展的一整套完整渠道体系。

2016 年，马克华菲品牌年销售额达到 20 亿元以上，其中线上电商的体量在全年 6 亿元以上，行业排名保持在 TOP5；2016 年"天猫双十一"实现了全品牌 2.3 亿的表现，获得行业内的诸多关注和奖项。马克华菲这一串漂亮的销售业绩的背后，"门店发货"的全渠道销售思路是它近年来强有力的推手。

从 2016 年 "618" 大促销开始上线，门店发货产品均为线下当季核心产品，电商每季对线下所有当季商品按照上市波段进行上新，打通门店库存进行实时共享，按照订单就全和就近的原则进行门店分配，门店包裹由顺丰采用标件产品统一配送。

顾客进店可扫描物料或者店员手机中的二维码，进行扫码购买或者加购物车动作，消费者线上线下扫码购物体验一致，导购员通过推荐消费者扫码成交获得额外的提成激励。

马克华菲通过企业自上而下对于全渠道的布局，不仅让消费者在天猫可以购买到马克华菲品牌线下商场同款商品，同时享受门店就近发货的便利，平均发货时效在 5 小时以内，更重要的是消费者可在门店购物出现商品缺色断码时，扫二维码进入马克华菲天猫旗舰店，实现门店下单，线上发货，且同步享受线上营销活动，最终不让任何一个消费者流失。

在全渠道的探索中，除了让门店流量转至天猫线上，马克华菲品牌同时尝试将线上流量引至线下门店，消费者只要通过手机下单，就能通过就近门店提货的方式分分钟抢到喜欢的货品。这极大地提升了品牌在消费者端的渗透率，让消费者在任何碎片时间都可以享受购物的乐趣，同时在门店更有利于导购让消费者产生更多的购买行为。

案例二　母婴人群的全链路营销

随着母婴市场日趋成熟，市场竞争日趋激烈，母婴行业招募新的消费者似乎变得越来越难。惠氏经过分析认为，一方面母婴人群购买决策周期变长；另一方面政府出台的新政策对于品牌与消费者的沟通提高了门槛。

基于此，惠氏希望在消费者 Path-to-Purchase(认知－兴趣－购买－忠诚)的初期，也就是妈妈备孕和怀孕初期，就找到该人群，并开始对潜在客户进行触达与沟通，进一步了解跟踪母婴人群的不同阶段以及和惠氏品牌的关系。同时，对应不同阶段的客户进行有针对性的营销触达，来提高人群在购买路径上的催化。

通过和"数据银行"共建"母婴私有数据银行"，构建起了一套新的标签体系，例如孕产、宝宝年龄、惠氏用户与否、海淘、消费能力等，有效地帮助品牌更好地认知洞察母婴细分消费人群(备孕／孕初／孕中等)，以及在 Path-to-Purchase 全链路上的状态与变化。进而，找到每个阶段的目标消费者，进行个性化触达，从而帮助品牌实现了消费者资产的增加，并且大大地提升了消费者从认知、兴趣、购买到忠诚各个环节的转化效率。例如，惠氏品牌"产品点击"与"购买意愿"均高于对照通用组(1.5～5 倍)，并且品牌偏好在四个人群组(认知－兴趣－购买－忠诚)相比对照组也有了明显增加。

惠氏品牌总监：成功地走通了整个大数据应用通路，是母婴行业第一个。基于阿里大平台数据，能够为企业定制私有 DMP，进行全链路消费者运营的 Case，这是一个非常大的突破和创新。

新的商业案例不断地涌现，让我们越发浓重地感受到了新零售到来的气息。中国零售发展已经不再仅依赖和跟随实体建设而按部就班，以物流建设兼顾实体建立及仓储配套，绕过时效相对滞后的实体设施建立，通过虚拟渠道和市场分发销售商品，将大幅度节省实体零售覆盖中国全境发展的成本。同时，含云计算、新金融(互联网金融)、智能物流在内的数字化商业基础设施已经初步建成。

虚拟与现实在数据上实现打通融合将最大程度地提升全社会流通业的运转效率。以虚拟发展带动实体发展，反向提升中国实体发展信息化、数字化水平，线上线下高效融合，促动商流、信息流、物流在实体与虚拟中自由流动，从而形成独具特色的中国新流通新零售发展道路。

展望技术发展更为广阔的未来，未来 30 年，我们所处的世界将进一步数字化，内容势必从 2D 向 3D 乃至高维发展，这将使得以中国新零售带动的全球零售发展更加充满想象。

从交易主体而言，任何人都可能成为零售商。零售不再是某个企业的特权，零售趋于大众化。从交易对象上讲，未来所有物品都会成为可交易的商品。任何物品和服务都将被赋予价值，不拘泥于是否有形和权属形式。从空间上讲，任何场景下零售都将可以实现，交易空间被极大地延展，地球上的任何角落甚至是外太空都有可能成为交易场所，货币形态呈现多样化。

不难设想，随着数字化的深入和技术进步，交易朝着自动化和智能化的方向发展，全球经济形态最终将被以交易为中心的新型经济改写，新零售成为重要的一环。

◆◆◆ 本 章 小 结 ◆◆◆

本章全面介绍了企业信息化和电子商务的相关知识。企业信息化是指企业利用现代信息技术，通过对信息资源的深入开发和广泛利用，使企业资源合理配置，不断提高企业生产、经营、管理、决策的效率和水平，进而提高企业经济效益和企业市场竞争力的过程。企业信息化的内容主要包括：生产过程信息化、流通过程信息化、管理决策信息化和组织结构信息化。电子商务流程的框架包括：访问控制与安全、客户档案管理与个性化、检索管理、内容管理与目录管理、支付、工作流管理、事件通知、协作与贸易等组件，这个框架是如今许多公司启动电子商务的基础。

◆◆◆ 复 习 思 考 题 ◆◆◆

一、选择题

1. G to C 电子政务是指政府与公民之间的电子政务，政府可通过电子网络系统为公民提供各种服务。以下属于 G to C 电子政务有(　　)。

　　A．电子外经贸管理　　　　　　　　B．社会保障服务系统

　　C．电子税务系统　　　　　　　　　D．电子人事管理系统

2. G to G 电子政务即政府与政府之间的电子政务，它是指政府内部、政府上下级之间、不同地区和不同职能部门之间实现的电子政务活动。以下属于 G to G 电子政务的有(　　)。

　　A．电子身份认证系统　　　　　　　B．政府电子化采购

        C．电子工商行政管理系统   D．电子公文系统

3．G to B 电子政务指政府与企业(Business)之间的电子政务，政府借助信息技术，通信技术，通过网络平台对企业进行监管和提供服务。通过整合自身资源，建立电子化文件资料中心，将各种证明文件和办事流程电子化、网络化，为企业提供高效网上服务。以下属于 G to B 电子政务的有(　　)。

        A．城市网络管理系统   B．电子医疗服务系统

        C．电子工商行政管理系统   D．电子财政管理系统

4．G to E 电子政务是指政府与政府公务员(Employee)之间的电子政务，G to E 电子政务是政府机构通过网络技术实现内部电子化管理的重要形式。以下属于 G to E 电子政务有(　　)。

        A．公务员日常管理   B．电子司法档案系统

        C．政府内部网络办公系统   D．电子公文系统

5．基于政府互联网网站的信息发布及查询，面向全社会的各类项目计划的申报、申请，相关文件、法规的发布与查询，各类公用服务业务信息发布和实施，如工商、税务、保险的管理等，涉及的电子政务应用模式为(　　)。

        A．G to G 和 G to E   B．G to B 和 G to C

        C．G to E 和 G to C   D．G to C 和 G to G

6．比较常见的电子商务模式 B2C 是指(　　)。

        A．消费者之间的直接电子商务

        B．企业与直接个人消费者间的电子商务

        C．企业与企业之间的电子商务

        D．以上都不对

参 考 文 献

(一) 书目

[1] 钟雁. 管理信息系统[M]. 北京：北京交通大学出版社，2018.

[2] 肯尼思·C. 劳顿(Kenneth C. Laudon)，简·P. 劳顿(Jane P. Laudon). 管理信息系统：管理数字化公司[M]. 北京：北京大学出版社，2016.

[3] 黄梯云. 管理信息系统[M]. 6 版. 北京：高等教育出版社，2016.

[4] 薛华成. 管理信息系统[M]. 6 版. 北京：清华大学出版社，2012.

[5] 斯蒂芬·哈格(Stephen Haag)，梅芙·卡明斯(Maeve Cummings). 尹秋菊(译者)，高慧颖(译者). 信息时代的管理信息系统[M]. 9 版. 机械工业出版社，2016.

[6] 范并思，许鑫. 管理信息系统[M]. 2 版. 华东师范大学出版社，2018.

[7] 刘仲英. 管理信息系统[M]. 3 版. 北京：高等教育出版社，2017.

[8] 全国计算机专业技术资格考试办公室. 信息系统管理工程师 2009 至 2016 年试题分析与解答[M]. 1 版. 北京：清华大学出版社，2017.

[9] 何泽恒，胡晶. 管理信息系统[M]. 3 版. 北京：高等教育出版社，2018.

[10] 赵天唯，甘霖. 管理信息系统教程[M]. 北京：高等教育出版社，2018.

(二) 网站

1. 国外大学管理信息系统系和学会网站

[1] 电子商务时代(e-ecmmerce times):http://www.ecommercetimes.com

[2] 国际信息系统学会网站 http://www.AIS.com/

[3] 美国佛罗里达商学院 http://cba.fiu.edu/web/bba/mism.htm

[4] 美国阿拉巴马州大学汉特斯维尔分校管理科学学院管理信息系统专业 http://www.uah.edu/colleges/adminsci/mis/mis.html

[5] 美俄克拉荷马州大学商学院信息系统和事务管理系 http://www.busn.ucok.edu/isom/Option1MIS-ProgSheet.htm

2. 国内信息系统和信息技术网站

[1] 中国经理人：http://www.zgjingliren.com/

[2] 中国软件测评中心：http://www.cstc.org.cn/

[3] 中国信息化：http://www.ciia.org.cn/

[4] 计世网：http://www.ccw.com.cn/

[5]　SAS 公司解决方案：http://www.sas.com

[6]　数字化企业网：http://www.e-works.net.cn/

[7]　畅享网：http://www.vsharing.com/

[8]　ERP 软件公司：http://www.kingdee.com/

[9]　赛迪网：http://www.ccidnet.com/

(三) 管理信息系统领域的期刊

[1]　信息资源管理学报

[2]　情报科学

[3]　Journal of Data and Information Science

[4]　北京航空航天大学学报

[5]　科技通报

[6]　中国科学：信息科学

[7]　武汉大学学报(信息科学版)

[8]　电子与信息学报

[9]　知识管理论